U0808155

2020年·华东政法大学博士精品文库

论法律行为交往中的沉默

以私法领域法律责任的基础构成为中心

叶锋 著

上海人民出版社

总　序

我们组织“华政博士精品文库”丛书，每年遴选若干部优秀博士学位论文出版，以期助推博士生学术发展，鼓励博士生精心治学。我们希望“华政博士精品文库”能够像一川清流，如一缕烛光，展现新时期学术青年的深思与创造，为我国的法学研究和法治实践事业注入自己的理想与力量！可以这样说，文库的每一本著作都满含着博士们的追求、志向与期望。这种志气和期望，体现着青年学子对我们国家法治建设的期许和信心，是博士们品德修养和科研底蕴的展现。他们将这种底蕴和情怀幻化为一种博大的向往，包含着对法治和真理的不懈追求，并将其内化为一种既定的生活方式。正如彼得·德恩里科所说：“每个人都有一个博大的襟怀：通过法治来构建并维系一个和谐社会，通过彼此努力和共同参与来解决社会冲突。这不仅是我们的襟怀，也是我们寻求的生活方式。”

——摘自《2014 年·华东政法大学博士精品文库》总序

目录

第一章　导　论

第一节　问题的提出

法律行为交往是人与人之间社会交往模式的一种类型。在日常社会交往中，沉默常常表现为一种话语的缺失、交际的缺乏，是由“零符号”构成的。[1]法律行为交往中的沉默（Schweigen）、无行动（Nichtstun、Untätigkeit、Nichthandeln）或者不作为（Unterlassung），与人类其他积极行为一样，也是其行为方式之一种。从语义上看，法律行为交往中的沉默首先作为一个描述性概念，系指纯粹不作为的“实在事实”，从外在无法看出沉默者有任何言语书面上的表达或者其他行动上的变化。同时，作为一个规范性概念，沉默一词在法律上意义与沉默者作为意志主体所享有的消极自由（Negative Freiheit）

---

① 匡小荣：《汉语口语交谈中的沉默现象》，《语言教学与研究》2007年第6期；范志燕：《沉默 言语 交际》，《山东师大外国语学院学报》2001年第1期。

相勾连，除积极自由外，不必作法律行为之表示的消极自由亦是私法自治的核心要素。[①]在一般情形下，沉默不具有同意的表示意义，沉默意味着不同意。[②]更准确地说，沉默者保持沉默，不仅意味着“没有”，而且也意味着“有意地不表达”。[③]沉默既不表示同意，也不表示拒绝，[④]其根本就不是一个旨在实现发生法律效力的意思表示，不能因为沉默者的单纯沉默或者纯粹不作为而使其承受相应的法律后果，否则将侵害沉默者消极的行为自由。但在一些特定情形，沉默作为非语言交际中的一个重要语码，其语言形式的欠缺不等于意义的消失，相反它以言语形式的缺失间接地表达丰富的话语意义，传递的往往是言语交际所无法表达或者是被语言的表面所掩盖的信息。[⑤]英语中“语言是银、沉默是金”，汉语中“沉默胜于雄辩”“此时无声胜有声”均反映了对静默语交际功能的普遍认可。[⑥]在法律行为交往中，沉默有时如同语言一样，也

---

① Jörg Neuner, Allgemeiner Teil des Bürgerlichen Rechts, 13. Aufl., 2023, §31, Rn.11. 根据英国哲学家以塞亚·伯林的观点，自由分为积极自由和消极自由两种。积极自由系指“做什么的自由”，即积极主动掌控和实现自己目标的自由；消极自由则是“免受束缚的自由”，即不受外部的干涉和免于强制的自由。参见[英]以塞亚·伯林：《自由论》，胡传胜译，译林出版社2003年版，第195、200页。

② Detlef Leenen, BGB Allgemeiner Teil: Rechtsgeschäftslehre, De Gruyter, 2011, S.124.

③ [德]本德·吕特斯、[德]阿斯特丽德·施塔德勒：《德国民法总论》(第18版)，于馨淼、张姝译，法律出版社2017年版，第167页。

④ Larenz/Wolf, Allgemeiner Teil des Bürgerlichen Rechts, 9. Aufl., C.H. Beck Verlag, München, 2004. S.32; Reinhard Bork, Allgemeiner Teil des BGB, 4. Aufl., Mohr Siebeck, Tübingen, 2015, S.214; Erman/Arnold, Vorbemerkung zu §§116.ff, Rn.8; Palandt/Ellenberger, Vorbemerkung zu §§116.ff, Rn.7.

⑤ 周树江：《论话轮沉默意义的语境充实》，《山东外语教学》2010年第1期；高华伟：《“沉默”之跨文化浅析》，《内蒙古农业大学学报(社会科学版)》2007年第1期；李凤琴：《“沉默”的话语意义与交际功能》，《外语学刊》2010年第6期。

⑥ 周树江：《论话轮沉默意义的语境充实》，《山东外语教学》2010年第1期。沉默在不同语境中被赋予不同含义，在语言实践过程中分为积极沉默和消极沉默。前者包括默认、沉思、羞涩、威严、默契等行为，后者包括逃避、不悦、拒绝、挑衅、放弃等行为。参见李凤琴：《“沉默”的话语意义与交际功能》，《外语学刊》2010年第6期。

是一种表达“说话”的方式，沉默者在该种情形中保持沉默，正是表明沉默者意欲使某种法律后果发生相应的效力。此时，沉默是一种特殊的表示符号和表达方式，只是表意人没有使用通常的说话和书写的交流工具而已。①无言的表示与通过语言作出的表示，具有同等效力。②

法律行为交往中的沉默是一个古老的法律问题，早在罗马法时期既已成为研究的主题。直至今日，法律行为交往中的沉默仍属于法律行为理论中的经典话题，同时也是最具争议性的问题。尽管学理和判例倾注了大量的努力，但对法律行为交往中沉默的教义学观点尚未能达成广泛共识。③法律行为交往中沉默是否存在一个独立的理论体系，是不是一个统一的问题域，还是仅为偏离一般法律行为理论的例外规则模型，对此学说理论存有较大争议。④从一定程度上可以说，法律行为交往中沉默规则的发展史就是一部不断寻求处理沉默行为的教义学基础的演进史。⑤我国《民法典》第 140 条系与《奥地利普通民法典》《瑞士债务法》规制模式相似，对意思表示外在表示形式作了一般性

① Wolfgang Brehm，Allgemeiner Teil des BGB. 6. Aufl.，Boorberg，S.110.

② [德]维尔纳·弗卢梅：《法律行为论》，迟颖译，法律出版社 2013 年版，第 74 页。学界也有以不同的理由否定沉默可以构成意思表示，比较有代表性的学者有哈瑙(Hanau)、法布里齐乌斯(Fabricius)和比克尔(Bickel)。参见 Fabricius，Stillschweigen als Willenserklärung，JuS 1966，50；Bickel，Rechtsgeschäftliche Erklärungen durch Schweigen? NJW 1972，607。

③ Kramer，Schweigen als Annahme eines Antrags，Jura 1984，S.235.

④ 德国学者卡纳里斯认为法律行为交往中的沉默既不是一个独立的理论，也不是统一的问题，毋宁说单一的问题域，诸如容忍代理、商人确认书或失效制度。对此，学者哈瑙表示反对。Claus-Wilhelm Canaris，Schweigen im Rechtsverkehr als Verpflichtungsgrund，in：FS Wilburg，1975，S.98.

⑤ 从法律行为交往中沉默规则的教义学基础来看，呈现不断拓宽且日益精细化的趋势。正如德国学者卡纳里斯指出，从德国长期判例实践发展来看，也能从《德国民法典》第 242 条中推导出履行请求权，在结果上涉及的是“有漏洞的法律续造”，据此找到了处理“法律交往中的沉默”的其他基础。Claus-Wilhelm Canaris，Schweigen im Rechtsverkehr als Verpflichtungsgrund，in：FS Wilburg，1975，S.93ff.

的规定。[①]该条对明示、默示和沉默三类意思表示进行了区分规制，第1款规定“行为人可以明示或者默示作出意思表示”，第2款规定“沉默只有在有法律规定、当事人约定或者符合当事人之间的交易习惯时，才可以视为意思表示”，明定沉默只在“法律规定”“当事人约定”和“符合当事人之间的交易习惯”这三种例外情形才构成意思表示。[②]司法实践中，沉默意思表示的适用存在保守主义的倾向，在认定沉默的法律意义上，司法裁判者畏于法律论证，一味地排斥沉默意思表示和其他沉默类型在法律空白领域的适用。这种司法现状与现有学说发展不无关系。当前学说缺乏对法律行为交往中沉默问题的一般性、体系化理论研究，难以为司法裁判提供清晰且有效的规则指引。

沉默在私法的不同领域中，具有不同的法律意义。在民法总论领域，沉默可以构成真正的意思表示、意思表示的表象，抑或悖于诚实信用的行为，也可以构成沉默型表见代理诸如容忍代理或者表象代理。在合同法领域，沉默可以构成对要约的承诺或者承诺的表象，也可以构成异议义务、说明义务的违反。在侵权法领域，沉默可以构成以沉默方式实施的侵权行为。这些沉默的类型以及类型之间的法律构造蕴含着各自的正当性基础和法理思想。这些法律责任构成的基础之间具有流动性。当不构成意思表示时，在符合一定条件下可以构成权利表见责

① 《奥地利普通民法典》第863规定“意思表示，得以言词和通用符号，明示为之，亦得以他人基于对所涉及情事的判断不会产生合理怀疑的行为，默示为之；在认定积极行为和消极行为的内容和效果时，应考虑诚意交易所遵行的习惯和惯行”。《瑞士债务法》第1条规定“契约的订立，以当事人相互间意思表示一致为必要。意思表示，得以明示或默示为之”；第6条规定“依行为的特别性质或依情事，无须期待明示之承诺者，如要约未在合理期间内被拒绝，视为已订立契约”。

② 对此，可以进行对比观察的是《法国民法典》第1120条规定。该条规定，沉默不构成承诺，但如果制定法、习惯、商事关系或者具体情况引发沉默则另当别论。根据该条规定，沉默除了依据制定法、习惯和商事关系可以构成承诺之外，还可以基于具体情况认定为承诺，这相当于设置了一个兜底条款，授予法官在具体案件认定沉默构成承诺的较大自由裁量权。

任。权利表见责任因以权利表象代替意思表示，侵蚀了意思自治领域，因此权利表见责任的构成要件更为严苛。紧接着如果不满足权利表见责任的构成要件时，可能满足一个构成要件较低、责任负担较轻的责任类型，即消极信赖责任。但同时又要坚守"沉默具有法律意义"这一命题的例外性，谨防法律适用上的不确定，避免规范射程范围的不当扩张，引发规范体系中一般规定与例外规定的反转。从现有的研究来看，主要聚焦于意思表示领域，沉默一般规范体系的内部关系未能得到充分揭明和妥当展开，部分构成责任基础的沉默类型的教义学分析几乎遭到普遍性的忽略。有些原本属于其他制度的规制范畴，因不当适用意思表示的评价机制而纳入意思表示领域，未经受其他制度可能更为严苛的规范评价和要件检验，从后果上看变相地压制了意思自治的空间。

沉默是否具有法律上的意义以及具有何种法律意义，归根到底是一个法政策的问题。法政策以利益衡量为其思考特征，利益关系虽可抽出一定共性，但在具体情形又具有个性。私法制度凡以法政策立基的，多半会遭遇例外，不得不收紧或者扩大规范效力的射程范围，使其更符合双方的利益平衡和立法的价值判断。①沉默的法律意义涉及意思自治、信赖保护和诚实信用原则之间的互动和权衡。如果更加注重意思自治，则应尊重沉默者的行为选择，其未对外表示参与法律行为交往的意思，即不应赋予沉默任何的法律意义。但经济社会发展对交易安全和交易便捷提出了更高的要求，沉默有时会引发交易相对人和第三人的信赖，对于善意的信赖进行保护也至关重要。此外，基于诚实信用原则产生说明义务、异议义务等义务群，沉默者保持沉默系怠于履行这些义务，由此导致他方信赖利益损失。因此，赋予沉默相应的法律意义是对意思自治不同程度的权衡和限制，要使这种权衡和限制具有法理的正当性和合理性，需要对法律行为交往中沉默作不同层级的类型

① 张双根：《物权公示原则的理论构成——以制度正当性为重心》，《法学》2019 年第 1 期。

化处理。[①]

体系化适用是法典的命令，学理对法律行为交往中沉默的体系定位以及与私法体系之间的关系几乎整体性忽视。为保持体系上的一致性和内在评价的无矛盾性，需要密切关注沉默体系和私法整体体系之间的体系联动效应。新型理论发展对法律行为交往中沉默带来体系上的变化甚至较大的调整，例如关于表示意识理论的变迁，引发沉默类型的法教义学归属以及各个类型规制范围的变化；又如以缔约过失责任处理说明义务违反（包括以沉默方式违反）的案型可能引发欺诈撤销和缔约过失制度之间的体系牵动。此外，随着沉默类型的发展，又带动沉默责任体系在局部范围内的部分统合。因此，孤立地研究法律行为交往中的沉默，会因"与具体事物的趋近"而难以发现具体制度背后潜藏的"整体法秩序"。有鉴于此，本书以司法实践具体运行为基础，以法律释义学为方法，将法律行为交往中的沉默置于私法的基本价值体系中予以整体性的考察与检视，对法律行为交往中沉默的类型谱系、规范构成及法律效果提出符合逻辑且价值融贯的教义学分析。

第二节　研究对象与命题限定

本书研究主题和内容由主标题"论法律行为交往中的沉默"和副标题"以私法领域法律责任的基础构成为中心"共同组成。所谓"论法律行为交往中的沉默"，意指仅讨论沉默，并且将沉默这一问题域限定于法律行为交往这一特定领域。所谓"以私法领域法律责任的基础构成为中心"，系指讨论范围仅限于民事和商事私法领域，且主要阐释构成法律责任基础的沉默类型。

---

① 石一峰：《沉默在民商事交往中的意义——私人自治的多层次平衡》，《法学家》2017年第6期。

一、局限于消极的可推断意思表示

意思表示依其表达方式不同，分为明示意思表示和默示意思表示。默示意思表示是指依据表意人之外在行为间接推断出的意思表示，故又称为可推断的意思表示。①默示意思表示具有多重含义，既包括可推断的行为，也包括单纯的沉默。②沉默是可推断行为的特殊形式。③二者的区别在于，据以推断出表意人效果意思的行为方式不同。从这个意义上说，前者又可以称为积极的可推断意思表示，后者可以称为消极的可推断意思表示。④两者在法律上的意义有所不同。一般认为，积极的可推断意思表示和明示的意思表示具有相同的表示价值，消极的可推断意思表示原则上不具有表示价值。正如司法裁判正确指出的"默示意思表示只有在不作为的消极行为即沉默的情况下，才需以有法律规定、当事人约定或者符合当事人之间的交易习惯作为意思表示的认

---

① Reinhard Bork, Allgemeiner Teil des BGB, 4. Aufl., Mohr Siebeck, Tübingen, 2015, S.214.

② Palandt/Ellenberger, Vorbemerkung zu §§ 116.ff, Rn.6.我国司法实践中亦持有相同观点，比如在张某津、张某诉张某曼、张某武、张某润法定继承纠纷案中，法院认为，"所谓'默示'分为作为的默示和不作为的默示。作为的默示即当事人实施某种积极的行为，以此推定该当事人的某种意思表示；不作为的默示即有法律规定或者双方当事人明确约定的情况下以'沉默'的形式表达某种意思表示"。参见北京市第一中级人民法院(2012)一中民终字第05298号民事判决书；同样，在白某与潘某民间借贷纠纷民事再审案中，法院认为"默示意思表示包括两种具体方式：一是行为人用言语之外的可推知其含义的作为间接表达内心意思的默示方式；二是单纯不作为的默示方式，当事人既未明示其意思，也不能借他项事实推知其意思，即沉默"。参见内蒙古自治区呼和浩特市中级人民法院(2020)内01民再115号民事判决书。

③ Larenz/Wolf, Allgemeiner Teil des Bürgerlichen Rechts, 9. Aufl., C.H. Beck Verlag, München, 2004. S.440.

④ 杨代雄：《民法总论》，北京大学出版社2022年版，第285页；杨代雄：《意思表示理论中的沉默与拟制》，《比较法研究》2016年第6期。对此，有学者提出反对意见，比如李宇提出"民法总则将明示、默示和沉默作为并列概念，彼此不相包容，文义甚明。认为默示包含沉默的某些学理上用法，不可作为解释本条的依据"。参见李宇：《民法总则要义》，法律出版社2018年版，第471页。

定条件”。[①]因此，需要对两者进行严格区分。本书主题仅限于单纯的沉默，即消极的可推断意思表示。对于积极的可推断意思表示，仅在与消极的可推断意思表示进行对比分析和具体个案论述中加以阐释。

二、仅限于法律行为交往中的沉默

在此，需要严格区分的是一般社会行为交往中的沉默。如前所述，沉默在侵权法领域也具有法律意义。侵权行为要件在结构上可分为客观要件、违法性以及主观过错的三层构造。沉默在判断客观要件中的侵权行为和违法性构成与否时具有意义。在客观要件层面，在负有积极作为义务的情况下，沉默或者不作为可以构成侵权行为。例如以沉默方式实施欺诈行为，构成对自由权中精神自由的侵害。在违法性层面，针对侵权行为，受害人表示同意，可以阻却侵权行为的违法性。受害人的同意既可以是明示，也可以是默示。默示同意是基于受害人的特定行为，推断出其对于他人针对自己所实施的特定行为或者承受损害后果的同意。[②]当然，此处已经不是严格意义上的沉默。[③]这些情形属于一般性的社会行为交往，不属于法律行为交往的范畴，故不在本书讨论的范围。

法律行为交往一般从缔约接触开始，主要包括民事交往和商事交往两个领域。我国《民法典》采民商合一的立法模式。沉默规则在商事领域虽然与民事领域有所不同，但也不能据此赋予沉默具有一般表示价值的意义，原则上在商事领域也不能将单纯的沉默评价为承诺。[④]但

---

① 贵州得一创意设计有限公司与兴义市龙创电子科技有限公司定作合同纠纷案，黔西南布依族苗族自治州中级人民法院(2020)黔23民终1055号民事判决书。

② Ebert, Schweigen im Vertrags- und Deliktsrecht, JuS 1999, 754.

③ 在刑法领域，承诺是被害人自我答责性的表达，通过这种方式改造了与行为人之间的具体法律关系，使得原则上被禁止的举止成为被允许的举止。承诺必须是明确的意志表达，可以是明示和默示，但单纯的内心同意尚不足够。参见[德]乌韦·穆尔曼：《德国刑法基础课》(第7版)，周子实译，北京大学出版社2023年版，第416、419页。

④ 《联合国国际货物销售合同公约》第18条、《国际商事合同通则》第2.6条和《欧洲合同法原则》第2:204条均规定，沉默或者不作为本身不构成承诺。

商事交往对于交易安全和信赖保护较民事交往领域有更高的要求，①因此在商事交往领域存在更多的例外。②例如《德国商法典》第362条关于商事事务要约的沉默规则以及商事习惯中关于商人确认书的沉默规则，在这些情形中沉默视为同意并产生履行责任。与此相反，根据《德国民法典》第663条关于民事事务处理要约的沉默规制，受要约人保持沉默并不构成同意的意思表示。该条设置了一项提出异议的不真正义务，违反该义务并不导致合同成立，③而仅承担消极信赖利益赔偿。④从这两者的区分可以看出，民事交往和商事交往的价值判断有所差异，在商事领域有更多信赖责任的适用空间。⑤此外，以沉默方式参与法律行为交往的著例表象代理制度，德国通说认为表象代理作为表见代理类型之一种，同样适用表见代理一般规则。⑥但德国学者卡纳里斯认为，表象代理作为一种无意识地参与法律行为交往中的方式，仅在

---

① 奥地利学者比德林斯基主张商法主导原则有：在大规模经营的条件下保障法律行为成立和进展的快捷与简便；加强信赖和交易保护；通过对归责标准更为严格的要求来加重自我承担的责任。参见［奥］弗朗茨·比德林斯基：《私法的体系与原则》，曾见、刘志阳、喻露、赵文杰、雷巍巍、庄加园、宁潜晶译，中国人民大学出版社2023年版，第329页。

② Thomas Zerres, Buergliches Recht, 7. Aufl., 2013, S.42.

③ Dieter Medicus, Bürgerliches Recht, 21. Aufl., Carl Heymanns Verlag, 2007, S.34; Karsten Schmidt, Handelsrecht: Unternehmensrecht I, 6. Aufl., Köln: Carl Heymann, 2014. S.680.

④ Schwerdtner, Schweigen im Rechtsverkehr, Jura 1988, S.445.

⑤ 对商事事务处理要约或对商人确认书保持沉默产生履行责任的思想基础是信赖保护，对应的法律责任是信赖责任。信赖责任虽然是法定责任而非法律行为责任，但它是参与法律行为交往过程中产生的责任，即信赖责任以存在一个法律行为交往的行为作为前提要件。参见Claus-Wilhelm Canaris, Die Vertrauenshaftung in deutschen Privatrecht, Beck, 1971, S.440—442。

⑥ 我国有学者把Anscheinsvollmacht翻译为表见代理，参见崔建远、韩世远、申卫星、王洪亮、程啸、耿林编著：《民法总论》(第3版)，清华大学出版社2019年版，第257页。为了与《德国民法典》第170条及以下所规制的表见代理(Rechtsscheinvollmacht)相区分，本书把Anscheinsvollmacht译为表象代理，以示区别。

商事交往领域适用表见代理规则,因为在商事活动中商事主体被课以更高的注意义务。在民事交往中被代理人不应对此承担表见代理责任,仅须赔偿消极信赖利益,不承担积极信赖利益赔偿责任。①由此可见,沉默在民事交往和商事交往中不能简单作等同处理,在部分领域还须考量个案具体情况而作出区分处置。

法律行为交往除了上述根据所涉领域区分为民事交往和商事交往之外,还有其他区分类型,这些为后文的讨论提供了有用的分析工具。例如,根据沉默者是否有意识参与法律行为交往,可以分为有意识地参与法律行为交往和无意识地参与法律行为交往两种类型,许多沉默具体案型的讨论都需要借助这一区分类型。此外,还可以根据合同订立过程的时间轴线进行考察,合同流程形态按照时间次序分为开始磋商但合同尚未成立、合同已经成立但尚未生效、合同已经生效但尚未履行或者已经履行等主要阶段,沉默在各个阶段都可能具有法律上的意义。例如,在合同开始磋商但尚未成立的阶段,当事人以沉默方式隐瞒合同订立的重要事项;一些法律拟制意思表示类型发生在合同已经成立但尚未生效的阶段;权利取得制度适用于合同已经成立生效的阶段。

三、仅讨论作为责任构成基础的沉默

本书副标题预示着主要讨论沉默构成法律责任基础的情形,即因沉默而产生法律责任的情形。在法律行为交往领域,沉默构成责任基础主要有四种情形,分别为基于法律行为责任产生的履行义务、基于权利表见责任产生的积极信赖保护、基于诚实信用原则产生的积极诚信保护以及基于缔约过失责任产生的消极诚信保护。②其中,基于诚实信

① Claus-Wilhelm Canaris, Schweigen im Rechtsverkehr als Verpflichtungsgrund, in: FS Wilburg, 1975, S.89.笔者不赞同表象代理制度的这种教义学归类,表象代理仍然属于表见代理制度体系,对此详见本书第六章相关论述。

② 本书区分了法律行为保护、积极信赖保护、积极诚信保护和消极诚信保护,这组概念指针的是保护的效力来源,即所依据的法律原则。对此详见本书第五章第一节内容。

用原则产生的积极诚信保护的示例有权利取得制度，又称为“得权”。权利取得是指一方当事人反复以同样的方式实施某种行为（包括沉默行为），经由时间的流逝，在特定条件下使另一方当事人产生一种信赖，以为该方当事人会继续实施这种行为，基于信赖保护原则和诚实信用原则，其负有继续实施该行为的义务，另一方当事人据此获得一项请求对方继续履行的权利。①与权利取得制度相对立的是权利失效制度，又称为“失权”。②因为权利失效制度涉及权利人在相当期间内不行使权利（沉默）而丧失权利的情形，不构成法律责任的基础，因此本书不予讨论。③

四、假定沉默者为完全行为能力人

行为能力系法律行为的一般生效要件。在法律行为交往中，沉默者既可能是完全行为能力人，也可能是限制行为能力人和无行为能力人。在作为意思表示的沉默类型中，关于意思表示的一般规则同样适用于沉默意思表示。例如，无行为能力人的沉默行为不具有法律意义，限制行为能力人的沉默行为除在限制行为能力人纯获法律上利益的情

① 杨代雄：《民法总论专题》，清华大学出版社2012年版，第47页。

② 关于权利失效制度的发展简史，参见王泽鉴：《权利失效》，《民法学说与判例研究》（合订版），北京大学出版社2015年版，第229页。

③ 在此，仅简要阐释权利失效在我国有限的实践意义。权利失效制度源自德国，因为德国旧民法规定普通诉讼时效期间为30年，时间过于漫长，且立法对有些形成权和抗辩权未规定权利行使的其他时间限制，因此权利人若长期不行使权利，可能产生不公平后果。基于此，德国学说和判例发展出了除诉讼时效和除斥期间之外的第三种制度对权利行使进行时间上的限制。但随着德国2002年新时效法将一般诉讼时效期间由30年减到3年之后，权利失效制度极大失去了原有的实践价值，因为债务人主张权利失效可能需要经过更长的时间检验，而主张诉讼时效可以将这个时限要求予以压缩。权利失效制度在我国法适用中也遭遇同样的境遇。从立法上看，我国《民法典》虽然将一般诉讼时效从2年延长到3年，但时效期间还是相对较短。从司法实践来看，适用权利失效的案件极少，部分案件虽有适用权利失效的余地，但司法裁判者对此持谨慎保守的态度。在立法和司法的两重影响作用下，权利失效在我国的制度生存空间不大。

形之外，需经法定代理人的同意方才生效。在丧失选择权的沉默类型中，沉默者的行为能力也具有重要意义，如果沉默者欠缺行为能力，则相对人的催告需到达法定代理人处，方才起算期间。在违反义务的沉默类型中，需要判断沉默者在保持沉默时，是否具有归责能力。本书为了将笔墨集中讨论法律交往中沉默的最为核心领域，故假定沉默的主体为完全行为能力人，沉默者为无行为能力人或者限制行为人的情形不在本书讨论范围之列。

第三节　既有研究的综述

一、我国法律行为交往中沉默的研究现状

从我国研究现状来看，无论是《民法典》施行前抑或施行后，均缺乏关于法律行为交往中沉默的专题体系性研究，相关论述主要集中于民法总论教科书、合同法教科书以及少量的论文中。其中，对于法律行为交往中沉默的一般性类型化研究，只有杜景林教授的《民商事往来中沉默的法律责任》和石一峰教授的《沉默在民商事交往中的意义》两篇论文。杜景林教授参考德国学说和判例，分别探讨了沉默与法律行为责任、沉默与拟制的意思表示、沉默与法律表象责任三种类型。在第一类型中又分为沉默作为推断性的意思表示和沉默作为解释性的意思表示两种情形；在第三种类型中区分通过有意创设权利表象所产生的表象责任和通过交易类型化行为所产生的权利表象责任两种情形，前者典型示例有容忍代理，后者典型示例包括对商事事务处理要约的沉默和对商人确认书的沉默。①石一峰教授采取了与杜景林教授大体类似但又有所区别的类型构造。他区分了作为意思表示的沉默、作为义务违反的沉默、作为信赖责任基础的沉默三种类型，并认为沉默的不同类型

① 杜景林：《民商事往来中沉默的法律责任》，《法学》2014年第2期。

体现对私法自治不同层次和强度的平衡，这三种沉默类型分别是对私法自治的强平衡、中平衡和弱平衡。①

更多的研究是集中于法律行为交往中沉默的特定领域，主要是在意思表示法和代理法中。在意思表示法的领域，杨代雄教授指出，除《民法典》第 140 条第 2 款规定的三种情形之外，还可以通过《民法典》第 7 条的诚实信用原则对第 140 条第 2 款进行漏洞填补，补充两种沉默意思表示的类型：一是对商人确认书的沉默；二是对一项法律行为享有同意权之人在他人实施该法律行为时保持沉默，使该他人以为其已经同意的，构成默示授权。另外，杨代雄教授在《意思表示理论中的沉默与拟制》论文中，论述了沉默意思表示与拟制表示之间的差异，指出沉默意思表示的生成基础除了法定和约定情形之外，基于诚实信用原则、信赖保护原则和交易习惯，沉默也可以构成可推断的意思表示，并讨论了沉默意思表示因错误而撤销的问题。②朱庆育教授指出，原《民通意见》第 66 条规定的"不作为的默示"属于概念误用，应指"单纯的沉默"。单纯的沉默只有在法律特别规定和当事人特别约定的两种情况下，具有表示价值。③李宇教授认为，原《民通意见》第 66 条误将沉默混淆为"不作为的默示"，原《民法总则》明定沉默视为意思表示的三种例外情形，立法者对此已经进行了慎重权衡，因此在认定沉默具有意思表示效力的规范范围上不存在法律漏洞，不得基于诚实信用原则通过扩大解释或者漏洞填补的方式来架空这一例外规定，动摇意思自治原则。④

意思表示理论主要适用对象是合同领域，而合同缔结的主要方式

---

① 石一峰：《沉默在民商事交往中的意义》，《法学家》2017 年第 6 期。
② 杨代雄：《法律行为论》，北京大学出版社 2021 年版，第 156 页。
③ 朱庆育：《民法总论》（第 2 版），北京大学出版社 2016 年版，第 195 页。
④ 李宇：《基础回填：民法总则中的意思表示与法律行为一般规则》，《华东政法大学学报》2017 年第 3 期。

为“要约+承诺”模式。因此,在意思表示法中关于沉默的研究也主要集中于沉默作为承诺方式的探讨。王利明教授指出,缄默和不作为是否构成一种承诺方式,应具体分析:第一,受要约人先前曾向要约人发出要约邀请,明确表示对方在发出要约后的规定期限内不作答复,此种沉默可视为对要约的承诺;第二,缔约双方在经过反复磋商后已达成初步协议,其中一方更改某些条款,要求另一方就这些修改条款尽快作出答复,并提出如不在规定时间内作出答复则视为接受,此时可根据案情,将另一方的缄默视为承诺;第三,根据当事人之间先前的交易惯例以及当地的交易习惯,一方向另一方发出要约后,另一方不在规定时间内作出明示或者默示表示,可以认定为对要约的承诺。①崔建远教授主张,沉默原则上不构成承诺,但在特殊情况下可将沉默视为承诺,并列举了王利明教授所举的三种类型,但对第二种类型,补充了“所修改条款不重要”的要件,在此情况下沉默才可以评价为承诺。②韩世远教授指出,沉默又称为“不作为的默示”,单纯的沉默不构成对要约的承诺。在例外场合,沉默具有承诺的意义:第一,法律直接规定沉默视为承诺;第二,当事人约定沉默具有表示的意义;第三,当事人之间有交易习惯。对于商事关系中的沉默,应基于交易习惯或者惯例、双方之间往常做法等交易因素进一步承认若干例外。③此外,还有一些零星对意思表示特定领域的专题研究。例如,叶金强教授对传递迟延的承诺进行专门研究,认为应严格规范原《合同法》第29条“不履行通知义务则合同成立”

① 王利明:《合同法研究》(第1卷),中国人民大学出版社2002年版,第238页;朱广新教授对王利明教授提出三种类型的后两种提出了异议:其一,初步协议意味着当事人尚未对合同达成一致,一方单方修改了初步协议的某些条款,另一方未提出异议应当视为拒绝;其二,如果不能从先行习惯和当地习惯中,推断出当事人对沉默视为接受有特别约定,则交易习惯不能构成对缔约一方的强制。参见朱广新:《合同法总论》(第2版),中国人民大学出版社2012年版,第96页。

② 崔建远主编:《合同法》(第5版),法律出版社2010年版,第52页。

③ 韩世远:《合同法总论》(第3版),法律出版社2011年版,第102页。

的适用条件，限缩其适用范围，对于超出该条辐射范围的案型应纳入缔约过失责任中加以评价。此外，该文还从方法论角度提出原《合同法》第 29 条和第 42 条之间的衔接问题，具有启发意义。①又如，崔建远教授讨论了以沉默方式变更合同的法律适用问题。②

在代理法中关于法律行为交往中沉默的相关文献较为丰富。虽然这些文献并未突出沉默的要素，但基于被代理人的沉默而衍生出的表象代理和容忍代理都属于法律行为交往中沉默的重要类型。相关研究主要围绕原《民法通则》第 66 条第 1 款第 3 句“本人知道他人以本人名义实施民事行为而不作否认表示的，视为同意”的解释论展开。学界对该句的规范构造分歧较大，概括而言主要有四类观点：一是认为该句规定是容忍代理的情形，属于表见代理的一种类型。③二是认为是以默示的方式对无权代理予以追认。④三是认为是对无权代理的内部默示授权。⑤四是以代理行为是否完成为标准采取两层类型化处理，被代理人在代理行为完成前未作否认表示的属于表见代理，代理行为完成后未作否认表示的则属于默示追认。⑥

在沉默欺诈方面，佟柔先生认为，欺诈性民事行为中的“欺诈”可以是沉默或者不作为。⑦张淳教授指出，在我国民法理论和合同法理论

① 叶金强：《合同法上承诺传递迟延的制度安排》，《法学》2012 年第 1 期。

② 崔建远：《行为、沉默之于合同变更》，《中外法学》2014 年第 3 期。

③ 龙卫球：《民法总论》，中国法制出版社 2002 年版，第 588 页；李永军：《民法总论》，法律出版社 2006 年版，第 710 页；冉克平：《民法典视野下“本人沉默视为同意”规则的再造》，《当代法学》2019 年第 4 期。

④ 梁慧星：《民法总论》，法律出版社 2011 年版，第 241 页；王利明：《民法总则研究》，中国人民大学出版社 2012 年版，第 691 页。

⑤ 朱庆育：《民法总论》（第 2 版），北京大学出版社 2016 年版，第 195 页；杨代雄：《容忍代理抑或默示授权——〈民法通则〉第 66 条第 1 款第 3 句析》，《政治与法律》2012 年第 4 期。

⑥ 张家勇：《两种类型，一种构造？——〈民法通则〉第 66 条第 1 款第 3 句的解释》，《中外法学》2012 年第 2 期。

⑦ 佟柔主编：《民法原理》，法律出版社 1983 年版，第 91 页。

中,“沉默可以构成欺诈”早已成为一个毫无争议的学术观点,应当将由诚实信用原则派生出的“重要情况告知义务”作为沉默欺诈的前提要件,将“对方当事人对合同有关事实已经知道或者应当知道”作为否定性事由。①牟宪魁教授指出立法应当对说明义务和沉默性诈欺予以明确规定,对于负有说明义务的行为人保持沉默的情形,应缓和诈欺的因果关系要件和故意要件。②李潇洋教授认为,不作为欺诈与作为欺诈同属于民法规定的“欺诈手段”,二者具有判断上的等价性。在客观构成要件上,不作为欺诈要求以存在告知义务为前提,这需要平衡诚实信用原则与自己责任原则,具体判断标准有信息具有重要性与信息具有可能性两项要素。③

二、德国法律行为交往中沉默的研究现状

《德国民法典》没有关于法律行为交往中沉默的一般规定,仅在个别条款中针对特定情形予以特别规制。《德国民法典第一草案》曾规定“对意思表示可以明示或者默示的方式作出”,后因认为该条没有实质意义而予以删除。在19世纪普通法文献中,部分学者将明示的意思表示与可推断的意思表示相对立。关于两者的判断标准,有主观理论说和客观理论说。主观理论说认为,只有当表示旨在宣示实施法律行为的意愿时,才存在明示的意思表示。客观理论说认为,当某一意思表示媒介依据交易习惯可以被视为惯常的意思表示媒介时,该意思表示属于明示的意思表示。④

与一般法律行为和意思表示理论汗牛充栋的文献相比,关于法律行为交往中沉默的研究则显得“形单影只”,许多主题未被赋予更大的

① 张淳:《浅议对告知义务不履行与沉默欺诈》,《南京大学法律评论》2001年秋季号。

② 牟宪魁:《说明义务违反与沉默的民事诈欺构成》,《法律科学》2007年第4期。

③ 李潇洋:《不作为欺诈的等价性判断》,《政法论丛》2023年第3期。

④ [德]维尔纳·弗卢梅:《法律行为论》,迟颖译,法律出版社2013年版,第72页。

关注甚至长期处于被忽视的境地。法律行为交往中沉默的研究文献主要有四类载体形式：专著、论文、教科书和法律评注。在专著方面，只有寥寥数本，例如克劳泽（Krause）在1933年出版①及格茨（Götz）在1968年出版的《法律交往中的沉默》（Schweigen im Rechtsverkehr）②等。格茨根据德国现行立法和司法在许多个案中补充提供的丰富素材，将沉默分为两大类型：一是以法律关系形成后果为标准进行分类，分为首次成立法律关系（法律地位取得）、补充法律关系、变更法律关系、废止法律关系（法律地位丧失）。二是以法律关系参与或者所涉人数为标准，分为沉默者自身成立、补充、变更或者废止法律关系和通过第三人（代理人）成立、补充、变更或者废止法律关系。③在论文方面，关于沉默的专门讨论也仅有十余篇论文，比较有代表性的有哈瑙（Hanau）的《意思表示构成要件的客观要素》（Objektive Elemente im Tatbestand der Willenserklärung）、法布里齐乌斯（Fabricius）的《作为意思表示的默示》（Stillschweigen als Willenserklärung）④、比克尔（Bickel）的《通过沉默的法律行为之表示？》（Rechtsgeschäftliche Erklärungen durch Schweigen?）⑤、克拉默（Kramer）的《作为要约之承诺的沉默》（Schweigen als Annahme eines Antrags）⑥、施韦尔特纳（Schwerdtner）的《法律交往中的沉默》（Schweigen im Rechtsverkehr）⑦、彼得森（Petersen）的《法律交往中的沉默》（Schweigen im Rechtsverkehr）⑧以及卡纳里斯（Canaris）的《作为责任基础的法律交往中的沉默》（Schweigen im Rechtsverkehr als

---

① Krause, Schweigen im Rechtsverkehr, Marburg, 1933.
② Götz, Schweigen im Rechtsverkehr, Max Gehlen, 1968.
③ Götz, Schweigen im Rechtsverkehr, Max Gehlen, 1968, S.29.
④ Fabricius, Stillschweigen als Willenserklärung, JuS 1966, S.50.
⑤ Bickel, Rechtsgeschäftliche Erklärungen durch Schweigen? NJW 1972, 607.
⑥ Kramer, Schweigen als Annahme eines Antrags, Jura 1984, S.236.
⑦ Schwerdtner, Schweigen im Rechtsverkehr, Jura 1988, S.443.
⑧ Petersen, Schweigen im Rechtsverkehr, Jura 2003, S.687.

Verpflichtungsgrund)①等。在数量有限的论文中，讨论一般性的法律行为交往中沉默的论文并不多，大多数集中讨论作为意思表示的沉默和作为承诺的沉默这两种类型。在德国民法教科书以及各类大中小型民法典评注中，对沉默的法律意义和类型构造的讨论也主要集中于意思表示理论，对沉默的法律效果讨论集中于沉默行为之可撤销性的问题。在德国商法教科书和商法典评注中，关于沉默的讨论主要聚焦《德国商法典》第362条关于对商事事务要约保持沉默以及商事实践中较为常见的对商人确认书保持沉默等特定情形。

关于法律行为交往中沉默的类型化构造研究中，最具代表性的文献当属卡纳里斯的《作为责任基础的法律交往中的沉默》。在该文中，卡纳里斯指出，从沉默作为法律责任形成的基础来看，沉默主要有四种法教义学上的类型。第一，只要沉默者具有相应的表示意识(通常是推定的)，则沉默可以构成意思表示的可推断符号，并由此产生合同拘束力。第二，如果沉默者缺乏表示意识，则原则上类推适用《德国民法典》第122条规定，仅产生消极损害赔偿责任。在欠缺意思表示客观要件的情形，损害赔偿请求权除《德国民法典》第122条规定之外，还需要以存在保护义务和说明义务以及沉默者具有过失为前提。与司法判例和学说通说意见不同，卡纳里斯认为，沉默者违反异议义务无法推导出其应当承担履行责任的法律后果。第三，沉默虽然不具备意思表示的客观要件，但沉默者有意识地创设存在特定法律状态的表象，则根据对有意开启权利表象负责的原则，沉默者受其拘束，并据此承担履行责任。此外，仅当沉默作为同意的意义在交易习惯具有典型性，或者沉默者不知情地处于商事交易的特定组织风险中时，沉默者才需要对其无意识地创设的表象事实负责。第四，如果不具备法律行为上的拘束力和权

① Claus-Wilhelm Canaris, Schweigen im Rechtsverkehr als Verpflichtungsgrund, in: FS Wilburg, 1975.

利表见责任的特征，则沉默在少数例外的情形下也能成为履行责任的基础。这里主要取决于沉默之后的事态发展，特别是时间的流逝。此外，具有决定性的判断要素还有沉默者的可归责性和相对人或者第三人对沉默的善意信赖以及因此付出的信赖投资。对此，在法教义学上涉及因矛盾行为产生的信赖责任和权利取得制度。①

关于沉默的教义学讨论，德国比较有代表性的教科书是耶尔格·诺伊尔(Jörg Neuner)2023年版最新民法总论。耶尔格·诺伊尔将有意义的沉默区分为作为意思表示的沉默(Schweigen als Willenserklärung)、作为信赖事实构成的沉默(Schweigen als Vertrauenstatbestand)和拟制事实构成的沉默(Schweigen als Fiktionstatbestand)三种类型。第一种类型作为意思表示的沉默，又分为两种情形：一是当事人约定沉默具有一定的表示价值；二是当事人虽然没有明确约定，但根据具体情境可以推断出相关的意思表示。第二种类型作为信赖事实构成的沉默也分为两种情形：首先是以履行请求权形式表现的积极信赖保护(positiver Vertrauensschutz)。这种情形分为三种子类型，一是有意开启权利表象，比如容忍代理(Duldungsvollmacht)；二是商人经营风险，比如商法中的表象代理(Anscheinsvollmacht)；三是交易中典型行为，比如《德国商法典》第362条第1款第1句以及商事实践中的商人确认书。其次是以损害赔偿责任为形式的消极信赖保护(negativer Vertrauensschutz)，主要发生在缔约中违反义务的沉默情形，例如《德国民法典》第280条第1款、第241条第2款和第311条第2款。第三种类型作为拟制事实构成的沉默。这种情形又称为规范的沉默(normiertes Schweigen)。尽管在许多情形，仅有沉默并不成立信赖事实，但是法律自动将沉默视

---

① Claus-Wilhelm Canaris, Schweigen im Rechtsverkehr als Verpflichtungsgrund, in: FS Wilburg, 1975, S.77—99.值得注意的是，卡纳里斯对表示意识是否属于意思表示的必备要素，持肯定态度，这种观点影响其对法律行为交往中沉默的法教义学归类的判断。对这方面的问题，第二章第二节将进一步讨论。

为对特定内容的表示。法律基于不同原因对意思表示进行拟制：一是为了终止某种法律上的不确定性，例如《德国民法典》第108条第2款第2句、第177条第2款第2句、第415条第2款第2句和第455条第2句；二是出于保护沉默者利益的价值考量，例如《德国民法典》第516条第2款第2句、第545条和第625条等。①

在法律评注中，帕兰特民法典评注（Palandt BGB）将具有法律意义的沉默区分为两种类型：一是作为表示行为的沉默，这种情形沉默是真正的意思表示，满足意思表示的构成要件；二是具有表示效力的沉默。此种情形沉默不是意思表示，但具有与意思表示相同的效力。比如法律明文规定或者基于诚实信用原则认定沉默具有表示效力。②

第四节 研究方法和论述框架

一、研究进路与方法

法律行为交往中的沉默，作为法律行为理论的子领域，具有很强的理论性。同时，在日常生活中也是较为常见的行为现象，具有重要的实践意义。本书采取理论构建和实证分析相结合的研究进路，综合运用法教义学和社会科学的分析方法，全面系统考察、分析和构建法律行为交往中的沉默规则。

（一）体系化方法

法解释学所提供的包括文义解释、体系解释、历史解释、目的解释以及法律漏洞填补等一系列解释和适用实证法的工具，均为本书的重要研究方法。特别予以说明的有两点：一是体系思维方法。民法体系有内在和外在体系之分，在具体的适用领域同样也存在这样一种内在

① Jörg Neuner, Allgemeiner Teil des Bürgerlichen Rechts, 13. Aufl., 2023, § 31, Rn. 12—23.

② Palandt/Ellenberger, Vorbemerkung zu §§ 116.ff, Rn.7.

体系和外在体系，法律行为交往中沉默领域也不例外。法律行为交往中沉默的义务构成、类型构造、法律效果等问题，均可以追根溯源至意思自治、信赖保护和诚实信用三项基本原则之间的综合权衡和相互协作。意思自治原则主要作用于在法律行为领域，形成了法律行为保护的解释框架，信赖保护原则和诚实信用原则主要作用领域在法律行为之外，形成了积极信赖保护、积极诚信保护和消极诚信保护的解释框架。从三项基本原则中抽取合理的评价基准，基于评价基准所包含的要素之间不同数量和程度的补充和组合，形成了沉默的不同类型结构。二是类型思维方法，这也是本书的重要分析工具。类型化既是法律适用具体化和精确化的过程，也是形成法律外在体系的重要途径。以类型方法构建无矛盾、符合体系性的沉默类型序列，明晰各个沉默典型类型的个案"景象"，并从沉默典型案型的背后提炼公因式，形成一般意义上沉默的整体"景象"。原则、类型和评价基准三者不是单向直线的关系，而是往返互动的关系，在这种循环反复的作用之中，使得法律行为交往中沉默的理论框架和具体规则逐渐浮现。

（二）比较法

法律行为理论肇始于18世纪的德国，经过二百多年的理论发展和实践淬炼，形成了完整的理论体系和法律规范。作为法律行为领域的子命题，法律行为交往中沉默问题的相关理论讨论和文献资料储备虽然远远不及一般法律行为理论积累丰赡，但经由德国司法实践、立法、学说再到实践的发展过程，积累了一定研究成果。特别是关于法律行为交往中沉默的类型构造、法教义学基础的选择及其背后体系的构建，不仅为我国相关制度的研究和设计提供了有益的规则镜鉴，而且也给予了很多智识上的启发。因此，本书以德国法作为比较研究对象。同时，考虑到法律行为交往主要涉及合同领域，我国原《合同法》在立法之时，参考借鉴了国际公约和其他示范性文本，《民法典》也大体承继原《合同法》基本规定，故本书也参考了《联合国国际货物销售合同公约》

(CISG)、《国际商事合同通则》(PICC)和《欧洲合同法原则》(PECL)等相关规定。

(三) 案例研究方法

"从经验到理论"研究也是本书另一个主要的研究方法。"从经验到理论"研究方法提倡以现象、事实和问题为出发点,在经过总结、概括和归纳的提炼步骤后,提出一般概念、命题和理论思想。也就是说,透过经验事实,发现法律背后的制约因素,并找到和论证影响法律制度和司法实践的规律。这既是一种研究的方法,也是一个追求的目标。具体到法律行为交往中的沉默,案例研究是践行这种方法的重要工具。本书对我国法律行为交往中沉默的相关案例进行实证分析,经由梳理归纳案件类型,挖掘背后的考量因素,勾勒法官法律适用的司法思维和论证模式,提炼出相关评价标准,以期对沉默规则的构建提供实践之泉,并反哺审判实践。

(四) 社会科学方法

法律行为交往属于人与人交往的一种类型。正如社会理论所指出的,人类总是处于行动主体之间的关系之中,会被卷入两人或多人的整体行动交织当中,各个行动主体运用象征系统(如语言、姿势)促成各类互动行为。①在法律行为交往中,意思表示本质上属于人与人之间的沟通交往和互动行为,在社会学意义上归属于社会互动理论、象征互动理论范畴,传播学意义上归属于人际传播领域。关于社会互动理论、象征互动理论以及传播符号理论和传播过程模式对于观察和理解意思表示的形成过程,提供了很好的多学科理论视角。同时,沉默作为非语言交际的重要类型,语言学特别是语义学和语用学对于理解沉默的意义以及如何运用社会语境对沉默的意义进行诠释

---

① [德]汉斯·约阿斯、[德]沃尔夫冈·克诺伯:《社会理论二十讲》,郑作彧译,上海人民出版社2021年版,第123页。

具有很大的启发意义。[1]此外，在现实世界，个人搜集、获取以及处理信息需要花费成本，在信息的传递过程中也会出现噪音，信息也可能失真。[2]在缔约过程中存在信息搜寻成本，由于受缔约双方所处行业地位差异、掌握信息程度不同等因素影响，导致产生大量信息不对称的信息结构偏差，在一些特定情形交易当事人负有一定的说明义务来弥补这种“信息差”。信息经济学作为以不完全信息为基本研究出发点的经济学子学科，对于判断交易当事人何时何地负有说明义务以及沉默是否构成说明义务的违反，具有助益。

二、论述结构与主要观点

后民法典时代的解释论作业，需要聚焦法律逻辑上的无矛盾性和内在价值评价上的融贯性，开展系统性思考和体系化构建。对于法律行为交往中的沉默规则，是否具有体系性的特征以及如何完成体系化的论证和构建，是当前面临的一个重要课题。本书试图从体系化角度对法律行为交往中沉默展开教义学分析，通过概念、规范和原则分析，寻找沉默规则之间的意义脉络关联。经考察发现，法律行为交往中沉默在规范层面有独立的必要性，其具有完整的内在体系和外在体系、层层递进的解释框架、一般判断基准模型和完整的类型序列，并且在法律效果上能够实现部分统合。根据内容布局，本书主要由以下几个部分构成。

首先，阐释法律行为交往中沉默的基本属性与体系定位。法律行为交往中沉默不具有被外界所识别的表示符号，一般而言不能作为意思表示的表达工具，原则上不具有法律上的意义，仅在例外情形沉默才

---

① 语言学是研究语言的科学，包含音系学、形态学、句法学、语义学和语用学。其中，语义学研究意义如何在语言中被编码；语用学研究特定场合下的特定话语，尤其关注不同语言运用的社会语境如何影响语义的诠释。胡壮麟主编：《语言学教程》（第4版），北京大学出版社2013年版，第14—16页。

② 陈钊：《信息与激励经济学》（第3版），上海人民出版社2018年版，第14页。

被评价为具有法律上意义的行为。在意思表示的表示公示体系中，明示和默示属于强表示，两者具有同一表示价值。沉默由于不具有外在表露性，属于弱表示，原则上不具有表示价值。意思表示理论的变迁导致意思表示内在结构的变化，特别是表示意识的发展演变对法律行为交往中沉默的类型结构、义务形成的教义学基础以及法律效果产生了体系性的辐射效应。

其次，讨论法律行为交往中沉默的规范基础与司法实践。在规范层面，我国民商事立法以不同形式赋予沉默不同的法律意义：一是沉默具有意思表示的表示效力，二是沉默具有终结某种未定法律状态的效力，三是沉默构成信赖事实的效力，四是沉默构成义务的违反。在实践层面，沉默规则的法律适用呈现两重“限定”特点：一是认定沉默具有法律意义的案型集中分布于沉默欺诈情形，极少认定沉默具有意思表示效力；二是认定沉默具有法律意义的效力来源主要是约定和法定情形，极少出现依据立法规定的第三种情形即基于当事人之间交易习惯以及基于诚实信用原则和信赖保护原则来证成沉默的法律效力。

紧接着，分析法律行为交往中沉默的理论框架和内在体系。德国和奥地利民法学说对法律行为交往中沉默的法律责任形成的基础，主要有三大理论分析框架：一是弗卢梅的“法律行为理论和具有法律上相关性的行为理论”；二是卡纳里斯的“法律行为理论和信赖责任理论”；三是比德林斯基的“组合式法律行为理论”。三种理论并非孤立存在，而是在相互对话之中完成的。这些理论背后牵涉基本原则的支撑作用，意思自治、信赖保护和诚实信用原则共同构成法律行为交往中沉默的基本原则，三者之间并无一定阶层次序，沉默规则的权利义务配置是诸项原则相互补充、相互限制的协作结果。

再次，阐述法律行为交往中沉默的解释模型与判断基准。通过内在体系的外部投射，对法律行为交往中沉默的评价形成了“法律行为保护—积极信赖保护—积极诚信保护—消极诚信保护”四阶层的解释模型。这个评价体系具有层次性和补充性，是一组具有先后顺序、循序递进的分析框架。每个分析框架背后都有基本原则作为基础支撑。从基本原则中抽取不同的判断基准，根据判断要素不同数量和程度的组合，形成不同的沉默类型。关于沉默构成责任基础的一般判断基准有外观事实基础、沉默者的可归责性和相对人的善意信赖。

随后，以法教义学归类为重点，对法律行为交往中沉默进行类型构造。在民商事交往中，沉默在不同场景中具有差异化的法律意义，呈现对意思自治的多层次平衡。构成法律责任基础的沉默主要有四种类型：一是作为意思表示的沉默，即意思表示型沉默；二是作为意思表示之表象或者非意思表示之陈述表象的沉默，即权利表见型沉默；三是悖于诚信的沉默，即背信型沉默；四是构成义务违反的沉默，即义务违反型沉默。四个类型之间具有一定的过渡性和流动性。

最后，解析法律行为交往中沉默的法律效果。一是，关于沉默的法律行为拘束效力和法律行为式拘束效力。在意思表示型沉默、权利表见型沉默和背信型沉默这三种类型中，沉默者受法律行为或者法律行为式的拘束，承担履行责任。义务违反型沉默在订立不利合同的案件类型中承担法律行为的拘束，在其他案件类型中承担类法律行为责任，即缔约过失责任。二是，关于法律行为拘束力解消规则的统合，重点讨论沉默行为的可撤销性问题，并对沉默的法律效果进行重新构造，在部分领域范围内实现法律效果的局部统合。

第二章 法律行为交往中沉默的基本属性与体系定位

第一节 法律行为交往中沉默的基本属性

法律行为交往中沉默的基本属性关系到其在整个立法规范体系中的功能和定位。法律行为交往中沉默具有例外品格、限定主义和递补特性三个基本属性。

一、法律行为交往中沉默的例外品格

立法运用了一系列规整技术，其中“原则—例外”关系的规范确认是重要技术工具。在私法领域存在大量“原则规范—例外规范”的组合现象，例外规范是对原则规范的背离，其所提供的行为模式与原则规范所提供的行为模式相对立。[①]在法律行为交往中，通常而言沉默或者消极不作为不具有任何

① 易军：《原则/例外关系的民法阐释》，《中国社会科学》2019年第9期。

法律上的意义，不应当与积极行为或者作为作等同评价，沉默仅在例外情形才被评价为具有法律上意义的行为。《德国民法典》对法律行为交往中沉默规则的例外性，虽未设一般规定，但民法和商法各类研究文献在讨论沉默的相关类型时，字里行间遍布着“例外”“例外特征”“在特别情形下”等表述。保持沉默是沉默者消极自由的体现，要使沉默具有法律上的意义，需要特别的理由予以证立。

具体到沉默意思表示领域，关于沉默规则具有双重意义上的例外属性。第一重例外属性是在意思表示层面，意思表示原则上应当以明示、默示方式为之，沉默通常不构成意思表示。第二重例外属性是下降到沉默意思表示层面，沉默内部本身也存在具有表示价值的“原则—例外”结构，沉默原则上不构成意思表示，例外情形才构成意思表示。沉默行为通常不构成对要约的承诺。①我国《民法典》第 140 条第 2 款使用“沉默只有……才……”这种必要条件复句的表述，从正面强调了必要条件，表示偏句限定了必要条件，缺少这个必要条件就无法产生正句所规定的结果。②立法鲜明彰显了沉默作为意思表示的例外品格。在代理法领域，沉默行为通常不具有代理权授予的效力，也不构成代理权授予之表象，仅在例外情形可以构成容忍代理或者表象代理。在基于诚实信用原则产生的禁止自相矛盾行为的案型中，沉默行为也只有在例外情形才被评价为悖于诚信之行为。在禁止自相矛盾行为的子类型权利取得案型中，一项权利的取得应当具有相应的正当性基础，一方在没有法律上原因的情形下，长期受领超额的给付行为

---

① 在美国合同法中，通常认为沉默不构成承诺是合同法的一般规则。但美国学者艾森伯格指出，这个规则存在许多例外，事实上沉默构成承诺的案件可能远多于沉默不构成承诺的案件。参见[美]梅尔文·A.艾森伯格：《合同法基础原理》，孙良国、王怡聪译，北京大学出版社 2023 年版，第 172 页。

② 黄伯荣、廖序东主编：《现代汉语（下册）》（增订 3 版），高等教育出版社 2002 年版，第 166、167 页。

原则上应评价为不当得利，只有在极其特殊的情形下，可基于诚实信用原则保有给付，并享有在未来一定时期内请求继续给付的权利。在先合同阶段亦是如此，缔约过程是双方当事人相互博弈的动态过程，[①]当事人原则上享有保持沉默的权利，不负有对一定事项进行说明或者提供信息的义务，仅在例外情形才产生说明和告知义务，不履行这些义务构成缔约过失。有疑问的是，沉默规则作为例外条款能否类推适用，这涉及沉默规则是不是完全封闭性法律规整的问题，对此于下文具体展开。

二、法律行为交往中沉默的限定主义

法律行为交往中的沉默只有在例外情形才具有法律上的意义，这些例外也划定了相应的适用领域，形成各自的“一亩三分地”。根据我国《民法典》第140条第2款规定，沉默只有在具有法定、约定或者基于当事人之间的交易习惯的情形才可以被评价为意思表示。《民法典》严格限定这三种类型，这三种类型表面上看并无交集，但事实上存在一个隐性的共同特征，即主要限定在熟人之间的交易模型。在有约定的情形，即说明了当事人之间此前已有一定的接触往来。在符合当事人交易习惯的情形也是如此，因为要形成一定的交易习惯，需要频繁反复的过往交易累积而成。在法定的情形，通过观察《民法典》规定的几类法定类型来看，也主要适用于熟人之间的交易。非熟人之间交易主要发生在两种情形：一是在双方法律行为中，以沉默作为承诺方式订立合同对于沉默者有利，比如第三人提供保证；二是在单方

---

① 正如德国帝国法院在一判决中(RGZ 111, 233, 234f.)指出“在买卖场合，不能过度扩张信息义务；出于买受人与出卖人之间相互冲突的利益，依照交易惯例双方通常不应期待对方会将全部涉及价格形成的市场关系尤其是那些关于价格涨跌的市场信息告知自己，而是必须自己从其他没有参与交易的人手中获取上述信息”。转引自[德]海因·克茨：《德国合同法》(第2版)，叶玮昱、张焕然译，中国人民大学出版社2022年版，第103页。

法律行为中，沉默一般被评价为拒绝的意思表示，对沉默者已有的利益状态不发生影响。①此外，虽然基于信赖保护原则和诚实信用原则，沉默可以被评价为构成信赖事实基础的行为和悖于诚信的行为，但在审判实践中基于这两项原则发展出的案件类型均限定于有限的少数事例范围内。在沉默构成说明义务之违反的情形，同样也限定了适用类型，只有存在法定说明义务、约定说明义务和基于诚实信用产生说明义务等特定情形，沉默才可能构成说明义务之违反。

法律行为交往中沉默的这种例外品质和限制主义模式，对沉默行为的法律解释、类推适用以及举证责任均产生一定影响。在法律解释上，沉默行为被评价具有法律意义应当从严认定。在类推适用上，对例外规则能否类推适用，学说上存在争议。完全否定说认为“例外规则不得扩张解释”是源于罗马法的规则，例外规则必须严格解释，不得类推适用。②但正如有学者正确指出的，这是一个伪命题，因为对此并不存在一般性的答案。既不能基于“例外规则不得扩张解释”原则，径直得出例外条款不能类推适用的结论，也不能一概地肯定可以类推适用，毋宁是要在个案中具体阐明例外规则的规范目的，找到明确的类推适用基础。③因此，对类推适用沉默的例外规范需要审慎为之，因为立法规定沉默仅在例外情形具有法律意义，如果允许一般意义上、不限定范围地类推适用，将导致立法特定的目的性考量落空。在举证责任上，主张

---

① 对此具体阐述，详见本书第六章内容。

② [德]托马斯·M.J.默勒斯：《法学方法论》(第4版)，杜志浩译，北京大学出版社2022年版，第229页。

③ [德]马库斯·乌尔丁格：《规范的可类推性——对例外规定和确权规范的方法论研究》，孙文译，《中德私法研究》第18卷；[德]德特勒夫·莱嫩：《法学方法论的基础知识》，黄卉编译，《中国应用法学》2021年第3期。卡纳里斯更进一步指出“例外规则不得扩张解释”原则已经过时，所要禁止的是通过类推将例外规则上升为普遍性规则，从而使例外变成通常情形。参见[德]克劳斯-威廉·卡纳里斯：《法律漏洞的确定——法官在法律外续造法之前提与界限的方法论研究》，杨旭译，北京大学出版社2023年版，第160、161页。

沉默具有法律效力之人应当对此承担举证责任。比如,沉默者之相对人可以举证证明沉默者的沉默行为具有意思表示效力存在相应的法律规定,也可以举证证明这是当事人之间的事前约定,或者符合当事人之间以往惯常的交易习惯。①

三、法律行为交往中沉默的递补特性

与法律行为交往中沉默的例外品格相关联的是,沉默还具有后位的递补特性。沉默的递补特性体现在两个层次:第一个层次,先行判断是否存在积极行为,在没有积极行为的情况下再行判定沉默的意涵。比如,在沉默意思表示的情形,首先应判断行为人是否有明示或者默示的表示行为,经由意思表示解释规则,认定没有积极行为之后,再继而按照沉默意思表示规则来解释。在权利表见型沉默中亦是如此,比如在代理法中应优先判断是否存在实际的代理权授予行为,在认定没有代理权授予的前提下,再行讨论是否存在代理权授予的表象。在其他领域,也应优先审查是否有其他具体规则的适用空间。第二个层次,沉默行为往往具有后置性,通常是以他人的行动为前提,是对相对人或者第三人先前行为的回应,而不是作为先发行为产生。比如,在缔约场合,沉默通常是作为对要约的承诺,而不是直接作为要约来认定;在容忍代理场合,也是对他人以自己名义为法律行为的容忍,以他人代理行为的存在为前提基础。

---

① 比如,在新疆生产建设兵团第七师一二四团农业发展服务中心、谢某国不当得利纠纷案中,法院认为"当事人主张对方的沉默应被视为意思表示时,其负有相应的举证责任。本案中,虽然原告在被告居住使用期间没有向其索要水电费,但原告这种沉默的行为不代表其不再主张上述费用,被告亦没有提交证据证明原告表示让其免费使用水电,故被告居住期间应交纳相应的水电费"。参见新疆生产建设兵团奎屯垦区人民法院(2022)兵 0701 民初 147 号民事判决书;在郭某某、肖某某民间借贷纠纷再审民事案中,法院认为"本案中被申请人王某某主张申请人的沉默行为应视为意思表示,其应负有举证责任,王某某也未举证证明申请人与被申请人肖某某之间达成过宽限期的约定或双方之间存在此类交易习惯。故对于再审申请人关于双方无宽限期的约定的主张,应予以采纳"。

第二节　法律行为交往中沉默的体系定位

在对法律行为交往中沉默进行具体类型构造之前，有必要先将沉默行为放置于一般意思表示体系中加以观照，专门讨论沉默在意思表示中的体系定位。理由有三：一是沉默意思表示是法律行为交往中沉默的最重要类型，法律行为交往中沉默既是以沉默意思表示作为研究起点，也是以沉默意思表示作为逻辑基础。二是沉默作为表达工具和公示手段，不仅在意思表示领域具有表示行为上的意义，而且在积极信赖责任等领域也发挥重要的外观事实作用，引发体系性的影响。三是表示意识作为当事人"参与法律行为交往"的意思，[①]与法律行为交往中的沉默密切相关，特别是表示意识是否为意思表示的必备要素，对法律行为交往中沉默的教义学基础、类型构造、规范构成和法律效果均产生联动影响，具有体系辐射作用。法律行为和意思表示是私法自治的工具。[②]从语义上看，意思表示有多种理解方式，一是意思与表示处于平行并列关系，意思表示由"意思（Wille）+表示（Erklärung）"构成；二是把意思表示理解为"意思的表示"，即表意人把内在的意思通过外在的行为表达出来。意思表示的意义和价值在意思与表示的互动关系中得以实现。因此，法律行为交往中沉默应置于"意思+表示""意思的表示"的双重结构中考察，明晰沉默在外在表示行为（客观）体系和内在意思（主观）体系中的定位。

---

① 对此，德国学者诺伊尔将传统意思表示理论的表示意识改造为参与法律行为交往的意思。参见 Jörg Neuner，Allgemeiner Teil des Bürgerlichen Rechts，13. Aufl.，2023，§32，Rn.19；[德]耶尔格·诺伊尔：《何为意思表示？》，纪海龙译，《华东政法大学学报》2014 年第 5 期。

② Claus-Wilhelm Canaris，Die Vertrauenshaftung in deutschen Privatrecht，Beck，1971，S.413.

一、沉默在表示公示体系的定位

意思表示具有双重功能，既是表意人实现法律行为意思的工具，一种自我决定的行为；同时也是人和人之间交往和沟通的工具，一种人际交往和社会交际的行为。[①]这样一种双重功能由意思表示“意思＋表示”“意思的表示”的双层结构来实现。内在意思属于无形的精神世界范畴，只有在表达中才能作为一种现象进入可见的世界，即须借助语言文字或者其他行为予以表达，并经由表达获得沟通、认知与理解的意义。表达是将引发某一特定法律效果的意思对外表示出来，且可以从外部加以辨认的行为，又称为表示或者表示行动。

（一）公示与信息表达

表示作为意思表示的公示方式，也是意思表示的必要条件，要求无论如何要有某个东西被表示出来，无表示则意思只是纯粹的内心想法而不具有现实中的形成力，也不能在行为主体之间被理解和领会。[②]表示由三个要素构成，即外在的表示行动、表示价值和法律拘束意思。评价基准是，客观理性的第三人处于具体受领人的立场，判断表意人的外部表示是否满足这三个构成要素。第一，在表示行动层面，从一个客观理性的第三人视角看，表意人是否将内在的效果意思表达于外部，具体看是否基于自觉自愿，在自我意识和控制之下作出了表示。第二，在表示价值层面，从客观理性的第三人视角看，可以从表意人的表示行动中推知行为人追求什么样的法律效果，要求表示的内容具体且明确。第三，在法律拘束意思层面，从客观理性的第三人视角看，可推知表意人欲受法律上的抽象拘束。只有满足这三个构成要素，才构成有效的表示。

---

① Staudinger/Singer, Vorbemerkung zu §§ 116 ff., Rn.13.[德]卡尔·拉伦茨:《德国民法通论》(下册)，王晓晔、邵建东、程建英、徐国建、谢怀栻译，法律出版社 2007 年版，第 455 页。

② [德]耶尔格·诺伊尔:《何为意思表示?》，纪海龙译，《华东政法大学学报》2014 年第 5 期。

表示之目的在于将意思表示对外公示，而公示之目的是否达成，很大程度上取决于是否提供了有效的信息，这又与公示手段和表达工具密切相关。理想的公示工具具有两种品质：首先，具有外部可认知性，即被表示的意思不能仅存于概念思维世界中，而应当以能够被外界所感知的方式予以表示。其次，表达工具有清晰表达能力，即通过表达工具对外的传达，能够让外界清晰和准确地知悉其所表达的内容。①表达工具和公示手段除语言和文字外，还可以借助外在行为等其他外部性手段使表示为外界所感知。不同的公示工具所传递的信息范围大小有所差异，由此公示效果也有强弱之分。根据意思表示表达工具的不同，可以分为强表示和弱表示。强表示只需选择相应的表达工具即可彰显其表达的相应意思，明示和默示即为其例。弱表示仅有表达工具本身还不足以构成意思表示，需要结合具体情境，考察是否具有意义性。沉默即为弱表示。在沉默情形，只有沉默之事实，而没有提供其他更多信息予以补充，相对人没有识别和判断表意人真实意思的足够依据，如果相对人须深入探寻表意人的意思，则对相对人而言成本太大、负担过重。因此，单纯的沉默或者纯粹的不作为只有在特定环境和时间之下，才可以被评价为以沉默之方式表达意思表示。根据法律行为交往中沉默的补充性属性，表示行为具有先后的判断次序，即根据意思表示解释规则，先判定行为人是否存在明示或者默示行为，如果没有再行判断是否存在沉默表示。

表意人有权自由选择任何合法的表示工具和手段，但如果表意人所选取的公示手段不能精确地表达出意思的全部信息，表意人要承担表达不清晰所带来的不利后果。因为在理解其意义时，只要该意义附

① 张双根教授虽然在物权公示层面讨论公示工具的品质要求，但对于表示行为公示的研究也具有启发意义。参见张双根：《物权公示原则的理论构成——以制度正当性为重心》，《法学》2019 年第 1 期。

着于某种保存它的材料，就无需考虑最初将意义表达出来的行动。[①]当然，相对人在接受信息时也不是完全被动、毫无作为，在作出交易决定之前，需要调查并收集相应的信息和证据，获得对表意人意思的判断，建立自己的主观确信。

（二）强表示：明示与默示的表示行为

从语义来看，明示表示行为和默示表示行为既有共性特征，也有不同之处。两者都有“示”的积极行为，但明示表示行为强调“明”，默示表示行为强调“默”。[②]

1. 明示和默示的范围界定

明示表示行为和默示表示行为之间的范围确定和适用边界，涉及两者的区分标准。对于这个问题的回答，可以借助一般传播媒介理论。根据传播媒介理论，传播媒介主要有两大类型，一是语言符号，二是非语言符号。语言符号系统是人类社会最重要的符号系统，[③]主要分为声音语言和书写语言两种形式。声音语言是人类最常用和最灵活的传播手段，不仅能够直接传递信息内容的本义，还可以通过声调、速度、音量、节奏等辅助方式来补充相关背景信息。[④]但声音语言具有明显的局限性，声音符号转瞬即逝，记录性较差，受空间和时间影响较大。语言符号的另一种表现形式为书写语言，这是在文字发明的基础上产生，是人类掌握的体外化符号系统。文字表达具有精确性、通用性和有效性的特征，克服了声音语言的转瞬即逝性，能够把信息长久保存下来，而且打破了声音语言的距离限制，扩展了人类交流和社会活动的空间，这

---

① ［德］卡尔·拉伦茨：《法律行为解释之方法——兼谈意思表示理论》，范雪飞、吴训祥译，法律出版社2018年版，第37页。

② 最高人民法院民法典贯彻实施工作领导小组主编：《中华人民共和国民法典总则编理解与适用（下）》，人民法院出版社2020年版，第707页。

③ ［美］彼得·L.伯格、［美］托马斯·卢克曼：《现实的社会建构——知识社会学论纲》，吴肃然译，北京大学出版社2019年版，第48页。

④ 郭庆光：《传播学教程》（第2版），中国人民大学出版社2011年版，第79页。

是其他表达手段无法比拟的。①非语言符号主要为体态语言，又称为身体语言或者行为语言，是通过人的举止、动态的身体移动和位移来表达传递信息，比如点头、摇头、举手、挥手、鼓掌等。身体语言或者行为语言，常常起到辅助语言符号的作用。比如，强化语言的作用，讲话中配合挥手、握拳、上身前倾等动作，以加强语言的力量；补充语言的作用，在语言表达不充分时，起到补足语言的作用；控制语言的作用，体态可以利用它所形成的情境对语言的效果加以限制，眼神、表情以及动作都可以起到这样的作用。②行为语言有时也具有替代语言符号的作用，默示意思表示就是在这个层面上发挥代替口头和书面语言的功能。

关于明示和默示表示行为的区分，存在两种不同的评判标准。一是以表示工具本身为标准，二是以表示工具的意义是否具有明确性为标准。第一种标准是当前通说。依照该标准，明示表示是指行为人直接以口头或者书面形式将效果意思表示于外。③默示是指除以口头或者书面话语直接表达之外，其他基于肢体等行为形式，间接地推知意思表示。④例如，试用买卖的买受人在试用期内支付价款或者出卖试用标的物等行为，可推断出买受人具有同意购买的意思；向自动售货机投入货币的行为，可推断作出购买物品的意思；乘坐无人售票的公交车时，投币或者刷卡行为可视为具有缔结运输合同的意思。少数学者持第二种标准。根据该标准，明示是指所选择的表示工具之意义事先已经依据交往惯例、法定或者约定得到确定的表示行为；默示则需要根据具体

① 张双根：《物权公示原则的理论构成——以制度正当性为重心》，《法学》2019 年第 1 期。

② 郭庆光：《传播学教程》（第 2 版），中国人民大学出版社 2011 年版，第 80 页。

③ 《民法学》编写组：《民法学（第 2 版）》（上册），高等教育出版社 2022 年版，第 87 页。

④ 梁慧星：《民法总则讲义》（修订版），法律出版社 2021 年版，第 239 页；陈华彬：《民法总则》（第 2 版），中国政法大学出版社 2023 年版，第 483 页。

情形作出意义的推断。据此，明白无歧义的口头或者书面当然为明示表示，其他被通说归置于默示的表示行为，诸如将硬币投入自动售货机、挥手示意出租车等行为，均直接清晰地表达表意人的内心意思，都是明示的表示行为。①第一种判断模式以外在的表现形式作为区分的标准，相对明晰。第二种判断模式以表示工具的明确度作为区分的标准，存在两个弊端。一是明确与否以及明确到何种程度，已经是意思表示解释的结果。虽然任何意思表示都需要经过解释，但在判定存在何种意思表示以明确度为标准，其实已经触及意思表示内容的解释，以此种方式区分明示、默示和沉默行为，意义已然不大。二是造成判断的边界模糊，表示工具明确度这一标准本身就不清晰，判断表示工具是否具有一定明确度需要结合其他情势进行综合判断，如此容易造成判断标准不统一，可能导致在此案中是默示的表示行为，在彼案中则为明示的表示行为。可见，第二种判断标准不如第一个判断标准简单清晰。

2. 明示和默示的区分意义

意思表示的效果，原则上不因其为明示或者默示而有所差异，即明示和默示的表示行为具有同一表示价值，只有在例外的情形下表示价值才不具有同一性。

其一，法律明确规定表示应以明示方式作出。由于明示行为具有澄清事实和警示的作用，法律在一些特殊情形明确规定，有些行为必须以明示方式作出。例如，《德国民法典》第 244 条规定“除非明确约定以外国货币进行支付”，以外国货币作为计量单位的债务可以本国货币支付；《德国民法典》第 700 条第 2 款规定“只有当双方当事人明确约定保管人获得所寄托的有价证券的所有权时”，该约定才产生法律效力。除法律规定必须明确作出表示的情形外，明示表示也可以根据事实情况得出，一般而言越是不同寻常的规则，对其表示的明确度要求就越高，

① 朱庆育：《民法总论》（第 2 版），北京大学出版社 2016 年版，第 193 页。

越有必要要求其作出更为“明确”的表示。我国实证法上亦有要求表示行为须为明示之规定，在立法规范表达上存在直接规定和间接规定两种模式。例如《民法典》第 476 条规定“要约可以撤销，但是有下列情形之一的除外：（一）要约人以确定承诺期限或者其他形式明示要约不可撤销。（二）受要约人有理由认为要约是不可撤销的，并已经为履行合同做了合理准备工作”。可见，要约不可撤销须以明示方式作出。[①]《民法典》第 274 条第 2 句规定“建筑区划内的绿地，属于业主共有，但是属于城镇公共绿地或者明示属于个人的除外”。某些法律行为，法律虽未明文规定须明示为之，但依其性质，不可能默示为之。比如关于连带责任的约定，《民法典》第 178 条第 3 款规定连带责任须由法律规定或者当事人约定，即为适例。在审判实践中，法院通过司法裁判事实上扩大了明示意思表示的适用范围，比如在权利放弃[②]、订立定金合同[③]等情

① 有学者指出这是对明示的误用，将“表明”错误地表述为“明示”。该条系仿 CISG 和 PICC 规定，原文均为“indicates that”，中文意指“表明”“指向”，与作为专业术语的明示、默示所分别对应的 express、imply 相去甚远。参见张谷：《民法典合同编若干问题漫谈》，《法治研究》2019 年第 1 期。

② 比如在温州银行股份有限公司宁波分行诉浙江创菱电器有限公司等金融借款合同纠纷案中，法院认为“民事权利的放弃必须采取明示的意思表示才能发生法律效力，默示的意思表示只有在法律有明确规定及当事人有特别约定的情况下才能发生法律效力，不宜在无明确约定或者法律无特别规定的情况下，推定当事人对权利进行放弃”。参见最高人民法院指导案例第 57 号。又比如在福建省顺捷物流有限公司、叶某强保证合同纠纷案中，法院“放弃民事权利的意思表示通常须以明示的方式作出，只有在法律有明确规定或当事人有明确约定的情况下才可以默示的方式作出”。参见最高人民法院(2021)最高法民申 4762 号再审审查与审判监督民事裁定书。

③ 比如在民惠健康产业发展（深圳）有限公司与北京瀛海阳光科技发展有限公司买卖合同纠纷案中，法院认为“由于双方在本案采购合同中并未对定金做出约定，且瀛海阳光公司支付 10 万元时注明的用途为‘订金’，虽然民惠健康公司的经办人张某在瀛海阳光公司支付该 10 万元后通过微信向对方发送‘定金’字样，但瀛海阳光公司经办人廖某亮并未对此进行确认，而关于定金的约定必须以明示的方式做出意思表示，故应认定双方并未就定金的约定达成合意，10 万元不属于定金性质款项，应属于预付款”。参见北京市第二中级人民法院(2023)京 02 民终 806 号二审民事判决书。

形均要求必须以明示方式作出。此外，法律在有些情形直接将行为人的默示行为视为意思表示，此时无须经由意思表示解释规则，通过推断的方式获取默示行为的意义。①

其二，表示行为具有要式性。法律规定有些情形意思表示须满足一定的形式要求，唯明示之表示才符合要式之规定。因意思表示未履行形式要求，意思表示本身虽然有效存在，但该意思表示因欠缺形式而无效。但形式瑕疵可因履行行为得到补正，在形式瑕疵得以补正的情况下，默示意思表示也能成为有效的意思表示。因此，这种形式要求上的差别，实践意义不大。②

（三）弱表示：作为表示工具的沉默

明示、默示意思表示虽然外在行为上表现为“一明”“一默”，但都有“示”这一积极行为，而沉默没有“示”，既没有言语的表达，也没有外部的动作。有时，默示和沉默的判断标准并不清晰，在界限上存在模糊的地带。例如身体的位移可以认定为默示行为，但神态上发生变化，诸如使眼色既可能构成默示行为，也可能构成沉默行为，但单纯的表情变化应当属于沉默行为。与明示和默示表示行为所彰显的强表示功能不同，沉默仅具有弱表示功能甚至不具有表示功能。

1. 沉默的意义本质

沉默原则上不具有表示价值，这不仅仅是逻辑推演的结果，更是价值判断的结果。从逻辑上看，沉默所传递的符号价值和表达的法律意义具有模糊性和不确定性。人是生活在由不同符号编织而成的意义之

① 比如《民法典》第503条“无权代理人以被代理人的名义订立合同，被代理人已经开始履行合同义务或者接受相对人履行的，视为对合同的追认”。第586条第2款第2句“实际交付的定金数额多于或者少于约定数额的，视为变更约定的定金数额”。第638条第2款“试用买卖的买受人在试用期内已经支付部分价款或者对标的物实施出卖、出租、设立担保物权等行为的，视为同意购买”。第1142条第2款“立遗嘱后，遗嘱人实施与遗嘱内容相反的民事法律行为的，视为对遗嘱相关内容的撤回”。

② 朱庆育：《民法总论》（第2版），北京大学出版社2016年版，第193页。

网中，符号能够超越个体的主观意向表达使其得到有效的客体化，[①]经由表示行为使得主观意义变成一种客观意义。表示即是意思得以表现自身的符号，所有法律秩序都建立在此种符号的可靠性上，没有这种可靠性，人与人之间就无法进行生活交往。[②]而沉默作为一种非言语交际，是一种隐形的、内在的心理活动和状态，需要借助外部的标记性符号来解读，其解读的过程往往伴随着很大的不确定性。[③]在大多数情形，沉默无法确切地传达行为主体的主观意向，沉默的语义具有"客观多义性"，对于沉默的含义存在多种解释的可能性，比如予以肯定、予以否定或者不置可否等。这种语义是模棱两可，甚至是令人捉摸不定的。[④]正如司法裁判正确指出的"当事人不提出异议的行为（沉默）至少存在'保留异议权利'或'予以默认'等多种可能"。[⑤]因此，对于沉默意义的规制模式有三种方案可供选择：一是同意推定模式，即沉默者未提出异议一般视为一种同意或者认可，在此种模式中沉默者负有提出异议的义务。二是异议推定模式，沉默者未作表示，推定为不同意或者不认可，沉默者不负提出异议义务。三是不作任何推定，沉默者保持沉默原则上不具有任何法律上的意义。在法律行为交往中，在一定程度上维持对符号的普遍性和通常意义的理解，对于维护正常交往秩序和交易安全具有重要意义。虽然沉默被赋予丰富的含义，但它在法律语境中的含义却相对简单，由于沉默是最低成本的信号，所以它总是和最常见的现象捆绑在一起，以降低表达的成本。在某个特定的场合，如果拒

---

① ［美］彼得·L.伯格、［美］托马斯·卢克曼：《现实的社会建构——知识社会学论纲》，吴肃然译，北京大学出版社2019年版，第48页。

② 转引自杨代雄：《古典私权一般理论及其对民法体系构造的影响》，北京大学出版社2009年版，第92页。

③ 武保勤：《沉默：人际关系的语用管理》，《浙江外国语学院学报》2019年第5期。

④ 李凤琴：《"沉默"的话语意义与交际功能》，《外语学刊》2010年第6期。

⑤ 世界商品智能交易中心私人有限公司申请撤销仲裁裁决民事裁定书，北京市第四中级人民法院(2021)京04民特40号。

绝比认可更常见，沉默就会用以表达拒绝，立法按照大多数人的需求和偏好提供法定交易模式以保证多数人需求。①正如司法裁判在论证沉默原则上不构成意思表示所提出的理据，“一是基于意思自治原则的内在要求。如果沉默可以视为意思表示，则相对人很容易在不经意甚至不知晓的情况下就被动与他人成立了法律行为并受其约束，这显然违背民法上意思自治的基本原则。二是出于保护相对人利益的考虑。如果沉默可以视为意思表示，那么要约人就可以向相对人发出课以负担和义务的要约，相对人很可能会不知不觉就背负某种负担或义务，换言之，其利益会随时遭受难以预料的损害；即使相对人知晓了该不利要约，因为沉默被视为作出了意思表示，所以其也要付出时间、人力和经济成本去作出明确拒绝的意思表示，这显然对相对人是不经济和不公平的”。②澄清沉默意义的不确定，需要调动更多的资源去探寻沉默者的真意，一般而言沉默意思表示的搜寻和识别成本比明示和默示意思表示要高，故法律仅在法定、约定或者符合当事人之间交易习惯这三类特定情形才认可沉默作为意思表示的可能。司法裁判者只要在此法律框架内解释适用即可，无须再诉诸成本过高的其他途径去探寻沉默作为意思表示的可能空间，由此维持了沉默行为在有限的场域内存在法律上意义。可见，沉默原则上不构成意思表示并非纯粹的逻辑推演，而是立法关于“沉默原则上不具有法律意义”这一价值判断的结果。

2. 沉默的意义解读

每个意思表示都需要解释，明示和默示意思表示如此，沉默意思表

① 桑本谦：《法律简史——人类制度文明的深层逻辑》，生活·读书·新知三联书店2022年版，第371页。

② 北京博纳电气股份有限公司与赵某某劳动争议二审民事判决书，北京市第一中级人民法院(2020)京01民终7158号。

示也不例外。①沉默意思表示的解释遵循一般意思表示解释模型，但由于沉默所具有的特性，与一般意思表示解释规则又有所区别。

其一，关于沉默意思表示的解释规则。意思表示解释的功能首先在于判定一个符号（言语、文字、动作、沉默）是否构成意思表示，即意思表示成立与否的问题。在此基础上，再通过解释规则，确定一项意思表示的具体内容。任何解释的对象和出发点都是表示行为。②但不同类型的表示，其解释的对象也有所区别。对于明示意思表示，解释对象首先是表意人口头表达的内容或者书面书写的字句。对于默示意思表示，解释对象主要针对行为人的外在行动，并结合其他相关情事作为解释的辅助。沉默是否构成意思表示，不能因沉默者的沉默行为即推定为不构成，而是需要结合各项因素综合判定。沉默虽然是言语形式的缺失，但伴随沉默一起出现的还有一些非言语行为，如眼神、体态、面部表情等。这些都是判定沉默是否构成意思表示的解释对象。③关于沉默意思表示的解释步骤，与其他意思表示并无二致。第一步，先按照自然解释，探寻沉默者主观的真实意思。在此过程中，辅之以"误载无害真意"等解释方法，此时具体相对人的视角优先于客观第三人的视角。在沉默情形，一般无"误载"行为，故此解释方法适用空间不大。第二步，按照规范性解释，即站在客观理性的意思表示受领人立场，对沉默之表示进行客观的理解。在此起决定性作用的不是受领人视角，而是客观受领人视角，即设想一个客观理性的第三人来取代实际的受领人，从一个审慎无偏见且熟悉表示外在情况的第三方来观察和判定意思表示所表达的客观内容。④概括来说，就是解释者要"设身处地"，一方面要"设身"进行

①② ［德］本德·吕特斯、［德］阿斯特丽德·施塔德勒：《德国民法总论》（第18版），于馨淼、张姝译，法律出版社2017年版，第212页。

③ 武保勤：《沉默：人际关系的语用管理》，《浙江外国语学院学报》2019年第5期。

④ ［德］本德·吕特斯、［德］阿斯特丽德·施塔德勒：《德国民法总论》（第18版），于馨淼、张姝译，法律出版社2017年版，第207页。

换位思考，立足客观理性第三人的视角，而不是站在具体表示受领人的立场来探寻意思表示的客观意义。如果意思表示的理解取决于实际相对人，受制于具体相对人的差异化认知影响，容易导致意思表示的内容确定及意义获得存在很大的不稳定性和可变性。另一方面要“处地”，回溯到法律交往行为的发生现场，穿越进入沉默者与相对人当时缔约的特定时空之中，根据具体场景的时空信息和情境要素作整体性的判断。

其二，关于沉默的意义与语境。与明示和默示意思表示的解释不同，由于沉默意思表示在外在上除了沉默，没有其他可以依赖的符号作为解释的支撑点，所以更需要结合语境因素进行解读。也就是说，沉默本身原则上并不能显示自己的意义，其话语意义需要依靠特定的语境加以充实。①影响沉默的意义生成既有微观语境，也有宏观语境。微观语境包括交谈的场合、交谈者之间的关系、沉默持续时间的长短等。在面对面的场景中，沉默者主观意图可以通过面部表情、身体姿态等多种身体指标表达出来，相对人可以持续不断地通过身体语言获得相对人的主观意图。离开面对面的生动场景，这些身体指标就不复存在。②陌生人之间的沉默相对于熟人之间的沉默更趋向于认定具有否定性的意义；沉默时间越长，越具有表达否定意义的倾向。沉默的意义同时也受制于宏观语境，宏观语境包括交易习惯、文化差异等。与语言一样，无言的沉默同样也具有文化的意涵。在跨文化交际中，由于文化背景差异而对交际中的沉默产生截然不同的看法，容易产生误解。③

因此，沉默在各种语境因素作用下其意义才能得以充分彰显。在

---

① 在美国合同领域，合同解释理论有字面主义和语境主义之争。语境主义主要考虑订立合同的语境、特殊社群惯例、贸易惯例、交易过程和履行过程，其中订立合同的语境是最重要的考量因素。参见[美]梅尔文·A.艾森伯格：《合同法基础原理》，孙良国、王怡聪译，北京大学出版社2023年版，第378页。

② [美]彼得·L.伯格、[美]托马斯·卢克曼：《现实的社会建构——知识社会学论纲》，吴肃然译，北京大学出版社2019年版，第45、46页。

③ 高华伟：《“沉默”之跨文化浅析》，《内蒙古农业大学学报(社会科学版)》2007年第1期。

法律行为交往领域，倘若要使沉默具有表示价值，必须附加其他场景要素或者构成要件，即“沉默＋情境合理＝意思表示”。情境合理的功能在于对强表示要素要求进行削弱的同时，保障意思自治原则不至减损。此处情境合理性主要体现在三个场景中：第一，在双方当事人之间对沉默效力有约定的情形，相对人自然知晓沉默所表达的意思。因此，此种情形属于情境合理的类型，沉默构成意思表示。第二，如果把这个场景放大，置于交易所嵌入的市场背景中，这个场域可能是较小范围内的市场背景，也可能是较大的市场背景，交易习惯赋予沉默以意思表示的表示价值。第三，如果把这个场景再次放大至全国范围，立法者从经验生活中抽取大概率事件的规则上升为法律规定，在全国统一适用，此时已经对沉默效力进行立法上评价，赋予沉默以意思表示的价值。上述三个具体场景还原立法背后的场景假定，从约定、交易习惯再到法律规定，假设的场景范围从小到大不断拓展。随着场景不断扩大，对沉默认定要求也越发严格：小场景，只要双方约定即可；中场景，要求存在相应的交易习惯；大场景，则要求法律明文规定。①法定意思表示为法律直接规定沉默为意思表示，已经替代司法裁判者的判断，此时无须再经由意思表示解释的步骤进行判定。

（四）公示与公信

公示是公信的前提和基础，公信是公示的补充和深化。凡因信赖一定的外观事实而推断有真实权利或者存在事实关系，进而为法律行为，法律给予所信赖的权利或事实表象以真实状态的法律效果，这是公信原则的表现。在私法领域推断有真实权利或事实关系存在的，除物权之外，还有表见代理、意思表示采取表示主义等，这些制度均体现了公信原则。②在法律行为交往中，沉默既可能是正确的公示工具，也可

① 杨代雄主编：《袖珍民法典评注》，北京大学出版社2022年版，第82页。

② 崔建远、申卫星、王洪亮、程啸编著：《物权法》，清华大学出版社2008年版，第56页。

能是错误的表达工具。在前种情形，沉默者通过沉默行为表达了真实的意思，从客观理性的第三人视角观察也得出相同的结果。在后种情形，沉默者本不想表达此种意思，但传递了错误的信息。对此法律效果如何，将在下文展开讨论。

二、意思表示主观要素结构变化对沉默的体系辐射效应

在意思表示的理想模型中，主观要素包括行为意思、表示意识和效果意思这三层递进的意思结构。①通说认为，行为意思是意思表示内部意思结构的必备要素，缺乏行为意思，意思表示不存在。效果意思非意思表示的必要构成要素，缺乏效果意思，不影响意思表示成立，但表意人有权撤销。同样，表示意识也不是必备要素，缺乏表示意识可以类推适用关于意思表示错误之规定。但少数学者主张放弃意思表示所有的主观要素，将意思表示全面客观化。②这种"无意思的意思表示"弱化了自我决定的实质要素，导致意思表示和其他创设义务的事实构成尤其与权利表见责任之间的界分被消除。③意思表示是当事人参与法律行为交往的工具，表示意识作为当事人参与法律行为交往的意思，是否为意思表示特别是沉默意思表示的必备要素，对沉默的教义学基础、类型构造和法律效果均产生体系性的影响。此外，行为意思构成也会产生

---

① 意思表示内在构成的三个要素是19世纪德国学者根据当时心理学发展状况而作出的区分。参见[德]彼得·A.文德尔：《意思表示瑕疵之法律规范》，黄松茂译，《中国应用法学》2019年第1期。这样的区分模式是否已经过时？笔者认为，当今认知科学、脑科学、神经科学飞速发展，对人类意思形成过程的认识已经今非昔比，传统上这种三分法是否仍可适用，有讨论的空间。但这个问题已经超出本书讨论的主题，在此不再展开。

② 例如，Ulf Werba, Die Willenserklärung ohne Willen, Duncker Humblot, 2005, S.17。我国亦有学者认为意思表示不需要内在意思，主张意思表示全面客观化。例如杨代雄：《意思表示中的意思和意义——重新认识意思表示概念》，《中外法学》2017年第1期；纪海龙：《走下神坛的"意思"——论意思表示与风险归责》，《中外法学》2016年第3期。

③ [德]耶尔格·诺伊尔：《何为意思表示？》，纪海龙译，《华东政法大学学报》2014年第5期。

体系联动效应，在此一并阐述。

（一）行为意思构成对法律行为交往中沉默理论的体系效应

根据通说，行为意思是意思表示的强制性构成要件。缺少行为意思，则最多存在一个意思表示的表象而已。在判断是否存在行为意思时，不应当以行为人是否具有可归责性为标准。因此，睡眠者或无意识之人造成意思表示的表象，即使其对此具有主观上过错，也不成立意思表示，无须承担法律行为上的责任。但因其创设了一个意思表示的表象，在符合权利表见责任或者缔约过失责任时，承担积极信赖或者消极信赖赔偿责任。具体到沉默领域，例如在商人确认书的情形，确认书之受领人不知确认书已经到达，因此对是否同意确认书的内容未作表态，此时受领人是在无行为意思的状态下保持的沉默。①对此，仍然可以将受领人之沉默行为评价为对商人确认书的承诺，因为该项制度是基于权利表见责任产生的，运用信赖理论对沉默行为进行评价，为沉默者的相对方提供积极信赖保护，在此情形沉默者有无行为意思均无关紧要。②前述案型是在信赖责任框架下进行的演绎，在法律行为框架下是否要求表意人具有行为意思？在当事人约定沉默可以作为承诺方式的情形，在要约到达后，沉默者在知情的情况下保持沉默，此时沉默者对自己的沉默行为自知且自主，满足了行为意思的两个要素，一是认识要素，知道自己在行动的意识，二是意志要素，对自己的行动可自主控制。在此情形，沉默者具有行为意思。如果沉默者不知要约已经到达而保持沉默，此时沉默者是否具有行为意思？由于双方当事人已经事先对

---

① 关于对商人确认书保持沉默视为同意的法教义学基础存有争议。法律行为理论说认为，此时沉默即为承诺之意思表示；信赖保护理论说认为，此时依据信赖保护原则赋予沉默同意的效力，不需要以沉默者具有行为意思为构成要件。对于这个问题的具体讨论，详见本书第六章内容。

② 我国有学者在关于权利表见型沉默的讨论中，将沉默者在无行为意思时亦成立合同这一论断，作为论证行为意思非意思表示之必要条件的例证。参见纪海龙：《走下神坛的“意思”——论意思表示与风险归责》，《中外法学》2016 年第 3 期。

沉默行为赋予了承诺意思的表示价值，沉默者对要约到达后自己的沉默行为将被评价为承诺之意思已经具有合理预期，此时只要沉默者在要约到达后的合理期间内，没有丧失自主控制其行动（保持沉默）的自由，即可以认定沉默者具有行为意思。也即，在这种情形不知要约已经到达的风险由受要约人承担。总而言之，沉默意思表示仍须以行为意思为必要条件。

（二）表示意识构成对法律行为交往中沉默理论的体系效应

1. 德国民法判例和主流学说的转向

表示意识是指行为人认识其行为具有某种法律行为上意义的意思，①也可称之为参与法律行为交往的意思。②表示意识只是认识问题，不是意愿问题，意愿问题在效果意思中予以体现。表示意识要求行为人须认识到自己的动作在法律性质上可能构成意思表示。根据德国传统见解，法律行为的基础在于当事人的自主决定，行为人欠缺表示意识，不知其表示行为具有法律上意义时，则不应受到法律行为上的拘束。故欠缺表示意识，不构成意思表示，即意思表示不成立。“表示意识必要说”长期保持德国通说的地位。直到1984年德国联邦最高法院在“储蓄所保证案”（BGHZ 91, 324）中，第一次明确指出，表意人虽无表示意识，但如果尽到交易中必要注意，本来可以认识到且避免此种情形发生，受领人依据诚实信用原则以及交易惯例可以将表意人表达的内容理解为意思表示，则即使表意人不具有表示意识，也存在一项意思表示。③在这个具有里程碑意义的司法裁判中，德国联邦最高法院采取了中间路线，在两个限制条件的前提下承认所谓的“过失的意思表示”，

---

① 王泽鉴：《民法总则》，北京大学出版社2009年版，第318页。

② ［德］耶尔格·诺伊尔：《何为意思表示？》，纪海龙译，《华东政法大学学报》2014年第5期。

③ 关于本案例的具体内容，参见邵建东、方小敏主编：《德国民法总则编典型判例17则评析》，南京大学出版社2005年版，第256页及以下。

即“表示过失理论”。第一个限定条件是，表意人具有可归责性，即表意人本应能够认识且可以避免其表示被受领人理解为意思表示。第二个限定条件是，表意受领人也必须将其视为意思表示。据此，只有在表意人对欠缺表示意识具有过失的情形下才可认定存在意思表示。对于欠缺效果意思的情形，无论表意人对此是否具有过失，均认定意思表示成立。可见，德国司法对表示意识和效果意思采取了不同的评价立场，潜藏着表示意识相对于效果意思更为重要的价值判断。德国联邦最高法院创设的“过失的意思表示”理论被此后的一系列司法裁判所运用，①并将该基本规则逐步延伸适用于可推断的意思表示情形。②该判决意见也得到了德国民法主流教科书和主要法律评注的支持，成为德国当前的新通说。③我国通说也认为表示意识有无不影响意思表示成立。④

对于“过失的意思表示”理论，至今仍有学者明确表示反对。反对说持主观理论和意思理论的立场，认为表意人有意识地引发其行为的法律后果，属于意思表示的成立条件，意思自治原则要求行为人依自己意思作出决定，无表示意识即无意思表示。反对说的代表人物有卡纳里斯、诺伊尔、辛格等。卡纳里斯主张，表示意识是法律行为的必备要素，没有表示意识的行为不是一种自决行为，如果某人不知其发出一个法律行为上的表示，则不是以自我决定的方式形成法律关系。缺乏自我决定要素而产生的拘束力不是基于法律行为的拘束力，自我负责也不是自我决定意义上的自我负责。要让表意人对表示受领人所理解的表示内容承担责任，就必须要求表意人有意识地从事法律行为。如果

① BAGE 47，130，133；49，290，296；59，73，85；NZA 1995，419，420；NJW 2000，308，309；OLG Nürnberg WM 1990，928，930；OLG Hamm BB 1992，2177.

② Hanno Merkt，Die dogmatische Einordnung der Duldungsvollmacht zwischen Rechtsgeschäft und Rechtsscheintatbestand，AcP，204(2004)，S.651.

③ Münchkomm/Kramer §119，Rn.95. ff；Palandt/Ellenberger，§119，Rn.4；Sorgerl/Hefermehl，§119，Rn.13.

④ 梁慧星：《民法总论》(第6版)，法律出版社2021年版，第182页。

行为人不具有这种意识，即使表面上发出了某种有效的表示，也不应承担法律行为责任。卡纳里斯论证表示意识是意思表示必备构成要件的主要工具是对《德国民法典》第118条关于戏谑行为无效规则的当然推论。具体而言，在有意识地为戏谑行为的表示人已经意识到其表示可能具有法律意义，满足了意思表示的外部事实构成要件，但相信欠缺严肃性不会被错误认识，此种情况立法都规定意思表示确定无效，那么无意识作出的表示更应当无效。为避免与《德国民法典》第118条产生评价上的矛盾，缺乏表示意识不需要撤销便能获得无效的效果。在行为人具有可归责性时，类推适用《德国民法典》第118条和第122条，承担消极利益赔偿责任。①此外，表示人要受表示的"外在要件"即法律行为表象的约束，缺乏表示意识的责任涉及的不是法律行为理论的问题，而是权利表见理论的问题。②诺伊尔同样支持表示意识必要说，虽然也采取当然推论的论证工具，但与卡纳里斯不同，其寻找的比照对象不是戏谑行为，而是"脱手"意思表示，即表示人做成临时性的、尚待考虑的意思表示草稿的情形。诺伊尔认为，"脱手"意思表示不构成意思表示，

---

① 对此当然推论的证成模式，德国许多学者提出批评意见，虽然在结论上均表示反对，但具体论证的思路和方法有所不同。例如，莱嫩主张戏谑行为和欠缺表示意识两者案型不同，不具有可比性。他认为《德国民法典》第118条规定的意思表示无效的结果是符合表示人的意思，没有必要赋予他撤销之选择权；表示人不知道自己的行为被视为意思表示的情形，与《德国民法典》第118条规定的情形不同，而是与《德国民法典》第119条规定的意思表示错误的情形完全相似，因此类推适用第119条赋予他撤销之选择权是符合事理的。参见[德]德特勒夫·莱嫩：《法学方法论的基础知识》，黄卉编译，《中国应用法学》2021年第3期。科勒则主张戏谑行为属于欠缺表示意识的案型，但它只是欠缺表示意识的一个特例。他认为，虽然从法教义学上看《德国民法典》第118条调整的是欠缺表示意识的案型，但从该条中并不能直接得出欠缺表示意识的意思表示始终无效的一般性规则，该条更应当被视为例外的规则。[德]赫尔穆特·科勒：《德国民法总论》，刘洋译，北京大学出版社2022年版，第116页。

② Claus-Wilhelm Canaris, Schweigen im Rechtsverkehr als Verpflichtungsgrund, in: FS Wilburg, 1975, S.98.卡纳里斯持表示意识肯定说的观念，影响其对法律行为之思想基础的论断，这部分内容将于本书第四章讨论。

在此情形意思表示草稿的作者至少具有潜在的法律拘束意思和参与意思，而在欠缺表示意识的情形，却完全不存在法律拘束意思和参与意思。[①]依照当然推论，欠缺表示意识更不应当构成意思表示。事实上，诺伊尔的这种对照"脱手"意思表示进行的当然推论存在循环论证的问题，因为在证成结论之前，首先需要论证的是"脱手"意思表示不构成意思表示。但德国学说关于"脱手"意思表示是否成立意思表示本身就存在较大争议。莱嫩认为，缺乏表示意识都不影响意思表示的生效，那么发出意愿的缺乏即"脱手"意思表示更不影响意思表示的生效，这两种情形应作相同对待。[②]诺伊尔把"脱手"意思表示不是意思表示作为论证的出发点，把缺乏表示意识更不是意思表示作为论证的结论；与此相反，莱嫩把缺乏表示意识也构成意思表示作为论证的前提，把"脱手"意思表示更应当是意思表示作为论证的结论。如此，缺乏表示意识与"脱手"意思表示两者之间存在相互循环论证。此外，辛格也站在表示意识必要说的阵营，他认为缺乏表示意识和缺乏效果意思这两种情形虽然都是缺乏自我决定且在知悉错误后均不会发出该表示，但相较于欠缺效果意思，在表示意识欠缺的情形缺乏更严重的自我决定。缺乏效果意思无论如何还包含一部分自我决定，而缺乏表示意识则完全没有自我决定，表意人完全无意愿和表意人有其他意愿，两者存

---

① [德]耶尔格·诺伊尔：《何为意思表示?》，纪海龙译，《华东政法大学学报》2014年第5期。

② 同时，莱嫩认为，如果作成的意思表示系被窃取而发出的，则基于《德国民法典》第935条的法律评价（对盗窃物、遗失物或以其他方式丧失之物不能善意取得），此时对表意人的真意保护应优先于对相对方的信任保护。转引自王琦：《德国法上意思表示和法律行为理论的新发展》，《清华法学》2016年第6期。此外，科勒认为"脱手"意思表示违反了《德国民法典》第172条第1款的规范评价，根据该条规定，仅当代理权证书的出具人自行将该证书交付给他人时，才应对该证书内容负责。据此，如意思表示在欠缺表意人意志的前提下进入法律交易，该意思表示不应归属于表意人。参见[德]赫尔穆特·科勒：《德国民法总论》，刘洋译，北京大学出版社2022年版，第86页。

在根本区别。①

2.“过失的意思表示”理论对法律行为交往中沉默规则的影响

意思表示新理论对法律行为交往中沉默的影响，主要表现为“表示意识不要说”的辐射效应，对此可能带来三个层面的影响。

其一，在主观要件方面，沉默行为在内在意思的构成上应否与明示行为和默示行为加以区别。沉默在表示行为方式上有别于明示和默示，由此外在表示行为上的差异，是否影响到内在意思的构成？进一步说，以沉默方式为表示行为，表示意识是否为沉默意思表示的构成要素？是否可以认为即使表意人具有过错，也不成立意思表示？对此，弗卢梅采取了区分处理模式，他主张明示行为无需以表示意识为要件，在欠缺表示意识情形下，意思表示仍然有效，只是存在撤销之可能。与此相反，表示意识是默示和沉默行为的必备要素，缺乏表示意识，意思表示不成立。②对于弗卢梅的区分说，有学者提出质疑，认为对明示、默示和沉默意思表示在表示意识这一构成要素上进行区别对待，没有足够令人信服的理由，对于可推断的行为所产生的法律效果的信赖如同对明示表示一样，具有同等的保护性。③沉默意思表示是否需要以表示意识为要件，关系到特定情形沉默能否被评价为真正的意思表示。对此，在基于一般交易习惯、商事惯例或者基于对所有情事的理性评价，强制性赋予沉默以意思表示意义的情形中，如果认为表示意识不是意思表示的必备要素，此时沉默是真正的意思表示。④如果认为意思表示须以表示意识为前提，则在此情形沉默不构成意思表示，只是具有表示的效

---

① Staudinger/Singer, Vorbemerkung zu §§ 116 ff., Rn.37.

② [德]维尔纳·弗卢梅:《法律行为论》，迟颖译，法律出版社2013年版，第75页。弗卢梅对表示意识的观点影响其对法律行为思想基础的论断，也关系到沉默在法律行为理论框架内如何定位的问题。相关内容于本书第四章中予以讨论。

③ Soergel/Hefermehl, Vorbemerkung zu §§ 116.ff, Rn.31.

④ Soergel/Hefermehl, Vorbemerkung zu §§ 116.ff, Rn.34.

力而已。

其二，表示意识应否作为区分法律行为责任与信赖责任的判断基准，这关乎沉默构成责任基础的教义学归类及其类型之间流动性的问题。这个疑问其实是表示意识应否作为沉默意思表示必备要件这个问题的后果影响。与弗卢梅的观点不同，卡纳里斯主张，明示、默示和沉默行为均以表示意识为要件，表示意识有无是区别法律行为责任和信赖责任的基准，表示错误是法律行为责任的问题，而欠缺表示意识则属于信赖责任的问题。如果落入信赖责任的规制领域，则应当按照与法律行为责任有别的信赖责任的评价标准对沉默的法律效果进行评判。此外，德国学者汉诺·梅尔克特（Hanno Merkt）在讨论容忍代理的法教义学基础应当在法律行为责任和权利表见责任两者之间作何种选择时，指出关于缺乏表示意识仍然构成意思表示的新理论对容忍代理的法教义学归类产生影响。通说认为，容忍代理成立的基础在于信赖责任。由于在法律行为视角下对于容忍行为的解释是以客观受领人的视角，按照旧说因代理人通常知道被代理人根本不会授予其代理权，只是默示地让其自行行事，所以从代理人视角来看，被代理人的行为不是可推断的授权行为。但是根据“表示意识不要说”的意思表示新理论，有意识地任其行事足以满足意思表示的外在构成要件，由此可以将容忍代理这一案型纳入法律行为理论的规制范围。①正如德国联邦最高法院在一判决中指出，表意人虽然缺少表示意识，但当其尽到交往中必要的注意义务，应当知道其表示会被理解成某种特定内容时，则该表示也具有约束力，这与容忍代理权的情形并无不同。②可见，在法律行为交往中，沉默行为引起相对人某种信赖时，对于“表示意识应否为沉默意

---

① Hanno Merkt, Die dogmatische Einordnung der Duldungsvollmacht zwischen Rechtsgeschäft und Rechtsscheintatbestand, AcP, 2004, S.654f.

② ［德］海因·克茨：《德国合同法》（第2版），叶玮昱、张焕然译，中国人民大学出版社2022年版，第128、129页。

思表示的必备要件”这个问题的不同回答,引发不同的法律责任基础。在沉默者对沉默状态缺乏表示意识的情形,如果采表示意识非必要说,则可以在法律行为理论框架处置。与此相反,如果认为表示意识属于必要构成要素,则纳入信赖保护责任框架内解决。

其三,对表示受领人利益保护之技术手段的影响。在欠缺表示意识的情形,在法教义学上至少有 6 种处理方案:一是采表示意识必要说,缺乏表示意识的,不存在意思表示,应当适用信赖责任,卡纳里斯支持此说。二是缺乏表示意识与缺乏效果意思的法律效果等置,直接适用而非类推适用关于意思表示错误等规定。①三是类推适用关于限制行为能力人所为法律行为和无权代理人所为法律行为效力待定的规定,法律效力待定,有过错的表意人在拒绝追认的情形下类推适用意思表示错误等规定承担责任。②四是表意人对欠缺表示意识有过错的才构成意思表示,此时仅具有临时拘束力,表意人可以类推适用意思表示错误等规定予以撤销。此为目前通说。五是表意人对表示意识欠缺不论是否有过错,意思表示均成立,其承担无过错责任。第六种方案与第五种方案在判断是否成立意思表示的标准类似,但该说主张表意人对损害赔偿承担过错责任。按照德国联邦最高法院创设的“过失的意思表示”概念,在无表示意识的情形,表意人具有过失才构成意思表示,但根据《德国民法典》第 122 条不以表意人过错为前提,于此产生了一个悖论。既然已经存在表意人具有过错这一前提,为何不直接适用缔约过失责任,通过“不成立意思表示 + 缔约过失责任”的形式对相对人进行保护,还需要通过“成立合同 + 撤销 + 消极信赖保护”这一迂回手段。这一手段看似增强了对表示受领人的保护力度,使得表示受领人获得了错误撤销之后无过错担保责任的保护。但事实上其只是获得了名义

① Münchkomm/Kramer, § 119, Rn.97.

② Lobinger, Rechtsgeschäftliche Verpflichtung und autonome Bindung, 1999, S.219ff.

上无过错的担保责任，实质上仍为过失的缔约责任，因为按照“过失的意思表示”概念，只有在过错的情况下才能构成意思表示，此时表意人已经存在过错，后续承担损害赔偿责任时无法再转变为无过错。不过这一迂回方式给表意受领人提供临时性的法律行为保护，如果表意人不行使撤销权，则转化为终局性的法律行为保护；同时，这对于表意人也是有好处的，因为其获得了一项选择权。如果其本身就具有缔约意向，但在当时不具有表示意识，此时可以通过不行使撤销权，继续维持合同效力，享受合同履行带来的利益。

3. 沉默意思表示应当持“表示意识必要说”

基于沉默原则上不构成意思表示的基本认识，意思表示理论是以明示和默示意思表示作为预设的典型模型来设计意思表示规则，完全不以沉默作为预设的对象，由此忽视了沉默意思表示的特殊性。德国通说所采取“过失表示理论”的开创性判例，是以明示意思表示为原型，在此后发展中再逐步扩大适用于默示意思表示，对于“过失表示理论”是否适用于沉默意思表示讨论甚少。因此，不能以通说采纳“过失表示理论”为由，径直认为该理论一体适用于包括沉默意思表示在内的所有意思表示类型。由此，有必要对比分析在表示意识不同理论模式下，当事人之间利益状态的区别以及存在的保护差距。当前对表示意识是否作为意思表示的构成要件，主要有两种学说，一是通说所采的“过失表示理论”；另一种为“表示意识必要说”，无论表意人是否具有过失，均不构成意思表示。在这两种理论模式下，表意人和相对人呈现出何种利益格局？在此，应注意到德国法和我国法关于意思表示错误撤销的不同规制模式。在撤销权的成立要件上，表意人存在过错在德国法和我国法上均不排除撤销权的成立，但在撤销之后损害赔偿责任的成立上，德国法和我国法存在差别。根据《德国民法典》第 122 条规定，错误撤销之后的损害赔偿责任是无过错担保责任，但根据我国《民法典》第 157 条规定，只有在表意人存在过错的前提下才承担损害赔偿责任。

在第一种模式即“过失表示理论”框架下，表意人如果具有过失，亦可构成意思表示，且有权根据意思表示错误规则撤销意思表示，在相对人善意时赔偿消极信赖利益。表意人如果无过失，则不构成意思表示，但表意人制造了一个意思表示的表象，在相对人善意时，依照德国法规则可以类推适用意思表示错误规则，请求赔偿消极信赖利益。但按照我国法规则，表意人只承担过错责任，在无过错情形，不能类推适用撤销之后的损害赔偿规则，也无法依照缔约过失责任请求消极利益损害赔偿。在第二种模式“表示意识必要说”框架下，如果表意人存在过失，即使从客观受领人的角度看构成意思表示之表象，此时也不构成意思表示，但可能承担缔约过失责任，也可以类推适用错误撤销规则承担消极利益赔偿责任。①如果表意人无过失，也不构成意思表示，处理规则与第一种模式相同。

可见，在德国法语境下，根据表示意识的两种理论学说，在表意人无过失情形，导致意思表示不成立的相同法律效果。区别在于表意人存在过失的情形，根据“过失表示理论”，此时存在意思表示，表意人享有选择权，一是不行使撤销权，则意思表示确定发生效力。二是行使撤销权，但因给相对人形成了存在意思表示表象的信赖，承担无过错的消极利益赔偿责任。但值得注意的是，在判断构成意思表示之时，即已经要求表意人具有过失，所以在损害赔偿后果上是否具有过失，已经不具有实质上对表意人加重责任和对相对人优待保护的意义。倘若采“表示意识必要说”，此时即使表意人存在过失，也不存在意思表示，但因其制造了意思表示表象，可以类推适用意思表示错误撤销规则或者适用缔约过失规则，承担消极利益责任。如此观之，表示意识的两种理论在

① 卡纳里斯认为，在欠缺表示意识之情形，因自己行为引发意思表示之表象，且本来能够认识到该行为的法律意义，则类推适用《德国民法典》第 118 条和第 122 条承担消极损害赔偿责任。表意人是否具有表示意识，为直接推定。参见 Claus-Wilhelm Canaris，Schweigen im Rechtsverkehr als Verpflichtungsgrund，in：FS Wilburg，1975。

表意人行使撤销权的情形下，对相对人而言，保护力度几无差别，甚至在“表示意识必要说”的框架下，相较“过失表示理论”，相对人还额外多了一个缔约过失损害赔偿请求权基础，因为此时构成缔约过失赔偿请求权和错误撤销后损害赔偿请求权的竞合。而根据“过失表示理论”，撤销规则作为法定担保责任优先适用，如若可以主张缔约过失责任，将架空错误撤销规则。因此，表示意识是否为意思表示的必备要件，对当事人在损害赔偿层面影响不大，主要实益在于合同成立与否以及合同存续的层面。

以上是在意思表示一般层面进行讨论，下层到沉默意思表示这一具体场域，又将如何？一般来说，表意人有机会选择表示的具体形式和符号，以使相对人对自己的意思能被正确地理解；而相对人常常是被动地接受表示信息，对表意人的表示形式和符号的选择毫无控制力可言。所以，表意人没有正确地使用表示符号或者清晰精确地表达其意思，理应承担意思被误解之风险，在沉默的情况亦是如此。既然沉默者有意识地选择以沉默作为外部的表示方式，其被错误解读的风险就更大。这些是在行为人有表示意识的前提下展开的讨论。但如果沉默者没有表示意识，不具有参与法律行为交往中的意思，在此情形下沉默者没有选择表示符号之可能，因为其根本没有参与法律行为交往的意思，沉默者从外部来看，没有任何的行为表现。从意思表示解释规则来看，相较于明示和默示表示，相对人在表意人沉默的情形负有更为深入探寻真意的义务，也即在沉默意思表示情形下，对相对人信赖保护的梯度应当低于明示和默示表示行为。在明示和默示情形，对于相对人来说，还是有表意人外在的行动变化作为解释的支撑。而在沉默情形，沉默者没有外在的行动变化，缺乏透过外在行动探知内心意思的有力载体。正如弗卢梅指出的，基于推定行为产生的信赖和基于直接表示行为产生的信赖所受到的保护不应相同，对于明示意思表示适用“过失表示理论”，但对于默示和沉默意思表示则需以表示意识为前提，只有当沉默者意识到自己的沉默构成同意表示的符号时，该沉默才可以被视为意思表示的表示符号。①弗卢梅这种区分总体上值得肯定，但该区分模式既过于夸大了明示表示和默示表示之间的差别，又忽视了默示表示和沉默表示之间的差距。由于明示表示和默示表示具有同种程度的表示价值，立法原则上予以等同处置，因此在意思表示的内在构成要件无须作区别对待。但对于沉默而言，应当与明示和默示表示区别处置。因为相对于明示和默示表示，沉默所具有外在的表示价值程度不高，需要在内在意思构成上进行补足。此种主张也与卡纳里斯一体适用的观点有所不同，卡纳里斯认为明示、默示和沉默这三种表示行为均须以表示意识为要件。据此，对于表示意识是否为意思表示的必要构成要件，本书采取二元说。在明示和默示表示情形依照通说，采纳“过失表示理论”，表示意识为意思表示的构成要件。在沉默意思表示情形，要求沉默者必须具有表示意识，无表示意识即无意思表示。总之，在法律行为交往中，只有沉默者有意识地进入有风险的法律行为领域时，才需要对其表示所产生的风险负法律行为责任。沉默者不具有表示意识时，无需在法律行为框架内承担责任，但有可能引发信赖责任。在何种情况下成立信赖责任于后文具体展开。

① [德]维尔纳·弗卢梅：《法律行为论》，迟颖译，法律出版社2013年版，第75页。

第三章　法律行为交往中沉默的规范基础与实践考察

第一节　法律行为交往中沉默的规范基础

作为例外规则，法律行为交往中沉默的法律规范在法律体系中的布局显得松散凌乱，呈现碎片化的特征。但事实上，沉默相关规则所形成的规范群在一定程度上存在内在脉络的关联性和体系性，主要体现在两个方面：一是"总分"结构下体系内的辐射效应。位于《民法典》总则编的沉默意思表示一般规定（《民法典》第140条第2款），无论是该条所处的体系位置，还是该条所规定的"只有在有法律规定"这种引致性规则，对于同样位于总则编的代理法以及物权编、合同编、继承编等均具有体系性影响。①位于合同编通则部分的沉默型缔约过失条

① 比如我国《民法典》第1124条规定"继承开始后，继承人放弃继承的，应当在遗产处理前，以书面形式作出放弃继承的表示；没有表示的，视为接受继承。受遗赠人应当（转下页）

款(包含在《民法典》第500条),对于典型合同编中具体的义务违反型沉默案型起到补充性的作用。二是"内外"结构下体系外的辐射效应。由于我国采民商合一立法模式,《民法典》规则对商事法等其他私法领域原则上均可以一体适用,沉默的相关规则亦不例外。《民法典》关于沉默的规范群对《企业破产法》等法律相关条文的理解与适用发挥重要作用,许多规则都要追溯到《民法典》关于沉默一般性规定及其背后的规制原理。①

一、法律行为交往中沉默的规范变迁

(一)从《民法通则》到《民法典》的规则变化

1986年《民法通则》对法律行为交往中的沉默规则未予规定。最高人民法院《关于贯彻执行〈中华人民共和国民法通则〉若干问题的意见(试行)》(以下简称原《民通意见》)第66条规定"一方当事人向对方当事人提出民事权利的要求,对方未用语言或者文字明确表示意见,但其行为表明已接受的,可以认定为默示。不作为的默示只有在法律有规定或者当事人双方有约定的情况下,才可以视为意思表示"。该条事实上将默示意思表示分为两种类型:一是作为的默示;二是不作为的默示。此处"不作为的默示"实质上即为沉默,这是立法首次对沉默意思表示设置一般性规定。2015年8月《民法总则草案(室内稿)》第98条

(接上页)在知道受遗赠后六十日内,作出接受或者放弃受遗赠的表示;到期没有表示的,视为放弃受遗赠"。该条区分了继承和遗赠两种情形,在继承情形没有表示的视为接受继承,而在遗赠情形没有表示视为放弃遗赠。两者区分体现了立法不同的价值判断。

① 《企业破产法》第18条规定"人民法院受理破产申请后,管理人对破产申请受理前成立而债务人和对方当事人均未履行完毕的合同有权决定解除或者继续履行,并通知对方当事人。管理人自破产申请受理之日起二个月内未通知对方当事人,或者自收到对方当事人催告之日起三十日内未答复的,视为解除合同(第1款)。管理人决定继续履行合同的,对方当事人应当履行;但是,对方当事人有权要求管理人提供担保。管理人不提供担保的,视为解除合同(第2款)"。该条第1款第2句中"未答复"以及第2款中"不提供担保"是沉默的表现形式。

规定“意思表示可以明示或者默示作出。以不作为的默示作为意思表示,应该根据法律规定、当事人约定或者习惯”。该条大致承袭了原《民通意见》的规制模式,但相较于原《民通意见》,增加了根据习惯判定沉默意思表示之情形,扩大了沉默可以作为意思表示的规范范围。2016年2月《民法总则草案(征求意见稿)》第97条规定“行为人可以明示或者默示作出意思表示。不作为的默示,只有在法律另有规定、当事人另有约定或者另有习惯时,才可以视为意思表示”。这一稿与室内稿不同,采纳了原《民通意见》第66条“只有……才……”这种条件复句的表述,形成了此后立法规制的基本模式,为《民法典》相关规则打下了总体框架。2016年5月《民法总则草案(征求意见稿修改稿)》第112条第2款将“不作为的默示”改为“沉默”,以示与默示意思表示的区分。此后立法发生转变,2017年2月《民法总则草案(法律委员会审议稿)》将“习惯”改为“当事人交易习惯”。2017年3月《民法总则草案(大会审议稿)》在此基础上改为“当事人之间的交易习惯”,进一步明确交易习惯是限定于当事人之间,限缩了交易习惯的适用范围。最终原《民法总则》第140条第2款改为“符合当事人之间的交易习惯”表述。在原《民法总则》制定过程中,关于沉默意思表示的认定范围经历了“一扩大一限缩”的过程,在引入基于习惯认定意思表示的同时,又将习惯从一般性交易习惯逐步限缩为当事人之间的交易习惯,体现了立法者较为纠结的利益衡量和价值判断。《民法典》第140条第2款原封不动地承袭了原《民法总则》规定。综合观之,《民法典》相较于原《民通意见》,存在两大变化:其一,原《民通意见》使用“不作为的默示”,《民法典》改为使用“沉默”,意图更为清晰地界定沉默在意思表示理论中的体系定位。其二,扩大作为意思表示之沉默的认定范围,增加了沉默“符合当事人之间的交易习惯”可构成意思表示的这一类型。

(二) 沉默作为意思表示的三种情形

《民法典》第140条第2款规定“沉默只有在有法律规定、当事人约定或者符合当事人之间的交易习惯时,才可以视为意思表示”。这三种情形如何理解,分述如下。

1. 第一种“有法律规定”情形

此处的法律应作狭义上的解释,仅指全国人大通过的法律,不包括行政法规。《民法典》其他条文有采取法律和行政法规并置表述的规制模式,比如《民法典》第58条第2款第2句“法人成立的具体条件和程序,依照法律、行政法规的规定”以及第3款“设立法人,法律、行政法规规定须经有关机关批准的,依照其规定”。同样的规制模式在《民法典》中有55处,其中与第140条同属于《民法典》第六章“民事法律行为”专章的有3处。①根据体系解释,若要包含行政法规,应当明确规定,只列明法律,应仅指狭义上的法律。②从功能上看,第140条第2款“有法律规定”相当于引致性规定,转引到其他法律条文,其他相关条文也须回溯到该条进行解释适用,该条款与其他相关条文处于紧密的体系关联脉络中。该条规定的“有法律规定”时视为意思表示,既可能涉及沉默作为承诺之意思表示,也可能涉及具有其他法律意义的沉默意思表示。对于法定的沉默承诺案型,主要“瞄准”两个类型。第一种情形是当事人之间此前已经有一定接触往来,某种意义上可以说是“熟人交易”,比如在试用买卖和租赁合同场景的沉默;③

① 我国《民法典》第135条规定“民事法律行为可以采用书面形式、口头形式或者其他形式;法律、行政法规规定或者当事人约定采用特定形式的,应当采用特定形式”。第143条规定“具备下列条件的民事法律行为有效:(一)行为人具有相应的民事行为能力;(二)意思表示真实;(三)不违反法律、行政法规的强制性规定,不违背公序良俗”。第153条规定“违反法律、行政法规的强制性规定的民事法律行为无效。但是,该强制性规定不导致该民事法律行为无效的除外”。

② 最高人民法院民法典贯彻实施工作领导小组主编:《中华人民共和国民法典总则编理解与适用(下)》,人民法院出版社2020年版,第709页。

③ 我国《民法典》第638条规定“试用买卖的买受人在试用期内可以购买标的物,也可以拒绝购买。试用期限届满,买受人对是否购买标的物未作表示的,视为购买(第1款)。试用买卖的买受人在试用期内已经支付部分价款或者对标的物实施(转下页)

第二种情形是以沉默作为承诺订立合同对于沉默者有利，比如在保证合同中债权人的沉默。①

2. 第二种“有当事人约定”情形

双方当事人事前约定，在一方当事人要约到达后一定期限内，另一方当事人对此没有提出异议、保持沉默，视为对要约的承诺，此种情形即为该条中“有当事人约定”。此时当事人已经通过明示方式合意赋予了沉默明确的表示价值，本质上已经属于明示意思表示。在建设工程施工合同等特定领域对此也进行了明确规定，2020 年最高人民法院《关于审理建设工程施工合同纠纷案件适用法律问题的解释(一)》第 21 条规定“当事人约定，发包人收到竣工结算文件后，在约定期限内不予答复，视为认可竣工结算文件的，按照约定处理。承包人请求按照竣工结算文件结算工程价款的，人民法院应予支持”。

3. 第三种“符合当事人之间的交易习惯”情形

当事人在形塑法律关系时，通常会把所在交易领域内存在的习惯作为交易基础的预设。什么是习惯？最高人民法院《关于适用〈中华人民共和国民法典〉总则编若干问题的解释》第 2 条第 1 款规定“在一定地域、行业范围内长期为一般人从事民事活动时普遍遵守的民间习俗、惯常做法等，可以认定为民法典第十条规定的习惯”。该条是对一般意义上习惯的判定，那么当事人之间的交易习惯如何认定？

(接上页)出卖、出租、设立担保物权等行为的，视为同意购买(第 2 款)”。该条第 1 款第 2 句明确未作表示视为购买。《民法典》第 734 条规定“租赁期限届满，承租人继续使用租赁物，出租人没有提出异议的，原租赁合同继续有效，但是租赁期限为不定期(第 1 款)。租赁期限届满，房屋承租人享有以同等条件优先承租的权利(第 2 款)”。该条第 1 款明确规定出租人没有提出异议，租赁合同续订。

① 我国《民法典》第 685 条规定“保证合同可以是单独订立的书面合同，也可以是主债权债务合同中的保证条款(第 1 款)。第三人单方以书面形式向债权人作出保证，债权人接收且未提出异议的，保证合同成立(第 2 款)”。根据该条第 2 款，债权人接收书面保证书且未提出异议的行为视为同意。

首先，关于当事人交易习惯在《民法典》习惯体系中的定位。交易习惯在不同情境和场域有不同的理解。《民法典》共出现"习惯"表述18次，在民法法源、意思表示、所有权取得的特别规定、合同的订立、合同的履行、合同的权利义务终止、买卖合同、借款合同、客运合同、保管合同等部分均涉及习惯的适用。根据所涉条文的文义，可以把《民法典》规定的习惯分为两组类型。第一组类型，根据习惯所指向的内容，把习惯分为"交易习惯"（出现14次）和"风俗习惯"（出现1次）。①第二组类型是在交易习惯类型下再进行划分，根据交易习惯的范围分为一般交易习惯、当地交易习惯和当事人之间交易习惯。②一般交易习惯对范围未加以限定；当地交易习惯在两处出现，③对交易习惯的地域范围进行了限制，只适用于交易所在地的通常习惯和惯常做法；当事人之间的交易习惯适用范围更为狭窄，对交易习惯的适用主体进行了限制，仅限于交易当事人主体之间的交易通常做法，这种情形出现两处，其中一处即是本条规定。无论从立法沿革还是体系解释，均说明立法是严格限定可以认定为沉默意思表示的交易习惯范围，即仅限于当事人之间的交易习惯，在沉默符合其他的交易习惯，比如当地交易习惯或者一般交易习惯不能根据此条认定为意思表示。④那是否可以经由诚实信用

---

① 我国《民法典》第1015条规定"少数民族自然人的姓氏可以遵从本民族的文化传统和风俗习惯"。

② 最高人民法院《关于适用〈中华人民共和国民法典〉合同编通则若干问题的解释》第2条规定"下列情形，不违反法律、行政法规的强制性规定且不违背公序良俗的，人民法院可以认定为民法典所称的'交易习惯'：(一)当事人之间在交易活动中的惯常做法；(二)在交易行为当地或者某一领域、某一行业通常采用并为交易对方订立合同时所知道或者应当知道的做法"。

③ 我国《民法典》第289条规定"法律、法规对处理相邻关系有规定的，依照其规定；法律、法规没有规定的，可以按照当地习惯"。第680条第3款规定"借款合同对支付利息约定不明确，当事人不能达成补充协议的，按照当地或者当事人的交易方式、交易习惯、市场利率等因素确定利息；自然人之间借款的，视为没有利息"。

④ 交易习惯是一个宽泛的概念，在解释沉默时不能运用一般交易习惯，只能采用当事人之间的交易习惯。参见王利明：《民法总则新论》，法律出版社2023年版，第455页。

原则，将符合非当事人之间交易习惯的沉默评价为意思表示？这就涉及《民法典》意思表示的解释规则和诚实信用原则的适用问题。

其次，关于与意思表示解释规则中"习惯"和"诚信原则"判断标准的衔接问题。根据《民法典》第 142 条规定，无论是有相对人的意思表示还是无相对人的意思表示均要结合习惯和诚实信用原则确定意思表示的内容。此处"习惯"是一般意义上的习惯，不仅限于当事人之间的交易习惯。诚实信用原则要求合同的解释应当兼顾合同之目的及各方当事人的利益格局。①在判定沉默是否构成意思表示同样也要接受这样的检验。根据法条文义、立法目的以及体系解释，无法推导出第 142 条的解释规则对第 140 条第 2 款无适用的空间。根据一般交易习惯或者当地交易习惯以及诚实信用原则，从客观理性第三人的角度可以认定沉默者的沉默可推断出一个意思表示，此时是否可以据此认定沉默具有意思表示效力？②对于这种情形，第 140 条第 2 款关于"符合当事人之间的交易习惯"成为解释上的障碍，如果适用第 140 条则不构成意思表示，但根据第 142 条解释规则又构成意思表示，如此就存在评价上的矛盾。一个解决方案是，诚实信用原则作为基本原则对法律行为交往的全过程均有适用的余地，适用的途径是经由第 142 条意思表示解释规则中"诚信原则"的判断标准来确立沉默的法律意义。关于非当事

---

① ［德］赫尔穆特·科勒：《德国民法总论》，刘洋译，北京大学出版社 2022 年版，第 212 页。

② 我国有学者指出，"为保护相对人的合理信赖，考虑个案相关情况，依诚实信用原则可以将当事人的沉默视为意思表示"。参见杨代雄：《结构·民事法律行为·代理——〈中华人民共和国民法总则(草案)〉存在的几个问题》，《东方法学》2016 年第 5 期。这种观点得到部分学者支持，比如有学者认为"根据诚实信用原则，为保护相对人合理信赖，单纯沉默可以认定为意思表示"。参见陈甦主编：《民法总则评注》(下册)，法律出版社 2017 年版，第 1005 页。但也有学说反对上述观点，认为《民法典》第 140 条第 2 款不存在法律漏洞，不得以诚实信用原则通过扩大解释或漏洞填补来架空例外规定。参见李宇：《基础回填：民法总则中的意思表示与法律行为一般规则》，《华东政法大学学报》2017 年第 3 期。

人之间的交易习惯亦可以通过相同的适用路径，获得判断沉默是否具有意思表示的地位。从适用结果上看，借助《民法典》第142条事实上扩大了第140条交易习惯的范围。[①]即便如此，仍然须坚持“沉默具有法律意义”的例外品质，对基于诚实信用原则将沉默评价为意思表示需要从严认定，对此内容详见第六章第三节部分。

最后，关于交易习惯的举证责任。最高人民法院《关于适用〈中华人民共和国民法典〉总则编若干问题的解释》第2条第2款规定“当事人主张适用习惯的，应当就习惯及其具体内容提供相应证据；必要时，人民法院可以依职权查明”，《关于适用〈中华人民共和国民法典〉合同编通则若干问题的解释》第2条也作了类似的规定。具体来说，在符合当事人之间交易习惯的情形，沉默者之相对人需要举证证明沉默在当事人之间的交易中多次反复适用，成为当事人交易的惯常做法，至于沉默适用多少次才构成当事人之间的交易习惯，需要结合具体交易类型、交易周期长短以及双方当事人熟悉程度等因素综合判断。[②]对于其他交易习惯的举证亦同。对于交易习惯是否为当事人之间的习惯，原则上司法裁判者不应依职权主动介入查明。但在判断是否构成一般交易习惯和当地交易习惯，在必要时可以依职权主动查明。

---

① 事实上，在司法实践中已经突破了当事人之间交易习惯这一狭隘的交易习惯类型，例如在程某某与渭南市秦某某锅炉厂供用热力合同纠纷案二审中，法院认为“在商品房交房后的初期，通常不具备业主共同商定供暖公司的客观条件，开发商或物业公司为了广大业主们的公共利益，往往会先选定一家热力公司为小区进行供暖，以便保障冬天时小区的热力供应。本案，在供暖季即将到来时，物业公司替包含上诉人在内的广大业主选择被上诉人秦某某锅炉厂为小区进行供暖，符合我国目前商品房供暖的交易习惯。上诉人在知道或应当知道小区将进行供暖事宜时仍未积极表态的沉默行为，可以视为同意被上诉人为其供暖的意思表示。因此，原审法院认定上诉人与被上诉人间形成了事实上的供热力合同关系符合法律规定及商品房供暖的交易习惯”。

② 最高人民法院民法典贯彻实施工作领导小组主编：《中华人民共和国民法典总则编理解与适用(下)》，人民法院出版社2020年版，第709页。

二、法律行为交往中沉默的不同意义类型

我国私法领域关于法律行为交往中的沉默有不少规范储备，立法以不同形式赋予了沉默不同的法律意义。第一，沉默具有意思的表示效力。如前所述，原《民通意见》第 66 条第 2 句和《民法典》第 140 条第 2 款即为此例。《民法典》第 469 条第 1 款规定“当事人订立合同，可以采用书面形式、口头形式或者其他形式”。此处“其他形式”指的是以行为方式作出的承诺。[①]《民法典》第 480 条规定“承诺应当以通知的方式作出；但是，根据交易习惯或者要约表明可以通过行为作出承诺的除外”，明确了明示承诺和行为承诺两种类型，但对于能否以沉默之方式为承诺并未规定。[②]在具体适用场景中，立法分别赋予了沉默以拒绝或者同意的效力，比如《民法典》第 638 条第 1 款关于试用买卖期间届满后对是否购买标的物未作表示的视为购买，《民法典》第 734 条关于出租人在租赁期间届满后对承租人继续使用租赁物没有提出异议的视为同意续租。第二，沉默具有终结某种未定法律状态的效力。《民法典》在一些情形规定沉默不是具有承诺意思表示的意义，而是具有其他终结未定法律状态的意义。比如规定沉默导致对另一项行为的追认或者拒绝追认，使得某种效力未定状态结束，沉默者因此丧失选择可能性。[③]《民法典》第 145 条第 2 款关于限制行为能力人法律行为效力，法定代理人在收到催告之日起 30 天内未作表示的视为拒绝追认；《民法典》第 171 条第 2 款关于无权代理情形，意定代理人收到催告之日起 30 天内未作表示的视为拒绝追认；《民法典》第 551 条第 2 款关于免责的

---

① 王利明：《合同法（上册）》（第 2 版），中国人民大学出版社 2021 年版，第 88 页。

② 我国《民法典》第 480 条规定“承诺应当以通知的方式作出；但是，根据交易习惯或者要约表明可以通过行为作出承诺的除外”。原《合同法（建议草案）》第 15 条第 2 款曾借鉴 CISG 第 18 条第 1 款及 PICC 第 26 条第 1 款规则，明文规定“沉默或者不作为本身不构成承诺”。

③ ［德］迪特尔·梅迪库斯：《德国民法总论》，邵建东译，法律出版社 2006 年版，第 262 页。

债务承担情形，债权人经催告后合理期限内未作表示的视为不同意。①在继承和遗赠情形，因涉及其他继承人财产分配的问题，需要尽快明确、稳定关系，由此法律对沉默者沉默行为直接评价为接受或者放弃。《民法典》第1124条第1款规定"继承开始后，继承人放弃继承的，应当在遗产处理前，以书面形式作出放弃继承的表示；没有表示的，视为接受继承"；第2款规定"受遗赠人应当在知道受遗赠后六十日内，作出接受或者放弃受遗赠的表示；到期没有表示的，视为放弃受遗赠"，作出与第1款相反的立法评价。第三，沉默构成义务的违反。《民法典》第662条第2款规定赠与人故意不告知瑕疵，造成受赠人损失的，应当承担赔偿责任；《民法典》第893条规定寄存人对保管物需要采取特殊保管措施未告知，致使保管物受损失的，保管人不承担赔偿责任。这些场景中的沉默并非意思表示，而是构成义务或者不真正义务的违反。第四，沉默具有信赖事实的效力。关于原《民法通则》第66条第1款第3句中被代理人对他人以自己名义实施法律行为保持沉默，这一行为如何定性，如前所述，学说上存有争议。概括来说，主要学说有两种，一是认为此处沉默具有默示授予代理权的意思表示效力，可归属于"沉默具有意思的表示效力"这一类型。二是认为此处沉默并非意思表示，而是沉默行为的外观事实引发相对人的信赖，构成信赖事实的基础。《民法典》承继原《民法总则》，对此未作规定。

第二节 法律行为交往中沉默的实践考察

由于法律行为交往中沉默在立法上采取严格限定主义的立场，无

---

① 在免责债务承担情形，涉及无权处分债务的问题，牵涉第三方和债务人履行能力的差异，因此法律对债权人的沉默予以否定性的评价。但在并存债务承担情形，由于第三方加入承担债务，对于债权人来说增加了一份履行保障，根据《民法典》第552条之立法目的，可以将债权人未明确拒绝的行为解释为对债务加入的同意。

论是《民法典》施行前抑或施行后司法实践对于沉默案件的裁判出现了僵化理解、机械适用等问题。本部分通过对审判实践中关于沉默规则运行现状进行全景式、立体化的实证分析，探寻司法裁判的基本逻辑。

一、法律适用方法层面：僵化机械适用

（一）简单排除法

由于法律规定沉默仅在例外情形才视为意思表示，具有“例外性格”。司法实践中，一般都是以简单地运用依据法条字面之意思来排除的方法，论证具体案件中沉默是否构成意思表示。例如，刘某林与宁安市幸福里房地产开发公司房屋拆迁补偿合同纠纷案，就充分展示了这种简单的排除适用法。法院指出“关于视为幸福里公司同意的法律理解，以沉默方式进行意思表示，在通常，要约生效以后，承诺的意思表示必须由承诺人明确表示，并把意思表示通知给要约人。因而默认一般不会构成承诺。但根据法律的有关规定，在特殊情况下，默认是能产生相应的法律效力的。(1)受要约人在承诺的期限内发出承诺，按照通常情形能够在有效期内到达要约人处，但因其他原因承诺到达要约人时超过了承诺期限，除非要约人及时告知受要约人承诺已过期，否则承诺是有效的。(2)法律、行政法规规定或者当事人约定采取书面形式订立合同，当事人未采用书面形式，但一方已经履行主要义务，对方接受的，该合同成立。此处为对合同成立的默认。(3)采用合同书形式订立合同，在签字或盖章之前当事人一方已经履行主要义务，对方接受的，合同成立。此处为以行为默认了合同的成立。(4)在买卖合同中，当事人间对标的物约定检验期间的，买受人应当在检验期间内将标的物数量或质量不符约定的情形通知出卖人。买受人怠于通知的，视为默认。(5)试用买卖的买受人在试用期届满以后，买受人对是否购买标的物未做表示的视为同意购买，即默认愿意购买。《民通意见》第66条规定，不作为的默示，只有在法律有规定或当事人双方有约定的情况下，才可以视为意思表示。这样的规定，若想要合法，双方必须事先在合同中约

定。如果没有约定的，是不合法的。法律规定的不作为默示表示积极的意思表示的有：(1)《民法通则》第六十六条第一款，本人知道他人以本人名义代理而不作否认的，视为同意；(2)《合同法》第一百七十一条，试用买卖中试用期满，买受人的沉默视为购买；(3)《最高人民法院关于适用〈中华人民共和国担保法〉若干问题的解释》第五十四条第二款，共同共有人明知个别共有人擅自将共有财产抵押而没有表示异议的，视为同意；(4)《继承法》第二十五条第一款，继承开始后，继承人放弃继承的，应当在遗产处理前，作出放弃继承的表示。没有表示的，视为接受继承。法律规定的不作为默示表示消极的意思表示的有：(1)《合同法》第四十七条第二款第三人催告后，限制行为能力人的法定代理人沉默的，视为拒绝；(2)《合同法》第四十八条第二款，第三人催告后，无权代理人的被代理人沉默的，视为拒绝；(3)《继承法》第二十五条第二款，受遗赠人应当在知道受遗赠后两个月内，作出接受或者放弃受遗赠的表示。到期没有表示的，视为放弃受遗赠。”①法院在民事裁定书中罗列了原《民通意见》《合同法》《继承法》《担保法司法解释》等法律和司法解释关于沉默类型的规定，并逐一进行检视和排除，最终认为刘某林主张不符合上述法律规定，因此不能认定视为幸福里公司同意。此外，还有一系列案件采用类似的排除法。在赵某雄与刘某青劳务合同纠纷案中，法院认为“赵某雄未能举证证明其与刘某青就‘不予回复即可视为对欠款清单的认可’有明确约定或符合双方之间的交易习惯，此种情形亦不属于法律明确规定可以视为意思表示的沉默情形，故赵某雄该项意见不符合法律规定，不能成立”。②在陈某旺与岳阳城陵矶港务有限责任公司租赁合同纠纷案中，法院指出“城港公司在改扩建发生后未提出异议，是一

① 刘某林与宁安市幸福里房地产开发公司房屋拆迁补偿合同纠纷案民事裁定书，黑龙江省高级人民法院(2017)黑民申845号。

② 赵某雄、刘某青劳务合同纠纷案二审民事判决书，青海省西宁市中级人民法院(2022)青01民终183号。

种沉默的行为方式，与法律规定的三种情形均不相符，不能认定城港公司存在同意改扩建的意思表示”。[①]在杨某洪与林某成等合同纠纷案中，法院认为“原告杨某洪未能举证证明本案存在《民法总则》第 140 条第 2 款三种明示列举的视沉默为意思表示的法定情形，故被告林某成对原告杨某洪佣金结算方式保持沉默不应视为认同的意思表示”。[②]

（二）混合适用法

司法实践中经常混淆狭义的默示行为和沉默行为之间的界限，出现两者混用和误用的现象。例如，在管某林与魏某宁确认合同无效纠纷一案中，一审法院在论证魏某宁沉默是否构成同意的意思表示时，援引原《合同法》第 32 条关于承诺方式的规定，并围绕该条规定“承诺通知”“行为承诺”进行司法论证。[③]该司法裁判误将沉默行为等同于默示行为，并错误地援引默示承诺而非沉默意思表示的法律条文作为裁判依据。在青岛日荣渔具有限公司与威海海洲渔具有限公司买卖合同纠纷案中，法院认为“对账单系日荣渔具通过微信发送至海洲渔具原法定代表人南某哲，但南某哲并未对该微信内容进行回复，在此前后双方聊天记录均未涉及对账单问题，即南某哲既未明示认可该对账内容，也不符合默示作出意思表示的情形，故不能据此认定南某哲作出认可该对账单的意思表示”。[④]事实上，该案中当事人对以对账单为内容的微信未作回复，是沉默行为。虽然此时沉默并不构成同意对账单的意思表示，但法院仅考察了明示和默示行为，未对是否构成沉默意思表示进行

① 陈某旺、岳阳城陵矶港务有限责任公司租赁合同纠纷案二审民事判决书，湖南省岳阳市中级人民法院(2021)湘 06 民终 1355 号。

② 杨某洪、林某成等合同纠纷案二审民事判决书，广东省惠州市中级人民法院(2021)粤 13 民终 3862 号。

③ 管某林、魏某宁确认合同无效纠纷案二审民事判决书，河北省高级人民法院(2017)冀民终 754 号。

④ 青岛日荣渔具有限公司、威海海洲渔具有限公司买卖合同纠纷案二审民事判决书，山东省威海市中级人民法院(2021)鲁 10 民终 3194 号。

分析论证,实际是混淆适用默示和沉默两个概念。在文某柱与靳某海、靳某买卖合同纠纷案中,法院认为"根据《合同法》第 48 条关于被代理人对无权代理人追认的规定,追认要求以明示的方式作出,沉默不属于法律规定的追认方式,故对申请人主张被申请人是默示同意的理由不予采信"。[①]本案以沉默不属于法定的追认方式来论证不构成默示追认。事实上,原《合同法》并未要求对无权代理的追认须以明示的方式作出,被代理人亦可通过默示行为的方式作出。比如被代理人通过履行代理人以被代理人名义订立的合同,即可以推断出被代理人对无权代理行为进行了追认。本案通过扩大明示意思表示的适用范围,排除了默示意思表示的适用可能性,判决书中虽未表明其限缩的理由及限缩方法,实际上是采取目的性限缩的方式对法定要件进行限缩。司法实践中这种将默示和沉默行为混合适用的裁判路径,说明了司法裁判者尚未清晰地认识到沉默行为的特殊性,没有厘清沉默和默示行为的内涵和外延,模糊了意思表示外在表示行为三个层次之间的界限,表面上看似扩大了沉默意思表示的适用范围,实则是压缩了默示意思表示的适用空间。

二、实体规则运用层面:呈现两重限缩

2017 年原《民法总则》颁布后,有学者指出应严格按照法律限定的三种类型来认定沉默意思表示,明确反对将诚实信用原则作为判定将沉默视为意思表示的理论基础。理由在于诚实信用原则文义空洞、射程极广,如果可以通过诚实信用原则获得沉默意思表示的评价基础,有泛滥认定沉默意思表示之虞。[②]但从之后司法实践经验的实证研究来看,学者的担忧在司法实践中不仅没有出现,而且还朝着相反的方向发

---

① 文某柱与靳某海、靳某买卖合同纠纷案民事裁定书,青海省高级人民法院(2017)青民申 90 号。

② 李宇:《基础回填:民法总则中的意思表示与法律行为一般规则》,《华东政法大学学报》2017 年第 3 期。

展，呈现限制适用的趋势。具体适用中有两个特点。

（一）认定沉默具有法律意义案型集中分布于沉默欺诈情形

从司法实践来看，沉默具有法律意义的适用领域主要为构成欺诈方式的沉默类型，认定沉默具有意思表示效力极少，个别案件认定沉默构成容忍代理。作为意思表示的沉默案型主要有：第一，收到合同相对方的对账单而未回复，能否认定为对账单内容的认可？这种案型在司法实践中较为常见。在刘某然与尹某良买卖合同纠纷案中，一审法院认为“尹某良将剩余货款 22165 元当即微信转账给刘某然，刘某然当即接收核减后的货款，即该聊天记录显示尹某良提出核减货款的要求，刘某然对该要求未提出异议并接收核减后货款的行为符合双方之间一单一付的交易结算习惯，故刘某然的沉默应视为同意尹某良核减货款的意思表示”。对此，二审法院认为一审认定刘某然以沉默方式作出同意核减货款意思表示的裁判有误，因为“刘某然虽领取了尹某良支付的核减后货款，但曾多次通过微信与尹某良就该 45000 元货款进行协商，并对其核减货款的行为提出异议，不能认定双方之间对核减货款已达成合意”。①该案中，一审法院以未提出异议并接受货款行为符合当事人之间交易习惯为由认可了沉默具有同意之意思，二审法院则认为对账单的接收方明确对核减货款提出异议，故不能认定为同意，并据此作出了改判。在乌鲁木齐市美多宝环保科技有限责任公司与伊犁正西建筑节能材料有限责任公司买卖合同纠纷案，法院认为“沉默只有在法律规定、当事人约定或者符合当事人之间的交易习惯时，才可以视为意思表示。任某没有回复对账信息的行为不符合上述规定可以视为默示认可的情形”。②这些案例都否定了收到合同相对方的对账单而未回复可以

---

① 刘某然、尹某良买卖合同纠纷案二审民事判决书，湖南省邵阳市中级人民法院(2022)湘 05 民终 2234 号。

② 乌鲁木齐市美多宝环保科技有限责任公司、伊犁正西建筑节能材料有限责任公司买卖合同纠纷案二审民事裁定书，新疆维吾尔自治区高级人民法院(2023)新民申 1350 号。

认定为认可对账单内容,但论证方法和理由各有不同。第二,沉默能否作为合意解除合同的同意?在信德公司与源洋公司合同纠纷一案中,法院认为“信德公司与源洋公司在签订合同之时,并未事先作出类似沉默即同意的合同约定,而信德公司提供的证据亦不能有效证明源洋公司上述行为是双方关于解除合同的交易习惯。故不得将沉默作为合意解除合同的同意”。[①]法院以不存在沉默视为同意的约定情形且不符合交易习惯为由,对这个问题进行了否定性回答。第三,沉默能否作为变更合同的同意?在佛山市顺德区德胜电厂有限公司与广东南华石油有限公司等买卖合同纠纷案中,法院认为“由于不提出异议的行为至少存在保留异议权利或予以默认两种可能性的解释,当事人当时并未明确表示其沉默的真实意思,且诉讼中对此存在分歧,加之现行法律并不承认以默认的方式变更合同,故不能认定合同已经变更”。[②]该案也存在混用沉默和默示这两个概念的情况,法院否定沉默作为变更合同之同意的实质理由有二:一是当事人对沉默的同意意义没有约定;二是也不存在法律规定的情形。在黄山亚新丰田汽车销售服务有限公司与黄山欧龙汽车销售有限公司房屋租赁合同纠纷案中,法院认为“亚新公司未在欧龙公司装修期间提出异议的行为,实质上是一种沉默。亚新公司和欧龙公司在《房屋租赁合同》多个条款约定欧龙公司不得私自装修改造的前提下,亚新公司不可能也无道理通过默示对欧龙公司的装修改造行为进行追认。无论从法理上还是情理上,亚新公司原则上都是不允许欧龙公司私自装修改造的,目前也无任何法律规定或交易习惯可以认可该追认行为是合法合理的”。[③]在泰安市岱岳区夏张镇夏张南村

① 信德公司与源洋公司合同纠纷案二审民事判决书,江苏省徐州市中级人民法院(2020)苏03民终215号。

② 佛山市顺德区德胜电厂有限公司与广东南华石油有限公司、广东省石油企业集团燃料油有限公司买卖合同纠纷案民事判决书,最高人民法院(2006)民二终字第200号。

③ 黄山亚新丰田汽车销售服务有限公司、黄山欧龙汽车销售有限公司房屋租赁合同纠纷案二审民事判决书,安徽省黄山市中级人民法院(2021)皖10民终119号。

村民委员会与范某奎租赁合同纠纷案中，法院认为“根据法律规定，沉默只有在有法律规定、当事人约定或者符合当事人之间的交易习惯时，才可以视为意思表示。因此，被上诉人主张租赁院落距离上诉人很近、上诉人从上述房屋自2021年初开始拆除重建直至2021年6月之前没有提出异议应当视为默许的主张无法律依据，本院不予支持”。[①]这些案件法院均对沉默能否作为变更合同的同意这一问题作了否定性的评价。第四，沉默能否作为对降薪的同意？事实上这种情形也属于合同变更的类型，但在司法实践比较常见，故单列出来予以讨论。在白城福佳科技有限公司与范某劳动争议纠纷案中，法院对此进行了详细的论证，“劳动者持续超过一个月未提异议的状态既不属于以书面或者口头通知的方式作出的明示，也不属于以自己的行为作出的默示，而是一种沉默。所谓沉默，既不表示同意，也不表示反对，故又称为不作为的默示。普遍接受的准则是，单纯的沉默并不构成对于要约的承诺，即使要约人在其要约中表明沉默将被作为承诺，亦是如此。根据《民法典》第140条规定，在没有法律规定、当事人约定或者当事人之间的交易习惯时，沉默不能视为意思表示。因此，如果用人单位与劳动者之间既没有事先约定也没有交易习惯，劳动者持续超过一个月未提异议的状态不能视为意思表示，自然也就不能视为其同意了降薪”。[②]该案对该问题的阐释，分两步骤进行分析论证：首先论证未提出异议是沉默行为，其次再论证为何此时沉默不构成同意之意思表示。在田某与杰睿学校劳动争议纠纷案中，法院参考借鉴了前案的论证方式，采取几乎一致的论证表述。[③]在

---

① 泰安市岱岳区夏张镇夏张南村村民委员会、范某奎租赁合同纠纷案二审民事判决书，山东省泰安市中级人民法院(2022)鲁09民终1992号。

② 白城福佳科技有限公司、范某劳动争议纠纷案二审民事判决书，吉林省白城市中级人民法院(2023)吉08民终112号。

③ 田某、杰睿学校劳动争议案二审民事判决书，北京市第一中级人民法院(2021)京01民终2994号。

崔某泽与东升慧洋公司劳动争议案中，法院认为“根据劳动合同法第35条的规定，变更劳动合同约定的内容需经双方协商一致，东升慧洋公司主张崔某泽2019年6月工资标准由每月3900元变更为每月3000元，但东升慧洋公司未能提交证据证明其就降薪与崔某泽协商一致。降薪涉及劳动者重大利益，不能仅以劳动者未提出异议就认为劳动者认可工资标准的降低，且‘未提出异议’属于民法上的‘沉默’，一般情况下不能视为作出了意思表示。故对东升慧洋公司的主张不予采信，崔某泽工资标准应为每月3900元”。①在中民瑞源文化集团有限公司与邱某雄劳动争议纠纷案中，法院认为“如果仅是劳动者对降薪未持异议，实际上劳动者是对降薪保持消极沉默，用人单位没有证据证明其与劳动者就降薪进行协商的，这种沉默并不构成《民法典》第140条规定的意思表示，不能视为双方就变更劳动合同已经协商一致”。②在金诚信矿业管理股份有限公司中南分公司与金诚信矿业管理股份有限公司等劳动争议纠纷案中，法院认为“沉默原则上不能视为意思表示。因此，劳动者持续超过一个月未提出异议的状态既不属于以书面或者口头通知的方式作出的明示，也不属于以自己的行为作出的默示”。③这些案例均否定了对降薪未提出异议视为同意的评价。第五，沉默能否成立定金合同？在义乌市璟荣进出口有限公司与河南省凯发机械设备有限公司定金合同纠纷案中，法院对此予以了否定，认为“璟荣公司与凯发公司未签订书面合同，璟荣公司提交双方法定代表人在合同履行过程中的微信聊天记录和通话录音，以证明该13万元的性质是定金。

① 崔某泽与东升慧洋公司劳动争议案二审民事判决书，北京市第一中级人民法院(2021)京01民终5857号。

② 中民瑞源文化集团有限公司、邱某雄劳动争议案二审民事判决书，福建省厦门市中级人民法院(2021)闽02民终7301号。

③ 金诚信矿业管理股份有限公司中南分公司、金诚信矿业管理股份有限公司等劳动争议案二审民事判决书，湖北省黄石市中级人民法院(2021)鄂02民终2334号。

但通话录音中,‘定金’和‘订金’的发音一样,不足以证明该 13 万元的性质;在微信聊天记录中,璟荣公司的法定代表人虽在发送的信息中使用了‘定金’,但姚某峰对璟荣公司所称的‘定金’未明确表示认可其性质,沉默只有在有法律规定、当事人约定或者符合当事人之间的交易习惯时,才可以视为意思表示,故仅凭该部分微信聊天记录,仅能证明双方围绕何时退回该笔款项进行了协商,不能据此认定双方已明确约定该 13 万元款项性质为定金”。①

沉默构成不作为欺诈主要发生在房屋、汽车和手机等买卖场景中,比较有代表性的案型有:第一,在房屋买卖中隐瞒购买房屋系凶宅是否构成欺诈?在詹某、廖某与马某房屋买卖合同纠纷案中,法院详细论证了沉默型欺诈的定义和构成要件,“在出卖人负有告知义务,但出卖人却未履行告知义务使买受人陷于错误认识,买受人并基于该错误认识进行法律行为的情况下,应认定出卖人的行为构成沉默型欺诈。沉默型欺诈的构成要件是:出卖人负有披露即告知义务;出卖人未履行该披露义务使买受人陷于错误,并基于该错误进行法律行为;出卖人认识到其沉默的行为后果”。在此基础上,法院认为出卖人未履行房屋系凶宅的事实构成沉默欺诈,“上诉人对该房屋发生过非正常死亡事件负有告知义务,由于上诉人没有履行告知义务使被上诉人在违背自己真实意思的情况下与上诉人签订了合同,这一法律后果上诉人是认识到的,上诉人的行为符合沉默型欺诈的构成要件,构成沉默型欺诈”。②第二,在房屋买卖中隐瞒房屋有白蚁是否构成沉默型欺诈?在武某诉陈某房屋买卖合同纠纷案中,法院认为“房屋的基本功能是居住,而白蚁的存在对房屋的居住功能会产生严重影响,构成房屋的重大瑕疵,根据交易习

---

① 义乌市璟荣进出口有限公司、河南省凯发机械设备有限公司定金合同纠纷案二审民事判决书,河南省郑州市中级人民法院(2021)豫 01 民终 5640 号。

② 詹某、廖某与马某房屋买卖合同纠纷案民事判决书,四川省资阳市中级人民法院(2015)资民终字第 1022 号。

惯和合同法的规定，双方当事人在订立合同时，卖房人应将此事实如实告知买房人，但被告没有将此事实如实告知原告，且在没有明显异常情况存在的情况下，原告也不可能发现诉争房屋内存在白蚁。另一方面，在订立合同时，如果被告告知原告房屋存在白蚁的事实，则根据一般生活经验，在房屋价格、结构等方面均不存在明显优势的情况下，原告不会购买滋生白蚁的房屋，被告的隐瞒行为，使双方订立的买卖合同违背了原告的真实意思，故被告沉默的不告知行为构成欺诈”。①第三，在二手车买卖中隐藏车辆系事故车是否构成沉默型欺诈？在刘某与孙某买卖合同纠纷案中，法院认为“作为专业经营二手车商家，明知是事故车，而选择沉默的不作为行为，误导和欺骗消费者，使消费者基于对其的信任而陷入错误认识，其相关行为违反了民事活动中的诚实信用原则，限制了消费者知情权和选择权的行使，并使消费者因之蒙受损失，属于故意隐瞒真实情况，构成欺诈”。②第四，在二手车买卖中隐藏里程数及发动机更换事实是否构成沉默型欺诈？在平度市赵葛兄弟汽车商行、尹某强与孙某英买卖合同纠纷案中，法院认为这种情形构成沉默型欺诈，理由是“平度市赵葛兄弟汽车商行、尹某强作为常年从事二手车销售业务的经营者，有义务也有能力了解案涉车辆存在的上述瑕疵等可能影响车辆安全性及车辆价值，但并未提交有效证据证明其已告知了孙某英，应当承担举证不力的法律责任。因此，在平度市赵葛兄弟汽车商行、尹某强不能证明已履行告知义务且得到孙某英认可的情况下，构成销售欺诈”。③在优信（宁波）信息技术有限公司等与余某信息网络买卖

① 江苏省南京市玄武区人民法院审理的武某诉陈某房屋买卖合同纠纷案，《江苏省高级人民法院公报》2009年第2辑。

② 安徽省蚌埠市淮上区人民法院审理的刘某诉孙某买卖合同纠纷案，《人民法院报》2022年4月27日第3版。

③ 平度市赵葛兄弟汽车商行、尹某强等买卖合同纠纷案二审民事判决书，山东省青岛市中级人民法院（2023）鲁02民终530号。

合同纠纷案中，法院作出相同判决，“无论优信宁波公司是明知发动机存在更换而故意隐瞒余某，抑或优信宁波公司没有尽到专门经营者应尽的注意义务而未发现发动机被更换的事实，其在交易过程中，没有将其检测的情况如实告知余某是确定无疑的。在此情况下，优信宁波公司对影响购买的消极事实沉默不告知，并对涉案车辆作出状态及性能正常的报告，与涉案车辆实际情况并不相符，优信宁波公司的行为构成欺诈”。①但在黄某峰与沈阳易吉乘二手车市场服务有限公司买卖合同纠纷案中，法院认为被上诉人并不知情系争车辆调表情形，故不构成故意隐瞒车辆真实信息，不属于沉默型欺诈，但构成根本违约，理由是“案涉车辆里程信息的调表行为，发生被上诉人自案外人收购车辆之前，并无证据证明被上诉人在向案外人购买车辆后出卖给上诉人前存在调表行为，即被上诉人并未故意实施欺诈行为。被上诉人作为二手车经营者，虽负有如实向消费者告知车辆相关信息的义务，但也仅限于其掌握的车辆相关信息。其在从案外人处购入二手车时，未对车辆状况进行全方位的检查导致获取了不真实的里程信息，不能得出其存在故意隐瞒车辆真实信息的结论，即在此情形下不构成对嗣后购买该二手车的消费者的欺诈。故上诉人主张被上诉人的行为构成欺诈并应予三倍赔偿理由不成立，不予支持。但作为二手车的经营者，其怠于履行对车辆的全面检查、检测，实质上构成对全面履行合同义务的违反，因该义务的违反导致车辆里程信息差距过大，上诉人购买车辆的合同目的不能实现，被上诉人构成根本违约，一审法院判令解除合同并无不当”。②

此外，在审判实践中还存在以沉默方式容忍代理构成表见代理的情形。比如，最高人民法院在一案审理中认为“股东徐某、王某和李某

① 优信(宁波)信息技术有限公司等与余某信息网络买卖合同纠纷案二审民事判决书，北京市第四中级人民法院(2022)京04民终263号。

② 黄某峰与沈阳易吉乘二手车市场服务有限公司买卖合同纠纷案二审判决书，辽宁省沈阳市中级人民法院(2023)辽01民终4791号。

乙在2016年11月26日签订协议书之前和之后知道他人未经授权代签股权转让合同的事实。徐某、王某和李某乙完全有条件制止他人的代签行为，但是，他们并未采取任何形式的干预，而是放任该代签行为的发生，徐某、王某和李某乙的行为构成了对他人代签行为的容忍，相对人有理由相信行为人有代理权，构成容忍型表见代理，应适用《民法总则》第172条和《合同法》第49条，认定该代理行为有效”。①此为股权转让的容忍代理案型。对于当事人应当知道他人持自己身份证、房产证，以自己名义办理抵押贷款而未作否认表示的案型，法院认为“吴某用李某身份证、房产证在银行贷款并办理房产抵押登记，在与银行所签个人购房借款合同、借款承诺书、抵押承诺函等贷款手续上签名虽非李某本人所签，但李某在该事实发生后，一直未作否认表示。依《民法通则》第66条第1款规定，应视为李某同意该行为”。②

（二）认定沉默具有法律意义效力来源主要是约定和法定情形

司法实践中，沉默具有法律意义主要是法定和约定两种类型，极少出现依据交易习惯或者诚实信用原则来论证沉默的法律效力。例如，最高人民法院在一案判决中指出，“在没有明确约定或者法律规定的情形下，不能将沉默推定为同意”。③北京市第一中级人民法院在一案判决中认为，“默示分为作为的默示和不作为的默示，作为的默示即当事人实施某种积极的行为，以此推定该当事人的某种意思表示；不作为的默示即有法律规定或者双方当事人明确约定的情况下以沉默的形式表

---

① 最高人民法院(2019)最高法民终424号判决书。对该案的评析，参见江显和、罗菲：《容忍代理在股权转让代签行为中的认定》，《人民司法·案例》2020年第2期。

② 中国工商银行睢县支行与李某明、吴某建借款合同纠纷案二审民事判决书，河南省商丘市中级人民法院(2015)商民终字第767号。参见《中国工商银行睢县支行诉李某明、吴某建借款合同纠纷案——容忍的表见代理的认定》，《人民法院案例选》2017年第2辑。

③ 李某伟、新华信托股份有限公司营业信托纠纷案二审民事判决书，最高人民法院(2018)最高法民终173号。

达某种意思表示”。①在约定沉默作为意思表示的情形，仅在建设工程领域得到认可。在沈阳国际汽车城开发有限公司与抚顺中通建设有限公司建筑安装分公司建设工程施工合同纠纷案中，法院认为“双方在合同中约定，如汽车城公司在约定45天期限内不予答复，视为汽车城公司认可中通公司提交的结算文件资料和工程结算总值。中通公司向汽车城公司提交的结算报告，汽车城公司未在协议约定的期限内对该结算提出异议。根据《建设工程施工合同司法解释》第20条之规定，应视为发包方认可了承包方提交的结算报告中的工程总造价。因发包方在双方约定的审核和异议期间沉默，法院认定发包方认可了承包方出具的结算报告。本案涉及以沉默的方式作出的意思表示”。②司法实践中，一般否定根据交易习惯认定沉默构成意思表示。比如，北京鹰目网络科技有限公司与北京市龙帆广告有限责任公司广告合同纠纷案中，法院认为“在合同订立或变更过程中，沉默或不作为不能构成承诺，除非双方之前形成的交易习惯已经表明：一方当事人向相对人发出要约，相对人未及时提出明确答复即视为接受的习惯。具体于本案中，无任何可供采纳的证据表明双方之间已经形成了上述习惯，故双方仍应按照原合同约定履行相应合同义务”。③在所搜集案例中，仅一例涉及当事人之间的交易习惯可作为沉默意思表示之基础。法院在上海艾玛拉与逸恒公司买卖合同纠纷案中认为“艾玛拉与逸恒之间存在长期买卖业务。逸恒向艾玛拉提供五金电器产品以及电线，共计金额80702元。

---

① 张某津、张某诉张某曼、张某武、张某润法定继承纠纷案二审民事判决书，北京市第一中级人民法院(2012)一中民终字第05298号。此案发生在《民法总则》制定之前，此前法律对沉默构成意思表示仅设置法定和约定两种例外的情形。

② 沈阳国际汽车城开发有限公司、抚顺中通建设(集团)有限公司建筑安装分公司建设工程施工合同纠纷案再审审查与审判监督民事裁定书，最高人民法院(2018)最高法民申549号。

③ 北京鹰目网络科技有限公司与北京市龙帆广告有限责任公司广告合同纠纷案二审民事判决书，北京市第三中级人民法院(2020)京03民终7925号。

送货单上明确载明了产品的规格、数量、价格，艾玛拉收货后也没有提出任何异议。在这之后，逸恒向艾玛拉开具发票，上海艾玛拉对逸恒提供的某些货物价格有异议不认同，不愿接受，也未向逸恒付款。根据双方长期买卖业务的交易习惯，逸恒有理由相信艾玛拉沉默已经达成合意，合同有效”。[①]最终，一审法院和二审法院均认为双方买卖合同有效，货款以送货单上载明的为准。

① 上海艾玛拉与逸恒公司买卖合同纠纷案二审民事判决书，上海市第二中级人民法院(2009)沪二中民四(商)终字第350号。

第四章　法律行为交往中沉默的理论框架与内在体系

第一节　法律行为交往中沉默的理论分析框架

关于法律行为交往中沉默的义务形成之基础，主要有三种不同的理论框架，分别是弗卢梅的“法律行为和具有法律上相关性的行为理论”、卡纳里斯的“法律行为和信赖责任理论”和比德林斯基的“组合式法律行为理论”。虽然这三个理论分析框架不完全是针对法律行为交往中沉默提出的，但其讨论的内容包括对沉默类型的法教义学归类和构造，这不仅影响各个沉默类型法律性质的定性和要件构成的判断问题，也关涉各个沉默类型的法律效果配置，更与沉默规则的内在体系存在内外牵连的联动效应。

一、法律行为交往中的民商法制度素材与理论分析框架构建

理论是对现象背后的原理表述，具有超越具体

现象的一般性和普遍化特征。在人类认识现象的知识谱系中,靠近现象的一端呈现具体、多变、复杂的多样性,而靠近理论的一端则体现一般、简洁、相对稳定的关系。从现象到理论是一个纵向梯度上升的过程,寻找理论的工作,需要沿着这个阶梯进行抽象化水平提升,抽取出一类事实特征、原因解释等要素,并用简化的命题形式表达出来。①理论具有不同类型和面向。②此处所谓的理论是,通过分析比较事实构成基础的共性化和差异性特征,揭示要素之间的关联,依照一定逻辑标准和价值评价要点,进行抽象化提炼形成系统独立的理论,通常可以表现为一种理论分析框架。

面对私法领域内的无瑕疵意思表示、瑕疵意思表示、法律拟制意思表示、容忍代理、表象代理、禁止自相矛盾行为、权利取得、缔约过失等大量异质性的制度素材,弗卢梅、卡纳里斯和比德林斯基三位学者都在各自建构的理论框架内,对这些制度材料进行理论重组构造和教义学分析,寻找和论证法律效力来源的正当性基础。弗卢梅采取两个理论分析工具,根据行为是不是设权性地形塑法律关系为根本判断要素,基于法律行为和其他具有法律上相关性的行为之间的异质性而予以二元化处理,一方面坚守法律行为理论的固有领地,另一方面将无法纳入法律行为领域均归置于具有法律上相关性的行为理论。卡纳里斯也采取两种理论分析工具,将表示行为区分为建构性表示和宣示性表示两种

---

① 张静:《从特殊中发现一般——反思中国经验的阐述问题》,《学术月刊》2022 年第 3 期。

② 美国学者加布雷尔·阿本德(Gabriel Abend)提出了 7 种理论类型:理论 1 是确定两个或多个变量之间关系的一般命题;理论 2 是对特定社会现象的一种解释;理论 3 是对社会世界中的经验现象或特定的事实、关系、过程、趋势的解释;理论 4 是对经典作品的解释、分析、评论、重构;理论 5 是一种世界观,即看待和解释世界的整体视角;理论 6 是具有基本规范成分的解释,通常拒绝事实/价值二分法;理论 7 是关于现实是如何被社会建构或者关于价值自由、社会规律的思想等方面讨论。参见 Gabriel Abend, 2008, The Meaning of "Theory", Sociological Theory, 26(2):173—199。本书所讨论的理论类型是在理论 3 意义层面上使用的。

类型，由于所运用的判断基准与弗卢梅有所不同，导致其主张的法律行为理论的辐射范围和所涉领域与弗卢梅存在差异，卡纳里斯进一步揭示被弗卢梅“一箩筐”纳入具有法律上相关性的行为理论的各个行为要素关联，进行体系化提炼和再造，形成独立的信赖责任理论。比德林斯基则通过“替代类比”方法，扩大性地以“法律行为与类似的信赖事实构成”来定义法律行为的基础事实构成，并依此逻辑直接把这些制度素材全部纳入法律行为理论予以一元化框定。三位学者基于相同民商法制度素材，根据不同理论视角和分析框架，对法律行为交往的相关制度进行重构，由此形成了三足鼎立的理论格局。

二、法律行为交往中沉默三个理论框架的比较分析

（一）弗卢梅的法律行为理论和具有法律上相关性的行为理论

在法律行为交往中，弗卢梅基于不同事实构成的性质，严格区分了法律行为理论和具有法律上相关性的行为理论。①弗卢梅开创性地将法律行为理论从法律事实理论之中分离出来，作为独立理论予以研究。②根据弗卢梅的法律行为理论，法律行为之行为（rechtsgeschäftliche Akte）是基于法律秩序的认可而有效形成法律行为规则的设权行为，属于意思自治的范畴。意思自治包括自我决定（Selbstbestimmung）和自我负责（Selbstantwortung）两阶层要素，自我决定与自我责任相关联，自我负责是自我决定的补充。意思表示既是自我决定的设权行为，也是自我负责的设权行为。意思表示瑕疵属于法律行为规制范围，在此情形自我负责具有优先性，优先于欠缺意思自治这一内容上正当性的

---

① 我国有学者指出，应严格区分德语 Akt、Handeln、Verhalten 三个概念，作为法律行为的不同面向，rechtsgeschäftlicher Akt、rechtsgeschäftliches Handeln、rechtlich relevantes Verhalten 分别翻译为“法律行为的动作”“法律行为的行动”和“法上重要的举止”。参见吴训祥：《与法律行为相关的几个新译名及改译理由》，《燕大法学教室》第 4 期。

② 迟颖：《法学家哥伦布的新大陆》，《中德私法研究》2011 年第 7 卷。

表示。①与此不同的是，具有法律上相关性的行为虽然也属于法律行为交往的范畴，但不是设权性地形成法律关系的自治行为，而是法律就某一行为直接规定相应的法律效果。②具有法律上相关性的行为不是意思自治的建构性行为，因此也不具有表示价值。法律行为和具有法律上相关性的行为两者存在本质的区别。据此，弗卢梅主张法律行为应当与具有法律上相关性的行为划清界限，把具有法律上相关性的行为从法律行为范畴中剔除。具有法律上相关性的行为具体包括了法律拟制的意思表示、基于行为引起的权利失效特别是因沉默引发的权利失效以及缔约过失责任等类型。③具有法律上相关性的行为原则上仅引发消极利益赔偿责任。④弗卢梅明确反对将具有法律上相关性的行为的事实构成作为信赖责任的基础，因为根本不存在卡纳里斯所主张的作为独立法律制度的信赖责任。⑤同时，弗卢梅也批评了比德林斯基的组合式法律行为理论，认为以信赖责任解释无瑕疵法律行为的效力毫无意义。⑥

具体到法律行为交往中的沉默领域，在沉默作为意思表示的案型，弗卢梅认为表示意识是沉默意思表示的必备构成要件，缺乏表示意识不构成意思表示。对于沉默意思表示，弗卢梅区分了两种情形。第一种情形是，有意识的沉默是旨在设权的法律行为之行为，构成积极的表示行为，属于意思表示的规制范围。第二种情形是，沉默者没有意识到沉默构成表示，在此种情形沉默者不仅缺乏表示意识，而且欠缺行为意思，此时沉默不构成表示行为，仅仅构成表示的放弃。第二种情形归属

---

① [德]维尔纳·弗卢梅:《法律行为论》,迟颖译,法律出版社 2013 年版,第 71 页。

②⑤ [德]维尔纳·弗卢梅:《法律行为论》,迟颖译,法律出版社 2013 年版,第 156 页。

③ Gasis, Erklärungsunterlassung mit Rechtsgeschäftlicher Wirkung, Festschrift fur Pan.J.Zepos, Ⅱ.Band, 1973;[德]维尔纳·弗卢梅:《法律行为论》,迟颖译,法律出版社 2013 年版,第 133 页。

④ [德]维尔纳·弗卢梅:《法律行为论》,迟颖译,法律出版社 2013 年版,第 157 页。

⑥ [德]维尔纳·弗卢梅:《法律行为论》,迟颖译,法律出版社 2013 年版,第 80 页。

于具有法律上相关性的行为。①例如，对商人确认书保持沉默属于具有法律上相关性的行为，如果希望商人确认书不生效应当对此提出异议，这已经成为一种商业习惯，法律赋予了对商人确认书保持沉默时法律行为之拘束力。②商人确认书接收人对确认书保持沉默，商人确认书由此生效，尽管可以从沉默中推导沉默者同意商人确认书内容的这一结论，但不能据此认为沉默构成同意的意思表示。因为具有法律上相关性的行为的法律效果产生不受当事人意思的影响，即使沉默者对商人确认书一无所知，商人确认书也发生效力。③弗卢梅进一步指出，在法律拟制的意思表示情形，法律只要作出规定，就不存在意思表示。针对不作为的沉默，立法者根据事实构成的类型作出了何种法律效果更符合当事人利益的价值判断，从而赋予肯定性效力或者否定性效力。④《德国商法典》第362条关于对商事事务处理要约保持沉默，虽然法律表述是沉默视为承诺，但合同不是因为两个相互一致的意思表示结合而成立，而是基于单方表示和未立即提出异议这一否定事实构成而成立。即此时合同成立模式不是"要约+承诺"，而是"单方表示+未提出异议"。对于有学者主张将沉默提升至表示的高度，并称之为法定类型化的表示，弗卢梅指出这只是拟制的另一种表达而已，并不改变其本质属性。⑤此外，在代理法领域，弗卢梅认为所谓表见代理仍属于依法律行为授予代理权的类型，不是独立于法律行为之外的积极信赖责任，对于归属于表见代理体系的容忍代理亦同。容忍代理的容忍行为是代理权外部授予的一种具体形态，是通过法律行为进行的代理权授予行为，

---

① [德]维尔纳·弗卢梅：《法律行为论》，迟颖译，法律出版社2013年版，第710页；[日]山本敬三：《民法中的动态系统论——有关法律评价及方法的绪论性考察》，解亘译，《民商法论丛》第23卷。

② [德]维尔纳·弗卢梅：《法律行为论》，迟颖译，法律出版社2013年版，第789、793页。

③ [德]维尔纳·弗卢梅：《法律行为论》，迟颖译，法律出版社2013年版，第78页。

④ [德]维尔纳·弗卢梅：《法律行为论》，迟颖译，法律出版社2013年版，第138页。

⑤ [德]维尔纳·弗卢梅：《法律行为论》，迟颖译，法律出版社2013年版，第141页。

属于有权代理，因此归属于法律行为理论的范畴。①于此，弗卢梅创设了“容忍代理＝代理权外部授予”这一效力公式。②与之相反，弗卢梅完全否认表象代理制度，认为这只是无意识地违反注意义务而没有消除并非基于法律行为所形成的代理权表象，此时不是基于意思自治形成的法律关系，不能适用法律行为之规定。③关于沉默行为引发的法律后果，弗卢梅指出当沉默不构成法律行为，仅构成具有法律上相关性的行为时，沉默者因放弃作出表示给相对人造成其同意表示之表象，只承担基于缔约过失而产生的消极利益赔偿责任。④

（二）卡纳里斯的法律行为理论和信赖责任理论

卡纳里斯和弗卢梅同样采取了二元理论，但与弗卢梅的“法律行为理论”和“具有法律上相关性的行为理论”两种分类不同，卡纳里斯采取“法律行为理论”和“信赖责任理论”双轨制，分别对应一个由自我决定所支配的领域和另一个由信赖保护思想统辖的领域。卡纳里斯主张的信赖责任包含积极信赖责任和消极信赖责任。⑤积极信赖责任又表现为两种类型：一是权利表见责任，包括代理权的表见责任、滥用空白证书的表见责任、债权让与中的表见责任、家庭法上的表见责任、某种法律状态继续存在的表见责任等；⑥二是基于诚实信用原则产生的法伦

---

① [德]维尔纳・弗卢梅：《法律行为论》，迟颖译，法律出版社 2013 年版，第 994 页。

② 此观点得到许多学者的追随，比如在第二章所提及的梅尔克特即持这种观点。参见 Hanno Merkt, Die dogmatische Einordnung der Duldungsvollmacht zwischen Rechtsgeschäft und Rechtss-cheintatbestand, AcP, 204(2004), S.651。

③ [德]维尔纳・弗卢梅：《法律行为论》，迟颖译，法律出版社 2013 年版，第 996 页。

④ [德]维尔纳・弗卢梅：《法律行为论》，迟颖译，法律出版社 2013 年版，第 80 页。

⑤ Claus-Wilhelm Canaris, Die Vertrauenshaftung in deutschen Privatrecht, Beck, 1971, S.5.积极信赖责任被认为是 20 世纪私法上的重大发现，参见 Reinhard Singer, Die Dogmatik der Vertrauenshaftung im deutschen Privatrecht, in: Festschrift für Claus-Wilhelm Canaris zum 80. Geburtstag, De Gruyter 2017, S.425。

⑥ Claus-Wilhelm Canaris, Die Vertrauenshaftung in deutschen Privatrecht, Beck, 1971, S.28.ff.

理必要性之信赖责任，包括禁止自相矛盾行为、权利取得制度等。①卡纳里斯认为法律行为理论和信赖责任理论两者在教义学上相互独立。②首先，法律行为理论对信赖责任理论具有教义学的独立性。在

① Claus-Wilhelm Canaris, Die Vertrauenshaftung in deutschen Privatrecht, Beck, 1971, S.273. ff; Reinhard Singer, Die Dogmatik der Vertrauenshaftung im deutschen Privatrecht, in: Festschrift für Claus-Wilhelm Canaris zum 80. Geburtstag, De Gruyter 2017, S.426.

② 信赖责任的独立性和正当性在当今仍然具有争议。对信赖责任的质疑主要来自两个方面，一是外部与法律行为的界限问题，二是内部泛化(Ubiquität)和异质化(Heterogenität)的问题。第一个质疑，信赖责任的很多规制领域可以纳入法律行为范畴。德国学者克内根(Köndgen)、冯·巴尔(von Bar)、皮克(Picker)等学者认为，卡纳里斯是在“循环论证”，即“正当的信赖值得保护，值得保护的信赖是正当的”。对此，卡纳里斯进行反驳，认为运用法律行为理论来解决信赖责任的问题存在法律失灵。在权利表见责任领域，在一系列案件中，判例和学说通过意思表示的拟制去处理原本属于权利表见责任的问题。在基于法律行为的拘束力和信赖责任之间关系中，最常发生作用的标准是建构性表示和宣示性表示。当涉及纯粹宣示性表示的情形，运用法律行为理论无法处理，应当回溯到信赖责任，比如应当将容忍代理归置于信赖责任，而不是法律行为责任。在基于矛盾行为的信赖责任中，通说无视基于矛盾行为的信赖责任这一独立的责任事由。例如在形式瑕疵的问题上，应当通过限缩《德国民法典》第125条的适用范围，从无效形式的合同中推导出履行请求权。第二个质疑，信赖责任存在泛化和异质化。首先，对信赖责任的主要批评是信赖责任存在泛化问题，信赖责任在合同责任和侵权责任的框架内也发挥重要作用，比如意思表示的客观解释，或者交易安全保障义务的具体化。对此，卡纳里斯指出，虽然在一定情形下信赖保护思想在这些领域也发挥作用，但这只是补充性作用。从这个“减弱”的意义来看，几乎所有的一般法律原则都具有泛化的特征。与此不同的是，信赖保护思想对信赖责任具有建构性的意义，而且构成具有体系性特征的原则。其次，针对信赖责任异质化的质疑，卡纳里斯认为这是高度抽象体系构建的代价，比如法律行为作为上位概念，涵摄了买卖、结婚、债权让与、设立抵押等诸多行为，所包含类型的异质性也很强，而且这些类型之间在法教义学上的相似特征极少。由此，不能因为类型存在异质性即否定信赖责任的独立地位。参见 Claus-Wilhelm Canaris, Die Vertrauenshaftung im Lichte der Rechtsprechung des Bundesgerichtshofs, in: 50 Jahre Bundesgerichtshof, Festgabe aus der Wissenschaft, Band Ⅰ, 2000, S.193—195; Claus-Wilhelm Canaris, Die Vertrauenshaftung in deutschen Privatrecht, Beck, 1971, S.251。[德]斯蒂芬·格伦德曼、[德]卡尔·里森胡贝尔主编:《20世纪私法学大师》，周万里译，商务印书馆2021年版，第863、864页。

此，区分无瑕疵法律行为的通常情形和受意思表示瑕疵影响的法律行为的病态情形。在无瑕疵法律行为的情形，法律行为的效力直接源于意思自治的自我决定，与信赖思想无关。在受意思表示瑕疵影响的法律行为的情形，因为自我决定存在缺陷，意思自治本身还不能证成表示为何获得法律上的认可，故此需要引入其他的评判要点。在意思表示错误、欺诈和胁迫情形，表意人之所以仍要受瑕疵意思表示的约束，可以通过自我负责这一补充性要素而得以正当化。在第三人欺诈情形亦是如此，因为在此产生拘束力的独立基础同样不是信赖思想，而仅仅是包含在自我决定思想之内的自我负责要素的具体化。①其次，信赖责任相对于法律行为理论同样具有教义学上的独立性。运用法律行为理论处理信赖责任问题存在失灵问题，信赖责任涉及的是法律行为理论工具无法处理的法律责任。卡纳里斯严格区分了建构性表示和宣示性表示，并作为法律行为拘束力和信赖责任之间的区分标准。法律行为始终以建构性表示作为客观要件，宣示性表示是不具有法律行为性质的陈述，关于纯粹宣示性表示的拘束力无法借助法律行为理论来证成，只能诉诸信赖责任。②同时，卡纳里斯还主张表示意识是意思表示的必备要素，缺乏表示意识不构成意思表示，只能归属于信赖责任。此外，卡纳里斯对比德林斯基的组合式法律行为理论进行了批判。比德林斯基虽然也区分宣示性表示与意思表示，但他通过所谓"替代类比"方法，将宣示性表示的约束力基础建立在法律行为成立规则的类比之上，并据此将宣示性表示纳入法律行为理论规制的范畴。卡纳里斯驳斥了此种类比，认为这是缺乏事实构成的"法律相似性"，因为法律行为本质是一种效力规则，法律行为的约束力是基于意思自治原则，而信赖责任的约

---

① Claus-Wilhelm Canaris, Die Vertrauenshaftung in deutschen Privatrecht, Beck, 1971, S.422, 433.

② Claus-Wilhelm Canaris, Die Vertrauenshaftung in deutschen Privatrecht, Beck, 1971, S.425, 426.

束力不是通过有关当事人的效力规则，而是完全凭借客观法律的规定。[①]法律行为责任是意定责任，信赖责任是法定责任。[②]两者不具有可比性，应当严格区分。

事实上，卡纳里斯所持的理论是在弗卢梅“法律行为理论”和“具有法律上相关性的行为理论”二元框架基础上进行的改造与重塑，一方面以卡纳里斯“法律行为理论”对弗卢梅“法律行为理论”进行了修正，另一方面以“信赖责任理论”作为新理论框架替代了弗卢梅“具有法律上相关性的行为理论”。首先，关于“法律行为理论”框架，卡纳里斯在论证意思表示瑕疵情形为何还保留在法律行为框架内，采取了和弗卢梅一样的论证方式，即运用自我决定和自我负责相结合予以正当化。自我负责涉及法律行为作为社会性行为属性，即行为人需要为自己所作的法律行为负责。根据自我负责的要求，行为人对有瑕疵的法律行为仍需要承担法律行为责任，该法律行为的效力来源依然属于意思自治的辐射范围。但与弗卢梅主张不同的是，卡纳里斯把不属于法律行为理论规制的制度予以剥离。例如关于容忍代理制度，卡纳里斯认为此种情形欠缺意思表示的客观要件，沉默对于第三人而言，不具有外部授权的表示价值，而仅具有表面上存在但事实上并不存在的内部授权之单纯宣示的意义。这种彰显特定法律状态的单纯宣示并不满足法律行为的客观要件，因为这种宣示不构成效力表示。因此，容忍代理是有意识地开启外观事实的权利表见责任的一种类型，而非弗卢梅主张的通过法律行为授予的代理行为。[③]其次，与法律行为理论基本价值判断保

---

① ［德］克劳斯-威廉·卡纳里斯：《动态体系与法律行为交往中的信赖保护》，刘凯丽译，《南大法学》2023年第5期。

② Claus-Wilhelm Canaris, Die Vertrauenshaftung in deutschen Privatrecht, Beck, 1971, S.424, 428.

③ Claus-Wilhelm Canaris, Schweigen im Rechtsverkehr als Verpflichtungsgrund, in: FS Wilburg, 1975, S. 77—99; Claus-Wilhelm Canaris, Handelsrecht, 24. Aufl., München: Beck, 2006, S.242.

持一致的前提下，卡纳里斯对集合于弗卢梅“具有法律上相关性的行为理论”中不同类型进行体系化地解释、整理和归类，从表象代理、商事事务处理要约、商人确认书、禁止矛盾行为等制度规范中提炼出一般性独立的积极信赖责任，这是一种虽然局部上存在差异但整体上却相对简洁且可避免矛盾的制度体系。积极信赖保护产生履行责任，形成“积极信赖责任=履行责任”一般效力公式。

（三）比德林斯基的组合式法律行为理论

与弗卢梅和卡纳里斯的二元理论不同，比德林斯基主张一元论，即“法律行为组合理论”。比德林斯基认为法律行为制度是多项法律原则的“组合式汇编”，除了自我决定原则之外，补充强调信赖保护以及合同等价和受承诺拘束原则，这些价值原则的结合，形成了法律行为制度的规范独立性。①具体而言，法律行为制度内部是由一系列“可分层”的规范力组成：一是自我决定的思想，即法律行为上的私法自治；二是交易安全的思想，特别是信赖保护；三是契约上的给付和法律地位在内容上的等价性思想；四是遵守契约的伦理作用力，即契约忠实。②在此基础上，比德林斯基主张以各种强度相互影响的原则之间的协动作用来把握法律行为的内容，这种观点显然是受动态体系论思想的影响。比德林斯基持广义上的私人自治论，在意思表示无瑕疵情形，特定法律效果可以在相对人无瑕疵的看法中表现为法律行为上所意愿的后果，这既可归因于表意人的自我决定，同时也是信赖原则作用的结果。在意思表示瑕疵情形，更是如此。③

---

① ［奥］弗朗茨·比德林斯基：《私法的体系与原则》，曾见、刘志阳、喻露、赵文杰、雷巍巍、庄加园、宁潜晶译，中国人民大学出版社2023年版，第105页。

② Bydlinski, Privatautonomie und objektive Grundlagen des verpflichtenden Rechtsgeschäftes, Wien · NewYork: Springer Verlag, 1967, S.122.

③ ［奥］弗朗茨·比德林斯基：《私法的体系与原则》，曾见、刘志阳、喻露、赵文杰、雷巍巍、庄加园、宁潜晶译，中国人民大学出版社2023年版，第124页。

比德林斯基的这种“大法律行为理论”，重新诠释了法律行为基本内涵。以意思表示为出发点，通过“替代类比”方法将宣示性表示的相关案型纳入法律行为领地，以“法律行为与类似的信赖事实构成”来定义法律行为的基础事实构成，将无表示意识的意思表示、授予代理权公告等宣示性表示的行为类型，均纳入法律行为规制范畴。①这相当于解构了弗卢梅“法律行为理论和具有法律上相关性的行为理论”以及卡纳里斯“法律行为理论和信赖责任理论”的二元理论，把弗卢梅“具有法律上相关性的行为理论”和卡纳里斯“信赖责任理论”所规制的类型纳入整合到法律行为理论统一框架中。对此，比德林斯基批评弗卢梅把法律行为理论视为“关于庞大的意思自治命题的变体”，意思自治原则在法律行为制度的众多原则中具有优先性，但法律行为制度这一广大领域不能仅仅追溯到这一原则。比德林斯基进一步指出，虽然弗卢梅把自我负责作为自我决定的补充，即使这样，原则的层级也是过于简化，他把诸如权利失效、商人确认书等制度都简单地归属于“具有法律上相关性的行为理论”范畴，没有对这些规范群进行体系化论证和归类。②此外，比德林斯基也对卡纳里斯的法律行为责任与信赖责任二元论进行批判。他认为这两种责任的二元对立，割裂了两者背后共通的原理，导致体系上评价矛盾。③例如，在有表示意识但表示错误的情形，法律行为理论无法论证在表示错误中发出意思表示的法律效果，也即自我决定无法单独证成法律行为的拘束力。④

---

①　[奥]弗朗茨·比德林斯基：《私法的体系与原则》，曾见、刘志阳、喻露、赵文杰、雷巍巍、庄加园、宁潜晶译，中国人民大学出版社 2023 年版，第 125 页。

②④　[奥]弗朗茨·比德林斯基：《私法的体系与原则》，曾见、刘志阳、喻露、赵文杰、雷巍巍、庄加园、宁潜晶译，中国人民大学出版社 2023 年版，第 119 页。

③　[日]山本敬三：《民法中的动态系统论——有关法律评价及方法的绪论性考察》，解亘译，《民商法论丛》第 23 卷。

三、不同理论之间的对话与批判

弗卢梅、卡纳里斯和比德林斯基三位学者基于不同的理论框架和判断基准，赋予了法律行为交往中包括沉默在内各个行为类型不同的教义学基础。某项判断要素的变化，将导致一些行为类型的不同归属，从而扩大了某一理论所规制板块的同时，压缩了其他理论的适用板块。例如关于表示意识这个判断要素，如果认为其不是意思表示的必备要素，则法律行为理论相较于信赖责任理论扩大一个适用板块，①反之信赖责任理论增加更多的制度板块。同时，三位学者并非“自说自话”，都是在与对方理论和观点进行对话和批判的基础上，构建自己理论分析框架，形成具有开放性、对话性和丰富性的“理论互竞”知识景观。具体到法律行为交往中的沉默领域，三个理论分析框架对沉默各类型按照各自判断标准予以不同的归置。根据弗卢梅的法律行为理论和具有法律上相关性的行为理论，将具有表示意识的沉默意思表示、表见代理、容忍代理纳入法律行为领域，把法律拟制的意思表示、权利失效和缔约过失责任归入具有法律上相关性的行为规制范畴。根据卡纳里斯的法律行为理论和信赖责任理论，具有表示意识的沉默意思表示纳入法律行为领域，容忍代理、对商人确认书沉默等纳入积极信赖责任领域，表象代理在商事领域纳入积极信赖责任领域，在民事领域纳入消极信赖责任领域，义务违反型沉默归入消极信赖责任领域。根据比德林斯基的组合式法律行为理论，法律行为交往中沉默均纳入法律行为的范畴。这些理论建构上差异的产生原因，事实上是隐藏其后的内在体系在外在归类上的“投射”，追根到底可以回溯到这些理论建构背后相关联基本原则的定位问题。弗卢梅否定信赖责任的独立地位，认为意思自治是法律行为效力的唯一正当性来源。卡纳里斯主张除意思自治外，信

---

① [德]克劳斯-威廉·卡纳里斯：《动态体系与法律行为交往中的信赖保护》，刘凯丽译，《南大法学》2023年第5期。

赖保护也是证成法律行为效力的另一重要依据。比德林斯基则认为法律行为效力是一众基本原则共同作用的结果。故此，有必要通过这三个理论分析框架，进一步探析法律行为交往中沉默的内在体系构建问题。

第二节　法律行为交往中沉默的内在体系构成

法律内在体系是相对于法律外在体系而言。法律外在体系是法律形式上的构造，以一定逻辑方式对各种法律概念、规则和制度加以建构的体系。法律外在体系是相关评价观点的路标，内在体系则是法的内部构造，是一致的价值判断体系。[①]具体到法律行为交往中的沉默领域，作为消极不作为的沉默应否进入法律规制范畴，并赋予法律上的意义，需要经过一定理论框架和判断机制的筛选和甄别。为何作为意思表示的沉默发生法律行为效力，为何以沉默方式容忍代理等行为也产生法律行为的效力，为何悖于诚信的沉默行为导致不得主张法律行为无效，同时获得法律行为式的保护，为何缔约过程中产生说明义务，从而保护相对人的信赖利益？这些规则背后支撑的法律思想和基本原则是什么，其背后隐藏的基本原则之间是如何协动发生作用的？只有认识到这些规则背后的各项法律原则以及这些原则在具体规则中的作用"分量"，才能真正回答上述疑问。

一、意思自治、信赖保护和诚实信用原则的三轨并置

正如导论所指出的，沉默是否具有法律意义以及具有何种法律上的意义，归根到底涉及意思自治原则、信赖保护原则和诚实信用原则之间的互动和权衡关系。弗卢梅、卡纳里斯和比德林斯基各自主张的理论框架背后隐藏着不同法律原则的作用力。弗卢梅主张的法律行为理

---

① ［奥］恩斯特·A.克莱默：《法律方法论》，周万里译，法律出版社 2019 年版，第 59 页。

论和具有法律上相关性的行为理论，认为意思自治原则是法律行为制度的唯一主导性原则，信赖保护原则不具有独立地位。但他在论证意思表示瑕疵时，把自我负责作为自我决定的"部分"或者"补充"，尽管他明确反对信赖责任理论作为一项独立的法律制度，但事实上已经涉及信赖保护的要素。卡纳里斯所持的法律行为理论和信赖责任理论，认为法律行为交往中意思自治和信赖保护两项原则并轨运行，各自独立发挥作用，在法律行为领域主要体现意思自治原则，在权利表见责任、禁止矛盾行为、缔约过失责任等领域体现信赖保护原则。比德林斯基主张的组合式法律行为理论已经蕴含并揭示了法律行为制度背后基本原则的运行逻辑，法律行为领域内意思自治、信赖保护、契约严守等多项原则产生互动作用。

法律行为交往中的沉默，主要有意思表示型沉默、权利表见型沉默、背信型沉默和义务违反型沉默四种类型。从这四种类型构造来看，其背后的内在体系由意思自治、信赖保护和诚实信用原则组成，形成三元并置的动态运行格局。意思自治原则赋予沉默者依照自己意思自主建构法律关系的自由空间，沉默者选择沉默这一表示工具来表达其主观意思，是其意思自治的体现。信赖保护原则为了维护法律交往稳定和交易安全，保护当事人已经付出的合理信赖。信赖保护原则和诚实信用原则虽然都具有保护信赖利益的功能，存在部分交叉适用的领域，但两个基本原则有着根本区别。从功能上看，保护信赖和遵守诚实信用要求有所不同。诚实信用原则是道德观念的法律化，而信赖保护没有法律伦理方面的基础，只是一种旨在提高法律行为交易稳定性的法律技术手段。①从评价要点上看，信赖保护原则更加强调相对人或者第三人这一侧的信赖要素，保护相对人和第三人的信赖利益。而诚实信

① [德]卡尔·拉伦茨:《德国民法通论》(上册)，王晓晔、邵建东、程建英、徐国建、谢怀栻译，法律出版社2007年版，第59、60页。

用原则更强调沉默者这一侧的行为悖于诚实信用，从法伦理上给予负面的评价，相对人这一侧的信赖要素则起到辅助和强化法律效果的作用。此外，虽然通过信赖保护原则和诚实信用原则都可以达到成立履行请求权的结果，但两者的论证方法和推导路径存在差异。根据信赖保护原则需要推导论证外观事实替代缺失的真实事实，从而弥补欠缺的合同有效要件。而根据诚实信用原则，则是限制背信一方权利行使，即禁止其主张合同无效，此时并不导致合同有效，但事实上相当于产生合同有效的法律效果。从构成要件上看，对于禁止自相矛盾行为案型，事实上并不涉及权利外观保护，此时缺乏客观的外观事实构成要件，因为相对人可以认识到真实的法律状况，①因此无法通过信赖保护原则，需要借助诚实信用原则予以证成。

卡纳里斯所主张的信赖保护，事实上是“扩大版”的信赖保护原则，将诚实信用要素融入信赖保护原则，使原本由诚实信用原则规制的相关案型纳入信赖保护原则规制范畴。卡纳里斯的积极信赖责任主要有权利表见责任和基于法伦理必要性的信赖责任两种类型，后一种类型的效力来源主要是诚实信用原则，产生积极信赖保护效果是因为诚实信用原则发挥主导性作用。这一种类型的标志性案型是禁止自相矛盾行为，之所以禁止的根本原因在于行为人的前后矛盾行为违反了诚信要求，同时这种先前行为引致相对方的合理信赖，并据此信赖而行事。此时，信赖保护原则只是在诚实信用原则的基础上起到辅助作用。甚至有观点认为对此案型信赖保护原则作用有限，因为原则上不应保护对违法行为效力之信赖。②卡纳里斯虽然肯定了诚实信用原则的作用，这从“基于法伦理必要性的信赖责任”这一类型的命名即可看出，但是这种将诚实信用原则纳入信赖保护的做法，掩盖了诚实信用原则在其

① [德]克劳斯-威廉·卡纳里斯：《动态体系与法律行为交往中的信赖保护》，刘凯丽译，《南大法学》2023年第5期。

② Staudinger/Looschelders/Olzen，§242 Rn.488.

中的重要作用。于此，应在原有积极信赖保护框架内再进行细分，将一部分制度抽离出来，纳入诚信保护的规制框架，如此既可以在一定程度上避免信赖保护类型过于繁杂泛化和异质性的问题，同时也可以清晰界定各个法律原则的主要适用空间。此外，诚实信用原则在沉默意思表示领域也发挥重要作用，在特定情形可以基于诚实信用原则认定沉默具有一定的表示效力。

因此，在法律行为交往中，意思自治、信赖保护和诚实信用原则是相互独立的三个基本原则，应当予以严格区分，特别是合理界定信赖保护原则和诚实信用原则之间的边界。随着信赖保护和诚实信用原则适用领域的拓宽和辐射范围的扩大，法律行为交往中沉默的内在体系从一开始的意思自治原则“一元论”过渡到意思自治、信赖保护原则“二元论”再到意思自治、信赖保护和诚实信用原则“三元论”，由此意思自治、信赖保护和诚实信用原则共同构成法律行为交往的基本原则。

二、我国民法实证法上基本原则的缺失与证成

在德国私法领域并未在法典中将意思自治、信赖保护和诚实信用作为一般基本原则予以明文规定，这些基本原则都是经由学界和实务从具体制度或者司法判例中总结提炼而成。基本原则的论证和获取方式主要有二：一是从诸多具体法律规则中提炼出共同的法思想。例如，信赖保护原则就是从不动产登记簿、财产登记簿、商事登记和占有的权利外观等各种公示规范当中提炼而来。①二是从单个法律规定中提炼出基本原则。例如基于《德国民法典》第 242 条确立的“诚实信用原则”即属此例，②根据该条文义，诚实信用原则规制范围仅限于债务人应当

① ［德］托马斯·M.J.默勒斯：《法学方法论》（第 4 版），杜志浩译，北京大学出版社 2022 年版，第 494—495 页。

② ［德］托马斯·M.J.默勒斯：《法学方法论》（第 4 版），杜志浩译，北京大学出版社 2022 年版，第 495 页。卡纳里斯在《德国私法中的信赖责任》一书中采取“分则—总则”的写作模式，也体现了基本原则的这一获取思路。

如何提供给付的问题，只涉及履行的方式。民法典实施后，德国判例和学说从该条中发现作为一般性原则的诚实信用原则，并将之推广适用于全部债务关系，任何人均应按照诚实信用原则行使权利和履行义务。①

我国《民法典》总则编第一章“基本规定”对一般基本原则予以明文化和集中式的规定。②《民法典》第5条规定“民事主体从事民事活动，应当遵循自愿原则，按照自己的意思设立、变更、终止民事法律关系”，明确了意思自治原则。《民法典》第7条规定“民事主体从事民事活动，应当遵循诚信原则，秉持诚实，恪守承诺”，确立了诚实信用原则。③诚实信用原则适用于先合同、合同履行和后合同阶段等缔约全过程。④有

---

① [德]迪尔克·罗歇尔德斯：《德国债法总论》(第7版)，沈小军、张金海译，中国人民大学出版社2014年版，第28页。

② 我国《民法典》第3条至第10条规定了“民事权益受法律保护原则”“平等原则”“意思自治原则”“公平原则”“诚实信用原则”“符合法律和公序良俗原则”“绿色原则”。关于各个基本原则的阐释，参见王利明：《民法总则新论》，法律出版社2023年版，第115页至第152页。

③ 关于诚实信用原则的定位问题，有认为是一般基本原则，也有认为是概括性条款。于飞教授一开始主张《民法通则》所规定的基本原则分为价值理念型基本原则与概括条款型基本原则，前者包括自愿原则、平等原则、权益受保护原则，后者包括诚实信用及公序良俗原则。后来主张诚实信用原则、公序良俗原则也是作为表征民法价值理念的基本原则。参见于飞：《认真地对待〈民法总则〉第一章“基本规定”》，《中国高校社会科学》2017年第5期。

④ 在先合同阶段，《民法典》第500条关于缔约过失的规定，以“有其他违背诚信原则的行为”作为缔约过失行为类型的兜底条款，根据等置判断，该条前述“假借订立合同，恶意进行磋商”“故意隐瞒与订立合同有关的重要事实或者提供虚假情况”均为违背诚实信用原则的行为表现，从条文表述来看已经明确诚实信用原则在先合同领域的适用。在合同生效后履行过程中，同样适用诚实信用原则，对此《民法典》第509条规定“当事人应当按照约定全面履行自己的义务。当事人应当遵循诚信原则，根据合同的性质、目的和交易习惯履行通知、协助、保密等义务”。在后合同阶段诚实信用原则也发挥作用，《民法典》第558条规定“债权债务终止后，当事人应当遵循诚信等原则，根据交易习惯履行通知、协助、保密、旧物回收等义务”。这些法律条文共同构成了全过程完整的附随义务体系。

疑问的是,《民法典》未予规定的基本原则,或未在首章而在其他具体章节之下规定的原则,对于民商事活动是否仍具有统领性的地位?原《民法总则(征求意见稿)》规定“民事活动应当遵循诚实信用原则”,后来草案修改稿在该条基础上,规定“民事主体从事民事活动,应当遵循诚实信用原则,自觉维护交易安全”,增加了“自觉维护交易安全”之规定。原《民法总则(一次审议稿)》将此条一分为二,分列两个条款规定“民事主体从事民事活动,应当遵循诚实信用原则(第1款)”;“民事主体从事民事活动,应当自觉维护交易安全(第2款)”。该条明确了诚实信用和信赖保护两项基本原则。但将信赖保护原则明确列为一项基本原则,引致学者的批评。归纳来看,理由主要有四:一是信赖保护原则不适用于非交易的民事行为;二是信赖保护原则是民法理论进行立法政策考量的一项“判断基准”,是立法者创设法律制度的立法依据,不是用以拘束民事主体的义务规范;三是信赖保护属于不确定概念,没有明确的内涵和外延;四是从比较法上看,没有将信赖保护作为民法基本原则的先例。①原《民法总则(最终审议稿)》将信赖保护要求移至“营利法人”一节,规定为“营利法人从事经营活动,应当遵守商业道德,维护交易安全,接受政府和社会的监督,承担社会责任”。《民法典》承袭了原《民法总则》规定,保持现有规制模式。信赖保护原则在《民法总则》立法过程中,经历了从未设规定到一般性规定,再从一般性规定“降级”为仅仅是对营利法人从事经营活动的一种行为约束。对于上述学者反对的理由,也只有第一个理由勉强站得住脚,其他三个理由根本不具有说服力:首先,信赖保护原则不仅仅是立法目的,而且还是某种行为是否构成责任基础之判断依据。例如在法律行为交往中的沉默是否构成信赖

① 相关论述参见梁慧星:《〈中华人民共和国民法总则(草案)〉:解读、评论和修改建议》,《华东政法大学学报》2016年第5期。虽然学者以交易安全原则作为论述对象,交易安全原则与信赖保护原则有所区别,但为了论述方便,本书基于信赖保护这一重心层面将交易安全原则等同于信赖保护原则。

基础事实，是否违反先合同义务，均有赖于信赖保护原则的支撑。其次，不能以信赖保护原则内容不确定，就据此否定存在之必要。诚实信用原则涵盖的内容更广、范围更为庞杂，也未据此否定该项原则。最后一个理由事实上是对比较法上关于基本原则规制模式的一种误读，不在法典中明文规定基本原则，是比较法上通行的做法，虽未明文规定但不能据此否定基本原则之存在。《德国民法典》《德国商法典》均未对意思自治原则和信赖保护原则予以明文规定，但通说均认可这两项原则是法律行为交往中的基本原则。基于错误的认识和解读，某种程度上导致立法的偏差。

从上述立法过程来看，原《民法总则》将信赖保护原则挪至具体章节，实属无奈之举。但至少肯定了信赖保护原则在营利法人经营活动这一有限领域的适用性。对于其他非营利法人经营活动之领域也应当有信赖保护原则适用的余地。对此，上述的德国私法领域信赖保护原则的证成和两种获取途径可资参考。第一种方法是整体类推，从制定法的规范群及其意义脉络中推导出信赖保护原则，即对《德国民法典》第 170 条、第 171 条第 2 款、第 172 条第 2 款以及第 173 条进行整体类推。整体类推是指从数个法律规范中抽取提炼出一般性的基础思想，赋予这一法律思想以普遍法原则的性质，然后再将这个法律思想推广适用于法律未调整的案件类型。即从特殊到普遍的归纳推论，再反向推论到另一个特殊案型。①第一个步骤是归纳。从数个法律条款中提炼一般的共同思想即权利表见思想，权利表见责任的法教义学基础是《德国民法典》第 170 条至第 173 条，它超越了这些条款的直接适用范围而在一般化层面上予以运用。在此基础上，进行第二个步骤演绎适用，将获取的规范意旨适用于法律未规定的案型，在此过程中需要考察

① [德]克劳斯-威廉·卡纳里斯：《法律漏洞的确定——法官在法律外续造法之前提与界限的方法论研究》，杨旭译，北京大学出版社 2023 年版，第 81 页。

个案中是否存在对该规范意旨的适用限制。第二种方法是对《德国商法典》第75h条、第91a条和第362条进行个别类推。规范化沉默的构成要件可以作为其他一系列案型的典范,在这些情形中判例和学说赋予沉默积极的表示效力。例如关于对商人确认书的沉默规则就是建立在《德国商法典》第362条规则的基本思想上。此外,对于商人确认书的规则可以从两个层面通过类推实现适用范围之扩大:首先,主体范围的类推适用,将原本适用于商人之间的规则类推适用于与商人相似的主体;其次,还可以类推适用于其他依商事惯例而得出沉默具有同意之意义的情形,例如对居间商订约凭单的沉默等。①通过上述整体类推,形成一般意义上的权利表见责任。或者基于个别类推,在部分领域实现沉默作为权利表见责任的信赖事实构成的证成。虽然我国没有《德国商法典》第362条作为类推适用的支撑点,但我国《民法典》第172条规定了表见代理制度以及第311条和第312条规定了善意取得制度,通过整体类推之方法,从这三个条文中抽取出一般性的法律评价,再据此推论到法律未规定的其他情形,形成一个从特殊到一般再到特殊的往返流转过程。表见代理和善意取得制度均为信赖保护原则的显著事例,立法将其从实践中提炼出来,设置为权利表见责任的法定典型模型。从立法者设置这两个制度的模型中,可以管窥立法者对权利表见责任的评价要点,将之提炼出来,形成一般原则和基本规则。在此过程中进行积极方面审查的同时,还要进行消极方面的审查,即审查是否存在其他足以反对此结论的特性以及法秩序中是否存在相反的其他规范。②从体系来看,并无抵制或者排除信赖保护原则的其他特定规范。因此,应当肯定信赖保护原则作为法律行为交往中一般法律原则的地位。

---

① [德]克劳斯-威廉·卡纳里斯:《德国商法》,杨继译,法律出版社2006年版,第584页。

② [德]克劳斯-威廉·卡纳里斯:《法律漏洞的确定——法官在法律外续造法之前提与界限的方法论研究》,杨旭译,北京大学出版社2023年版,第150页。

同时,应当注意的是除信赖保护原则之外,我国和德国关于基本原则获取方式的不同,导致基本原则的适用存在路径上的差异。德国私法是从司法实践的案件群中提炼出的法律原则,本身就有厚实的案例类型作为支撑。而我国立法上直接规定基本原则,缺乏司法实践的案件类型积淀这一中间环节,在适用时要经历一次全新的具体化和类型化过程。因此,需要系统性地总结司法实践中的相关案例类型,提炼评价要素,经由学说与判例共同完成基本原则的具体化构建使命。

第三节　法律行为交往中沉默内在体系的效力范围

私法领域基本原则并非泛泛而论、无所不包的抽象理念,而是有其各自需要解决的问题或者适用领域的法技术工具。①因此,需要在法律的意义脉络和结构关联中清晰界定意思自治、信赖保护和诚实信用这三个基本原则的适用关系及其规制空间。

一、意思自治、信赖保护和诚实信用原则的适用关系

法秩序中存在多元价值,任何一个单独价值都不能绝对贯彻,必须与法秩序的其他价值相互连接、共同作用。在法律行为交往中,意思自治、信赖保护和诚实信用原则彼此之间并无高低位阶秩序,各个原则在交互中共同发挥作用,在一些领域相互补充,在另一些领域相互限制,这些原则只有在相互补充和相互限制的共同作用中才能获得其固有的价值,也只有通过这种共同作用,个别原则的效力范围和蕴含意义才能得以澄清。②意思自治、信赖保护和诚实信用原则如何在互补和限制中动态发生作用,可以在法律规则适用方法及过程的对比中得到彰显。

---

① 于飞:《民法典的开放性及其妥当实现》,《中国法律评论》2015 年第 4 期。

② [德]卡尔·拉伦茨:《法学方法论》(第 6 版),黄家镇译,商务印书馆 2020 年版,第 596 页;Claus-Wilhelm Canaris, Systemdenken und Systembegriff in der Jurisprudenz, 2. Aufl., Berlin, 1983, S.55。

法律原则与法律规则同属于法律规范的类型。法律规则是一种"确定性命令",法律规则所给定的构成要件被满足后,即指向一个确定性的法律后果,从而使法律规则全部得以实现。因此,法律规则的适用方式是"全无或者全有",确定适用一项规则就排斥其他规则的适用。相反,法律原则是一种"最优化命令",每项法律原则都表达一个理念价值,一个理念价值可以被认为是一个评价标准,每个标准在不同程度上得以实现。①因此,法律原则具有分量的面向,适用方式是"或多或少"。②

法律原则与法律规则典型适用方式"涵摄"不同,其适用方式为法律原则与其相竞争的法律原则之间的权衡。法律原则之间竞争关系的解决方式是通过在原则之间进行衡量,比较在特定的情形下哪一项原则更具有分量或者优先性。③总体而言,法律原则适用分为两个步骤:第一步骤是寻找并确定有哪些法律原则可以适用于待决的具体案件,这些法律原则有的提供支持结论的理由,有的提供反对结论的理由。第二步骤是一个权衡过程,即对这项法律原则所提供的支持和其他法律原则的反对理由进行衡量。④当一项法律原则经权衡后分量超过另一项法律原则,则这项法律原则在具体案型中具有优先性,发挥主导性作用,其他法律原则在有限空间内发挥补充性作用。比德林斯基主张,自我决定和信赖保护原则均作用于法律行为的各个领域,特别是意思表示常规情形和瑕疵情形的规则都是自我决定和信赖保护原则共同作用的结果。如此,过于扩大信赖保护原则,例如意思表示无瑕疵情况完全是自我决定的结果。⑤但比德林斯基正确指出,自我决定和信赖

①④ 王夏昊:《法律原则的适用方式》,《学习与探索》2007年第2期。

② 雷磊:《法理学》,中国政法大学出版社2019年版,第43、44页。

③ 舒国滢主编:《法理学导论》(第3版),北京大学出版社2020年版,第114页。

⑤ 正如卡纳里斯正确指出,如果认为信赖思想对于无瑕疵法律行为拘束力的形成没有意义,比德林斯基"可分层理论"的主要基础就被摧毁了。参见Claus-Wilhelm Canaris, Die Vertrauenshaftung in deutschen Privatrecht, Beck, 1971, S.431。

保护不是法律行为制度中对立的原则，毋宁是互相权衡发生作用。[①]卡纳里斯也承认原则之间的协动作用。首先，在法律行为理论中意思自治原则占据主导地位，信赖保护原则在其中虽然不是基本标准，但也发挥补充和纠正的作用。[②]对于法律行为责任中瑕疵意思表示情形，没有自我决定就不可能有法律行为责任，但信赖责任可以补充自我决定原则产生协动作用。其次，在信赖责任理论中，信赖保护原则是基本标准，意思自治原则以归责原则的形式发挥补充和纠正的功能。[③]在不存在自己决定的情形，如果仅凭信赖责任即认定与法律行为具有同样的效果，将产生评价矛盾的危险。基于此，卡纳里斯将由自我决定原则具体化的可归责性作为判断信赖责任的一个基准。[④]卡纳里斯虽然区别对待法律行为责任和信赖责任，但同时又承认两者具有协动作用，在具体法律规定的背后存在由诸项原则组成的内在体系，这些规定也由相对应的诸项原则的协动作用构成其基础。[⑤]

从意思自治、信赖保护和诚实信用三项原则的体系架构和运行规则来看，意思自治是私法领域的价值根基，是信赖保护原则和诚实信用原则的出发点，信赖保护原则和诚实信用原则均构成对意思自治原则的限制，但两者限制的立足点、侧重点和程度均有所不同，形成对意思自治空间的多层次和阶梯式平衡。诚实信用原则主要是立足于沉默者的角度，对沉默者的沉默行为进行伦理上的正当性评价，为沉默者的自由空间划定了伦理边界。沉默者不能超越这个边界，否则法律给予负

---

① [奥]弗朗茨·比德林斯基：《私法的体系与原则》，曾见、刘志阳、喻露、赵文杰、雷巍巍、庄加园、宁潜晶译，中国人民大学出版社2023年版，第123页。

②③ [德]克劳斯-威廉·卡纳里斯：《动态体系与法律行为交往中的信赖保护》，刘凯丽译，《南大法学》2023年第5期。

④ Claus-Wilhelm Canaris, Die Vertrauenshaftung in deutschen Privatrecht, Beck, 1971, S.467.ff.

⑤ [日]山本敬三：《民法中的动态系统论——有关法律评价及方法的绪论性考察》，解亘译，《民商法论丛》第23卷。

面评价。信赖保护原则同样作为意思自治原则的限制,但是从相对人的角度对沉默者的意思自治进行限制。在一定程度上,意思自治原则和信赖保护原则是处于原则结构的两端并相互对峙的原则类型。如果适用意思自治原则这一端,信赖保护原则通过信赖保护要素将之往另一端"拉扯",在规则适用的轴线上发生"位移转变"。反之亦然,如果适用信赖保护原则这一端,意思自治原则通过自主决定要素将之往反方向"拉扯"。从信赖保护对意思自治的限制程度来看,有时限制程度较低,起到压缩沉默者一定意思自治空间的作用,有时限制程度较高,直接将沉默者自主决定的空间降至为零,此时对相对人和第三人的信赖保护取代了沉默者的意思自治。

二、意思自治、信赖保护和诚实信用原则的规制领域

法律行为交往中四种沉默类型的规则,体现了意思自治、信赖保护和诚实信用原则相互补充和相互制约的共同作用。具体到某个沉默类型,需要对各个法律原则所提供的支持和反对的理据进行强度上的衡量,其中一项法律原则所提供的理据超越其他法律原则,则这项法律原则具有"占优优势",在这个具体沉默类型中取得支配性地位、发挥主导性作用。如果意思自治原则发挥主要作用,则适用法律行为规则,如果信赖保护原则发挥更为重要的作用,则适用信赖责任规则,如果诚实信用发挥基础性作用,则适用诚信保护规则。

在沉默作为意思表示的领域,既有意思自治原则和信赖保护原则共同发生作用,也有意思自治原则和诚实信用原则相互权衡的结果。对于后者,例如沉默行为基于诚实信用原则产生表示效力的案型,更多体现了意思自治原则和诚实信用原则之间的互动与权衡,如果诚实信用原则处于"占优"地位,则认定沉默具有表示效力,沉默者的意思自治不予保护。对于前者,意思表示的形成过程很好地彰显了意思自治原则和信赖保护原则之间相互限制和补充的作用。《德国民法典》起草者根据当时心理学的认知特别是德国心理学家冯特的构成心理学,对表意人展开心理学的过程分析，以意思形成过程为次序，将内在意思划分为行为意思、表示意识和效果意思三个阶段。对内在意思构成要素的取舍是意思自治和信赖保护两者相互角力的结果。通常而言，意思自治原则和信赖保护原则相互冲突，强化对自我决定的保护，就相应弱化对信赖利益的保护，反之亦然。如果认为内在意思的三种构成要素均为意思表示的构成要件，则是对自我决定的最大力度保护，此时对信赖保护的力度最小；如果认为所有内在意思均不是意思表示的必备要素，则对自我决定的保护力度最小，对信赖保护的力度最大；如果在三种内在意思中择其一二作为要素，则体现了意思自治和信赖保护的综合平衡。总体来看，意思自治和信赖保护原则之间的互动和权衡在意思表示领域有三个层层递进的控制和调节机制，即“意思表示准入门槛—意思表示撤销要件—意思表示撤销后果”。(1)在意思表示准入门槛的第一道关口，何种意思是无论表意人是否具有过错，均不构成意思表示；何种意思只有表意人具有过错，才构成意思表示；何种意思是无论表意人是否有过错，均构成意思表示，不同的判别机制体现了不同的权衡力度。(2)在意思表示效力维持的第二道关口，在特定情形，法律赋予表意人在意思表示有效和无效之间进行选择。从立法设置表意人撤销权的模式来看，在自我决定和信赖保护之间产生冲突时，自我决定权具有优先地位。[①]根据表意人是否行使撤销权，形成信赖保护的双重体系，即表意人行使撤销权，相对人受消极信赖保护；表意人不行使撤销权，相对人受积极信赖保护。[②]同时，可以通过调节撤销权的门槛高低来实现利益平衡，提高撤销权的行使门槛，有利于保护信赖利益，不利于自我决定；降低撤销权行使门槛，则起到相反的作用。可见，错误撤销的法定模式不仅仅是建立在自我决定和信赖保护相互补充之上，也是建

①② Staudinger/Singer, Vorbemerkung zu §§ 116 ff., Rn.22.

立在时而相互补充、时而相互冲突的复杂体系之上。①(3)在意思表示撤销后法律后果的第三道关口,因为对于表示受领来说,意思表示继续存在或者归于消灭具有不确定性,因此撤销权应当在特定期间内尽早行使。如果表示受领人对意思表示产生信赖,表意人在何种归责原则下才需要赔偿信赖利益损失,这也涉及意思自治和信赖保护之间的平衡问题。可见,在意思表示三层调控机制中,意思自治和信赖保护之间的价值权重比例,影响意思表示是否成立、表意人是否有权撤销以及表意人应否赔偿信赖利益等问题。按照德国通说观点,行为意思是意思表示的必备要素,表示意识和效果意思均不是必备要素。②在意思表示准入门槛上,通说对于行为意思表示采取绝对保护主义,无论表意人是否具有过错,均不成立意思表示。对表示意识采取相对保护主义,只有表意人具有过错,才成立意思表示。对于效果意思采取绝对不保护主义,无论表意人是否具有过错,均成立意思表示。通说对意思表示的内在意思评价作出三种不同评判,赋予三种意思不同的价值比重,体现对表意人的意思自治和表示受领人的信赖保护之间利益的动态平衡。对于沉默何时可以构成意思表示,法律侧重对沉默者的保护,因为沉默者从客观理性的第三人角度来看,其未作出表示行为,通常而言相对人也不会将其沉默行为解读为具有相应意思的表示行为。因此,立法采取了限定主义的规制模式,由此导致沉默具有意思表示效力的规则是一个相对封闭的规范领域。法律通过对沉默类型进行控制的方式来保护沉默者,这样的保护举措是否周全,是否有必要从其他角度使沉默者的保护网络更加严密?正如前文所述,由于沉默表示方式与明示、默示表示存在显著区别,相对于明示和默示意思表示,需要更加侧重对沉默者的保护。沉默意思表示须以表示意识为要件,即在上述的意思表示准

---

① Staudinger/Singer, Vorbemerkung zu §§ 116 ff., Rn.25.

② Staudinger/Singer, Vorbemerkung zu §§ 116 ff., Rn.1.

入门槛的第一道关口，沉默意思表示对表意人的保护就优于明示和默示意思表示，体现了在对沉默者的意思自治和受领人的信赖保护平衡之中，更加靠近意思自治原则这一端。

在沉默其他类型中，也体现了三项基本原则之间的补充和限制的互动作用。在权利表见型沉默类型中，要求沉默者具有可归责性、相对人信赖沉默所造成的外观事实等构成要件，其中可归责性体现了意思自治原则，强调对沉默者的保护，要求沉默者对其沉默行为及其造成的外观事实构成具有责难性。相对人的信赖要求则是信赖保护原则的体现。对于这种沉默类型，在意思自治和信赖保护原则之间，更强调信赖利益的保护，信赖保护原则处于支配主导的地位。在背信型沉默类型中，诚实信用原则发挥主导性的作用，通过诚信的伦理评价对沉默者的背信行为进行苛责，并辅之以信赖保护原则，要求相对人对沉默行为所形成的法律状态存在善意的信赖，此时信赖保护原则起到强化和补充的作用。由于沉默者存在背信行为，其意思自治完全不予考虑。在义务违反型沉默类型中，沉默者"不说话"是其意思自治的体现。但例外情形对沉默者课以"强制说话"即说明义务，在说明义务成立这个环节上，诚实信用原则发挥根本性的作用，信赖保护原则起到强化作用。在违反说明义务产生损害赔偿责任的认定这个环节上，信赖保护原则发挥主要作用。

第五章　法律行为交往中沉默的解释模型与判断基准

第一节　法律行为交往中沉默的规范解释模型

法律内在体系的变迁，导致了外在体系亦随之发生变动。随着信赖保护和诚实信用原则的发展，法律行为交往中沉默的内在体系由意思自治、信赖保护和诚实信用原则三项原则的相互作用组成。这种相互作用力投射到外在体系上形成了一个序列性的解释模型，即“法律行为保护—积极信赖保护—积极诚信保护—消极诚信保护”四个判断框架。这四个判断框架是根据效力的来源、规范的构成、保护的强度以及产生的效果来区分。

一、“法律行为保护—积极信赖保护—积极诚信保护—消极诚信保护”规范模型的叙说

积极信赖保护和消极信赖保护最根本的区分标准是体现在效果上的不同保护强度。这一组概

念中，存在两层逻辑面向：第一个逻辑面向是指针保护力度。“积极”和“消极”这一对立表述，彰显了两者保护力度和范围的差异，积极保护是给予合同式的保护，当事人享有履行利益；消极保护是给予类合同的保护，当事人仅享有消极利益赔偿请求权。①第二个逻辑面向是指针保护对象。积极信赖保护和消极信赖保护中的“信赖”，阐明积极保护和消极保护的对象是当事人的善意信赖。也就是说，这一组的两个概念是根据所保护的力度和保护的对象两个逻辑面向组合而成，可以转换表述为对信赖给予积极的保护和对信赖给予消极的保护。但积极信赖保护和消极信赖保护这组概念掩盖了其背后效力来源的多元性和复杂性。信赖保护原则只是信赖保护中的一项法律原则，但不是唯一，有时甚至不是最重要的法律原则。

正如前章所述，意思自治、信赖保护和诚实信用三项原则共同构成法律行为交往中沉默的内在体系，三项原则适用的对象和作用的领域有所不同。根据三项原则在某项制度或者某个领域所发挥的主导性作用，区分为法律行为保护、信赖保护和诚信保护三种保护模型。法律行为保护、信赖保护和诚信保护这三个概念均勾连背后发挥支撑性作用的法律原则，通过将意思自治原则纳入法律行为保护概念，信赖保护原则纳入积极信赖保护概念，诚实信用原则纳入诚信保护概念，如此不仅具有功能意义上的界定作用，还通过与内在体系中的法律原则建立关联来表达其规范意义。如果某项制度或者某个领域，诚实信用原则的

① 缔约过失制度发现者冯·耶林早在1861年《缔约过失或者合同无效、未完成缔结时的损害赔偿》一文中就区分两种利益类型：一是积极合同利益。保持合同有效的利益或者对履行的利益，即在合同有效情况下，买受人获得其本应拥有的利益；二是消极合同利益。合同没有缔结时的利益，即如果合同订立的外在事实根本未发生时，其本应享有的利益。第一种利益以合同有效为基础，第二种利益以合同无效为基础。只有在合同有效的前提下，原告才可以要求履行合同或者主张对履行合同的利益。参见[德]鲁道夫·冯·耶林：《论缔约过失》，沈建峰译，商务印书馆2016年版，第24、25页。

功能作用居于主导性地位，则纳入诚信保护框架，对于法律行为保护和信赖保护也依照该逻辑推论演进。需要指出的是，这里信赖保护与上述的积极信赖保护和消极信赖保护概念有所不同，此处信赖保护中“信赖”指针的是信赖保护原则，彰显的是保护的效力来源而非保护的对象。诚信保护也是如此，表明效力的主要来源是诚实信用原则，即通过诚实信用原则给予保护。在此基础上，再添加保护力度的强度要素，将诚信保护区分为积极诚信保护和消极诚信保护两种模式，积极诚信保护给予合同式的保护，消极诚信保护给予类合同式的保护。于此，在法律行为交往中沉默的领域，形成了“法律行为保护—积极信赖保护—积极诚信保护—消极诚信保护”序列模型。①

对照法律行为交往中沉默的四种类型，将沉默意思表示纳入法律行为保护框架，将权利表见型沉默纳入积极信赖保护框架，背信型沉默纳入积极诚信保护框架，义务违反型沉默纳入消极诚信保护框架内予以分析和评价。由于基于诚实信用原则产生的禁止自相矛盾行为规则，产生类似于合同有效的效力，这种诚信保护的强度与积极信赖保护的强度相同，产生的法律后果与积极信赖责任亦同。此外，违反说明义务产生的缔约过失责任，虽然基础原则是诚实信用原则，但从其后果的保护强度来看为消极利益赔偿，产生法律效果是消极信赖责任。违反说明义务情形也可能由此订立不利内容的合同，产生“临时性”的积极诚信保护，倘若权利人解消积极诚信保护，则“过渡性”的保护宣告结束。虽然积极诚信保护和消极诚信保护在法律效果上与积极信赖责任、消极信赖责任趋同或者需要“转嫁”适用信赖责任的法律后果规则，但并不能因此模糊甚至混淆各自规则的主要效力来源。

---

① 这组规范解释模式仅限于法律行为交往中沉默的领域，至于能否延展至一般法律行为领域，则需要作进一步研究论证，这已经超出了本书的讨论主题，在此不再展开。

二、“法律行为保护—积极信赖保护—积极诚信保护—消极诚信保护”规范模型的层次论

沉默在法律行为交往中能否作为一项责任基础，需要经过规范模型的评判体系和判断标准的系列检验。这个判断体系是具有先后次序、循序递进、层层互补的分析框架。在每个分析体系内，以各个体系内的判断标准作为法律上的评价要点。首先，判断沉默是否构成意思表示时，纳入法律行为保护框架内加以评价。其次，在无法通过法律行为保护框架的评价后，则进一步判断沉默行为是否构成沉默意思表示表象或者代理权授予表象。在无法通过积极信赖保护框架评价的情形下，紧接着判断是否构成违反诚实信用原则的背信行为。再次，在均不符合法律行为保护、积极信赖保护、积极诚信保护的评价要点情形下，则再行判断是否构成缔约过失责任。最后，如果不构成缔约过失责任，则沉默不能成为承担法律义务的责任基础。

之所以设置这样具有先后顺序层次论的内在逻辑在于，这四种类型的层级背后体现了对意思自治不同层次的平衡。首先，意思自治原则在法律行为领域具体表现为自我决定和自我负责，这是其他法律原则的出发点，因此以基于意思自治原则构建的法律行为保护框架作为第一个评价框架。其次，以基于信赖保护原则和诚实信用原则构建的积极信赖保护、积极诚信保护和消极诚信保护三个框架作为后续的评价框架。在积极信赖保护框架内，无论当事人是否存在意思表示，其均应承担如同法律行为一样的责任，这种以信赖事实要件作为意思表示要件的替代，是对意思自治较高程度的平衡。在积极诚信保护框架内，存在两种情形：一是基于诚实信用原则，认定特定情形下沉默具有表示的效力；二是基于诚实信用原则，对沉默者违背诚信的前后自相矛盾行为予以差异化的评价，在符合诚实信用原则的前提下，认可先行行为所引致的法律关系状态，并同时基于诚实信用原则否定后发行为并消除其可能引发的效果。在此情形，如同

积极信赖保护一样，是对意思自治较高强度的平衡。在消极诚信保护框架内，沉默者因可归责于自己的沉默行为，违反了基于诚实信用原则产生的先合同义务，承担消极利益损害赔偿，与积极信赖保护和积极诚信保护相较，是对意思自治稍弱的平衡。再次，"法律行为保护—积极信赖保护—积极诚信保护—消极诚信保护"四个框架具有不同严密程度的分析评判基准。总体而言，四个框架的构成要件要求呈现由严到松的趋势，因此在对沉默的法律意义进行评判时，先行审查严格的构成要件，再审查相对弱化的构成要件，这其中涉及本节第三部分将要谈及的规范模型的补充论问题。这对于判断沉默的法教义学基础及其归类具有重要的意义，因为每个规范模型的判断标准不同，产生的法律效果也应当体现这种差异性。例如，如前所述，表示意识是沉默意思表示的定性标准，沉默人不具有表示意识，则不存在意思表示，此种情形就不属于法律行为理论的规制范畴。如果要获得如同法律行为式的保护，须诉诸积极信赖保护，在积极信赖保护的框架内进行要件构成的检视，或诉诸积极诚信保护，判断是否可以基于诚实信用原则产生具有表示的效力以及是否存在背信的行为。再如，有学者主张关于无权处分的沉默追认，如果受让人不知无权处分的事实，则不可能将权利人的沉默理解为追认，因此也不能通过法律行为理论予以处理；权利人知情后的沉默只能产生基于自相矛盾行为的信赖责任。①这种跳跃性选择适用的观点不值得赞同。上述解释框架是层层递进，理由在于基于权利表见责任具有实证法上的请求权基础，有相对稳定和明确的要件指引。而基于自相矛盾行为的信赖责任，是由诚实信用原则产生，即使实证法上有具体子类型所涉的相关规范供给，规范要件也是较为模糊，不利于法律的清晰准确适用。

① 杨代雄：《意思表示理论中的沉默与拟制》，《比较法研究》2016 年第 6 期。

三、“法律行为保护—积极信赖保护—积极诚信保护—消极诚信保护”规范模型的补充论

前面讨论的规范模型的层次论是正向顺序的逻辑关系和价值牵连，规范模型的补充论则是逆向顺序的逻辑关系和价值牵连。以法律行为保护作为基准，积极信赖保护作为法律行为保护的补充，基于积极诚信保护作为积极信赖保护的补充，消极诚信保护则是对前三种情形的补充。后三种情形组合构成一个完整的信赖保护和诚信保护体系。

（一）作为法律行为保护补充的积极信赖保护

虽然法律行为责任和信赖责任在教义学上相互独立，但并不能因此否定两者之间的关连。在法律行为交往中，信赖保护原则是伴随着自我决定和自我负责原则出现的。[①]信赖责任以特殊方式与法律行为理论建立不可分割的联系，信赖责任是私法自治的补充。[②]这种补充关系不仅体现在功能上，而且也体现在构成要件上。一方面，信赖责任是基于法律行为的自我决定和自我负责的补充。在法律行为理论无法解决信赖保护问题时，信赖责任的补充责任发挥作用。[③]例如，宣示性表示由于不包括效力规定，不是一项法律行为，而信赖责任主要适用对象是宣示性表示，因此宣示性表示可以诉诸信赖责任。在权利表见责任中，宣示性表示在功能上取代了法律行为上的拘束力。[④]另一方面，在构成要件上沉默意思表示以沉默者具有表示意识为前提，这是一种追求某种法效的意图，并非只存在某个“意识”，而在权利表见责任中，沉默者具有某个“意识”即可，在满足权利表见其他构成要件的情形下，亦可提供法律行为式的保护。同

① ［德］卡尔·拉伦茨：《法学方法论》，陈爱娥译，商务印书馆2005年版，第351页。

② Claus-Wilhelm Canaris, Die Vertrauenshaftung in deutschen Privatrecht, Beck, 1971, S. 439; Karl Larenz, Allgemeiner Teil des deutschen Bürgerlichen Rechts, München: Beck, 7. Aufl., 1989, S.634.ff.

③④ Claus-Wilhelm Canaris, Die Vertrauenshaftung in deutschen Privatrecht, Beck, 1971, S.440, 442.

时，两者之间的解消机制也有所不同，对此详见本书第七章相关论述。

（二）作为积极信赖保护补充的积极诚信保护

积极诚信保护在沉默领域主要有两种情形：一是基于禁止自相矛盾行为而产生的积极诚信保护效果；二是基于诚实信用原则沉默产生具有表示效力。对于积极诚信保护的补充功能，需要根据两类情况分别述之。在第一种情形，有时沉默具有法律效力不仅因为沉默自身，而是与沉默之后出现的事态发展诸如时间流逝等因素相关。禁止自相矛盾行为主要涉及禁止主张形式瑕疵和得权两种类型。从这两种类型可以看出，基于自相矛盾行为的信赖责任对信赖事实要求没有像权利表见责任中对权利表象要求高。作为信赖事实这一低度要件的弥补，在基于自相矛盾行为的信赖责任中仅有信赖本身是不够的，还需要加上额外的环境因素，即某种状态长期存续的过程，在此时间点起到很大的作用。从这种意义来说，基于自相矛盾行为产生的信赖责任是对权利表见责任的补充。在第二种情形基于诚实信用原则产生具有表示效力的沉默中，对沉默者之相对方的信赖要求并不及权利表见责任，但对沉默者这一侧课以更高的要求，一定程度上将溢出权利表见责任规制范畴之外的案型纳入规制领域，事实上起到了补充的功能。

（三）作为法律行为保护、积极信赖保护和积极诚信保护补充的消极诚信保护

1. 从法律行为责任到消极诚信保护

表意人须受到其意思表示中并非其所愿望内容的拘束，原因在于，只要表意人能够意识到自己行为具有某种为受领人所理解的意义，即应对这种可归责于自己的意思表示负责。但表意人可以根据意思表示错误之规则撤销意思表示，此时只需赔偿相对人的信赖损失，从而减轻对该表示应负的责任。[①]在此情形，消极诚信保护作为表意人消除法律

---

① [德]卡尔·拉伦茨：《德国民法通论》，王晓晔、邵建东、程建英、徐国建、谢怀栻译，法律出版社 2007 年版，第 886 页。

行为责任的代价，也是对相对人善意信赖的补偿，起到了补充法律行为责任的功能。

2. 从积极信赖保护、积极诚信保护到消极诚信保护

如前所述，对于交易安全形成了完整的信赖保护和诚信保护体系。积极保护和消极保护对相对人合理信赖和交易安全的保护程度有所不同，前者使一方承担如同外观实际存在时其所应当承担的责任，后者仅需赔偿相对人的消极利益。积极信赖保护和积极诚信保护对相对人的保护力度更大，沉默者所承担的法律责任也更重。由此，积极保护和消极保护构成对意思自治的不同程度限制，积极保护相对于消极保护，对意思自治领域侵入更广、损害更大，因此积极保护应更难构成。除了相对人合理信赖这个共同要件之外，较采取消极信赖保护方式的缔约过失责任等规则的构成要件更为严密。例如，在异议义务违反的情形，如果法律对某种案型已经设置了沉默具有表示效力的相应规范或者类似规范，则给予相对人积极诚信保护，除此之外则适用消极诚信保护。在不满足积极保护的严格构成要件情况下，可降低责任门槛，放低规范要件，将其行为纳入消极保护框架内予以评价。设置积极保护和消极保护的双重保护机制，从不同维度和程度为交易安全提供不同层次的法律保障。

第二节　法律行为交往中沉默的判断基准体系

法律行为交往中沉默的内在体系投射到外部，形成了四种解释模型，这是宏观的评价框架，提供了抽象的判断基准，在适用中还需要借助更加细化的标准来予以具体化和精确化。在此，借鉴卡纳里斯关于信赖责任的审查标准，构建适用于包括沉默意思表示在内的所有沉默类型的一般判断基准体系“外观事实—沉默者可归责性—相对人善意信赖”。这些判断基准相当于提供了对沉默类型的总体性评价标准，在

不同判断基准下还隐藏着关键性的识别指标，这些指标不可忽略、不可逾越，缺失了这些指标，即失去了纳入某个特定评价框架的“资格”。例如表示意识、建构性表示，即是纳入法律行为保护的关键性指标。这些判断基准和识别指标为本书第六章所讨论的各个沉默类型提供了区分要素，并据此作不同的法教义学归类。

一、一般判断基准体系

法律行为交往中沉默的内在体系意思自治、信赖保护和诚实信用原则之间存在“此消彼长”的关系，在相互比较和权衡中寻求法律价值的最佳实现。构建一般判断基准体系即是为了协调和平衡意思自治、信赖保护和诚信保护之间的关系。一般判断基准包括沉默行为所呈现的外观事实、沉默者具有可归责性和相对人的信赖三项要素。通常而言，沉默行为所呈现的外观事实在某种程度上是一个客观的存在，对于这个客观存在的形成原因以及产生持续影响的认定，需要引入沉默者与相对人的主观要素和双方对此的作用力进行综合权衡。相当于在这个外观事实的场域中，沉默者和相对人相互角力。在沉默者可归责性的层面，处理的问题是多大程度上可以将外观事实所对应的法律效果归属于沉默者，体现对沉默者意思自治的保护。在相对人信赖的层面，解决的是相对人是否值得保护以及在多大范围予以保护的问题，体现对相对人的信赖保护和诚信保护。

（一）客观要件：沉默行为所呈现的外观事实

外观事实是判定沉默法律效果归属的正当性基础，也是认定沉默法律效果的逻辑起点。在讨论沉默行为构成外观事实基础之前，首先应严格区分外观事实（Scheintatbestand）和权利外观（Rechtsschein）两个概念。①外观事实是指从外部可见、至少能够被感知的，并表征真实

---

① 卡纳里斯在德国商法教科书中使用“Scheintatbestand”一词，其实是特指适用权利表见责任的类型。为避免与本书所界定的外观事实相混淆，笔者将之还原为原有意义，译为“权利外观”。

状态的一种客观状态。而权利外观是指某一事实上不存在的权利状态在外部呈现出存在的表象。外观事实包含真实的外观（实像）和表见的外观（虚像）。两者的区分意义主要在于，在沉默意思表示的领域，外观事实可能是真实事实，也可能是虚假事实；在权利表见型沉默的领域，外观事实一般以虚假事实（权利外观）的形式呈现。

1. 沉默行为作为外观事实之可能

（1）外观事实的两种类型。外观事实分为“人工的外观事实”和“天然的外观事实”两种类型。“人工的外观事实”主要包括各种登记（比如不动产登记、商事登记、股权登记）和公告。登记作为国家公权力机关或者其他公共机构的行为具有较高的公信力，登记中记载的权利种类、范围等事项可以确定外观事实基础的作用范围。公告包括国家公权力机关对于特定登记事实的公告和真正权利人对特定事实进行公告。国家公权力机关公告的公信力程度与登记效力相差不大，权利人发布公告的公信力则低于登记的效力。[①]“天然的外观事实”包括占有、证书、意思表示以及其他行为。其中，占有作为一种对物的事实上支配力，具有很强的外界识别性，但随着简单交付、占有改定、指示交付等观念交付的发展，严重削弱了占有表征动产物权的作用力。证书是包括授权委托书、债权文书等书面证明在内的形成外观事实的重要材料。此外，人的行为或者举止均具有表征意义，亦可作为外观事实。

（2）沉默行为在外观事实的体系定位。“人工的外观事实”和“天然的外观事实”两种类型区分的意义主要在于，在探求外观事实基础时，是否需要运用（包括直接适用和类推适用）意思表示解释规则进行解读。“人工的外观事实”对外公示权利状态的真实性程度和准确率高，所呈现的事实状态清晰明确，一般而言无须适用意思表示的解释规则。“天然

① 胡苗苗：《德国民法权利外观责任构成要件研究》，中国政法大学2014年硕士学位论文。

的外观事实"远不如"人工的外观事实"所呈现的事实状态清晰可见，由此需要借助意思表示的解释规则，从行为人的直接表示或者可推断的行为来探知外观事实的意义，一方面确定外观事实是否存在，另一方面亦须明晰外观事实的射程范围。外观事实不仅可以通过明示的表示和可推断的行为产生，也可以从单纯的沉默或者容忍行为中产生。①沉默行为属于"天然的外观事实"这一类型。由于沉默行为使得外观事实处于静默且无外部清晰表征的状态，相对于其他"天然的外观事实"形态所具有的较强外在表征，沉默行为存在先天的缺陷。因此，在判断沉默行为的外观事实时，更加需要借助意思表示的解释规则来具体认定。

(3) 沉默作为外观事实的属性要求。作为外观事实的沉默应当具有一定的持续性或者稳定性，沉默的事实状态一般要持续一定期间，不能因为沉默者瞬间或短时沉默，即认定为外观事实。同时，在沉默外观事实中，沉默行为只是构成外观事实基础的一个客观要素，沉默行为和其他外观事实的相互作用，共同构成外观事实的"整体全貌"。例如，法律行为交往中参与者所使用的表示符号，在不同生活情境中可能具有完全不同的意义，需要根据沉默者的个人习惯、具体交易情境和交易习惯等可能获取的信息进行综合判断。

2. 沉默外观事实的统一判断标准

法律行为交往中的沉默具有多种类型。对于不同的沉默类型，在判定外观事实方面，是否适用统一的检验标准？

(1) 沉默意思表示的判定标准：适用意思表示解释一般规则。在沉默意思表示领域，沉默者与相对人之间处于两极化的利益关系之中。沉默者希望根据其真实的内心效果意思之内容而受到拘束，相对人则希望从自身的理解可能性出发，识别和判断沉默的表示内容。沉默何时构成意思表示，需要权衡两者利益来判定，具体判定标准和方法详见

---

① Claus-Wilhelm Canaris, Handelsrecht, 24. Aufl., München: Beck, 2006, S.91.

本书第二章。

(2) 沉默型信赖责任的判定标准:类推适用意思表示解释一般规则。在此情形,沉默者是否具有相应的意思表示无关紧要,意思表示不是必备要素。因此,在权利表见型沉默、基于诚实信用原则沉默具有表示效力等类型,无法直接适用意思表示的解释规则,但可以通过类推适用来判定外观事实存在与否以及其所传递的信息内容。①

(二) 外观事实产生的原因:沉默者具有可归责性

沉默者可归责性处理的是沉默引发外观事实的责任归属问题。沉默者对外观事实的形成或者持续具有可归责性,是沉默者承担责任的正当性基础。引发沉默外观事实的原因具有多样性,既可能是沉默者自身原因引发的,诸如沉默者故意保持沉默、在过失状态下保持沉默或者无意识地保持沉默;也可能是由相对方共同引发的,例如相对人恶意欺诈、过失欺骗或者无过错行为导致沉默者陷入错误的认识而保持沉默;还可能是第三人的原因导致沉默者保持沉默。第二种情形涉及相对人对外观事实之善意信赖因素的判断,对此在下文予以具体展开,此处仅讨论沉默者的可归责性问题。法律应当采取何种归责标准,涉及沉默者与相对人之间的风险分配问题。如果课以较低的归责标准,则责任门槛降低,体现更加侧重保护相对人的理念,相应的更多风险由沉默者来承担。相反,如果课以较高的归责标准,则责任归属要件相应提高,强化了对沉默者的保护,对相对人利益的保护随之弱化。对于归责原则主要存在三种观点:一是引发原则说。外观责任人对于外观事实的形成或者持续具有原因力,或者说外观责任人的行为与外观事实形成和持续之间具有因果关系,即应对此外观事实负责,无需考察其是否具有过错。由此观之,引发原则系诱因归责,只反映因果关系,不能提供责任基础。二是过错原则说。该说修正了引发原则的纯粹客观归责

---

① Claus-Wilhelm Canaris, Handelsrecht, 24. Aufl., München: Beck, 2006, S.91.

属性,认为外观责任人除了要有引致外观事实的行为之外,同时还要求对外观事实的形成或持续具有主观上的过错。三是风险原则说。相对过错原则而言,风险原则是更为严苛的归责原则,对行为主体的要求更高。风险原则并不像过错原则那样只是设想一个“通常的参与者”的行为要求,而是设想相应交易活动“理想的参与者”的行为要求。[①]这三种归责原则之间形成了不同层次的位阶序列。在法律行为交往中,沉默的发生场域不同,具有不同的类型形态,对于沉默者的归责标准不具有统一性,需要根据不同类型在具体情形中予以区分判断。总体而言,相较于民事交往,商事交往中沉默者的可归责性标准更低,沉默更容易构成义务责任的基础。

1. 沉默意思表示类型的归责原则

在意思表示领域,由于表意人发出了意思表示,引发了相应的外观事实,对于相对人而言,表意人更能控制意思表示引发的风险,并且从意思表示中获取了利益,表意人更应当承担意思表示被错误理解或者误判误读的风险。具体到沉默意思表示,沉默的表达意涵不清晰,更易引发误解,在某种程度上是一种较明示与默示更有风险的表达工具。既然沉默者选择了这一风险的表达工具,就应当预见可能的风险,并承担由此带来的不利后果。风险归责作为归责形式中最严厉的归责原则,至少要与潜在的典型危险行为挂钩。在此,应当区分有意识地参与法律行为交往和无意识地参与法律行为交往两种情形。对表示行为被错误理解风险的归责,以有意识参与法律行为交往为前提要件,这是一个危险源提升的典型领域。沉默者有意识地参与到法律行为交往中,即使对意思表示错误的发生不具有过错,也必须受其意思表示的拘束,因为从客观理性的第三人视角所探明的“规范性的意思”对表意人产生

① 胡苗苗:《德国民法权利外观责任构成要件研究》,中国政法大学2014年硕士学位论文。

拘束力。[①]此情形适用风险归责原则，与一般意思表示一样，沉默者对意思表示成立承担无过错责任。应当注意的是，缺乏表示意识和意思表示错误不能等同视之。对于明示和默示意思表示这两种类型，表意人在欠缺表示意识的情形，没有意识到参与了法律行为交往，缺乏适用风险原则的连接点，应当获得优于有意识地参与法律行为交往情形的保护模式。通说认为，对于无意识参与到法律行为交往中的情形应当适用过错归责原则。[②]明示和默示表示缺乏表示意识的，仅当表意人具有过错时方能构成意思表示，这也进一步提供了在此情形适用过错归责原则的强化理由。同时，适用过错归责原则也与缔约过失责任的归责要素相匹配。[③]对于沉默者无意识地参与到法律行为交往的情形，与明示和默示意思表示有别，沉默意思表示要求表意人必须具有表示意识，没有表示意识即不构成意思表示。也就是说，表示意识是判断沉默意思表示和权利表见型沉默类型的"关键性指标"。沉默者无意识地参与法律行为交往，无论其是否具有过错，均不会引发法律行为责任。在满足一定要件前提下承担积极信赖责任，在其他情形只承担消极信赖责任，适用过错归责原则。

2. 权利表见型沉默类型的归责原则

在法律行为交往中，积极信赖保护所规制的类型有多种样态，不同类型对沉默者的可归责性要求有所不同。对于容忍代理适用风险归责原则，因为沉默者已经意识到他人在以自己名义为代理行为，但并未加以制止。而在表象代理情形，则有所不同，由于沉默者并未意识到他人以自己名义无权代理，但如果尽到合理注意即能知悉并加以阻止，沉默者因过失未认识到该种情况而保持沉默，对此适用过错归责原则。在

① [德]迪特尔·梅迪库斯：《德国民法总论》，邵建东译，法律出版社2006年版，第239页。

②③ Staudinger/Singer, Vorbemerkung zu §§ 116 ff., Rn.38—39.

商事事务要约和商人确认书的情形，由于商事事务要约和商人确认书主要适用于商事主体之间，在商事交往中商事主体负有较民事主体更高的注意义务，对此适用风险归责原则。

3. 背信型沉默类型的归责原则

在基于诚实信用原则沉默具有表示效力的情形，由于涉及对沉默者沉默行为的伦理性评价，一般不以沉默者具有过错为要件。但对于其他类型，比如实施悖于诚信的自我矛盾行为一般要求主观具有过错，适用过错归责原则，在恶意利用形式瑕疵的情形，要求当事人具有主观上的故意，存在恶意欺诈的意图。在得权制度情形，权利人长期不行使权利，主观上对此是否具有过错无关紧要。

4. 义务违反型沉默类型的归责原则

根据我国《民法典》第500条关于缔约过失责任的一般规定，“隐瞒与订立合同有关的重要事实”以主观上故意为前提。从文义上看，违反说明义务的主观要件限定于故意。但同时该条设置了兜底条款“其他违背诚信原则的行为”，并未将兜底情形的主观要件限定故意。依该条的条文设置，故意违反说明义务只是缔约过失责任的列举性示例，是具有情景式特征的个别规则。而过失违反说明义务类型是“其他违背诚实信用原则的行为”之一种，立法并未排除过失违反说明义务适用缔约过失责任的空间，此种情形仍可以适用该条的兜底条款。因此，违反义务型沉默应适用包括过失在内的过错归责原则。由此，通过立法上“示例性规定（故意情形）+兜底性规定（过失情形）”，建立起违反说明义务的规范关联，形成完整的规范体系。①

（三）对外观事实基础的信赖：相对人的善意

交易相对人的善意信赖是指相对人不知道外观事实与真实权利状态不符，并因相信外观事实所表征的权利状态而为一定法律行为。私

① 对此详细讨论，参见本书第七章第二节相关内容。

法不保护毫无依据或者依据不足的轻信和盲信，其信赖必须是合理的信赖，具有外在化的信赖。在无瑕疵的沉默意思表示类型中，表意人对其发出的沉默意思表示承担法律行为责任，产生拘束力是融合了自我决定和自我负责两个要素之意思自治原则作用的结果，与信赖保护原则无关。在此种情形无需要求相对人具有善意，因为外观事实传递的就是真实事实本身。对于沉默的其他类型，则要求相对人具有相应的善意且进行信赖投入等构成要件。

1. 相对人须为善意

对于相对人这一侧而言，首要满足的就是善意。善意是相对人信赖的主观正当性来源。如果相对人识破了外观事实的漏洞，或者知悉外观事实与真实状态不符，则不具备信赖的基础，不应给予信赖保护和诚信保护。对于不同的沉默类型，善意的要求也有所不同。(1)有瑕疵的沉默意思表示。在通常情况下，相对人没有必要关注表意人是否存在意思表示瑕疵，不知道表意人的意思表示存在瑕疵并不是过失行为。但如果相对人知悉客观表示背离了沉默者的真实意思，则相对人无保护的必要。相对人虽然不是明知客观表示与表意人的意思相悖，但相对人对此情况应当知悉的，同样也不值得保护。应当知悉是指表意人的意思表示错误如此明显，以至于相对人至少应当对此提出反问。①在此情形，相对人具有查明表意人真实意思表示的调查义务，但调查义务以相对人能够掌握和了解到的解释意思表示相关资料为限，不能对相对人课以过高的调查义务。(2)权利表见型沉默。在表见代理情形，善意是指合理地相信代理权的外观与真实情况一致，信赖代理人具有相应的代理权。与沉默意思表示的二人关系不同，表见代理情形存在三人关系，由于多了代理人这一第三人介入法律行为交往中，增加了一道

① [德]迪特尔·梅迪库斯：《德国民法总论》，邵建东译，法律出版社2006年版，第591页。

交易风险的环节，原则上相对人负有相对严格的审查义务，需要根据特定情况对代理权外观事实的真实性作必要的调查。如果相对人由于未尽到交往中必要的注意而对沉默者容忍代理的行为毫不怀疑、不作事后调查，特别是忽略了向所谓的被代理人进行询问，则相对人就不能信赖该表象。①(3)背信型沉默。相对人善意地信赖沉默者的沉默状态所引发的外观事实，例如在自相矛盾行为的类型中，相对人善意地信赖行为人继续保持先前行为的状态，不会作出前后自相矛盾的行为。(4)义务违反型沉默。相对人善意地信赖义务人能够如实告知对合同订立具有重大影响的相关事项或者及时对相关事项提出异议。

2. 相对人知悉外观事实且进行信赖投入

首先，相对人在参与法律行为交往时，须知悉外观事实的存在，否则相对人的信赖是轻率和盲目的，不值得法律上的保护。具体到意思表示领域，相对人在交易时应当知晓对方的意思表示。②其次，相对人单纯主观上的信赖不值得保护，必须通过一定的行为将信赖予以客观化，成为信赖人行为的基础时才有保护之必要。此种行为即信赖投资或者信赖处分。信赖处分应当是法律行为，因为信赖所保护的是交易上的安全，信赖如果不发生在交易当中，则法律无保护的必要。③此外，还要求信赖与信赖投资和信赖处分之间具有因果关系，即相对人是基于对外观事实的信赖而作出相应的信赖投资或者信赖处分，信赖投资和信赖处分作为信赖损害的法律事实。如果不是基于信赖而作出处分或者投资，则缺乏因果关系，不得主张信赖保护和诚信保护。④

---

① [德]海因·克茨：《德国合同法》(第2版)，叶玮昱、张焕然译，中国人民大学出版社2022年版，第134页。

② Claus-Wilhelm Canaris, Die Vertrauenshaftung in deutschen Privatrecht, Beck, 1971, S.507.ff.

③ Claus-Wilhelm Canaris, Die Vertrauenshaftung in deutschen Privatrecht, Beck, 1971, S.510.ff.

④ Claus-Wilhelm Canaris, Die Vertrauenshaftung in deutschen Privatrecht, Beck, 1971, S.514.ff.

二、判断基准之间的动态权衡与相互作用

在法律行为交往中，一般判断基准"外观事实—沉默者可归责性—相对人善意信赖"这三种要素形成了判断沉默是否作为责任基础的动态分析框架。沉默具有多种类型，不同类型的适用模式也有所区别。有些类型根据固定事实构成的要素强度组合，形成"要件—效力"适用模式。①有些类型根据动态事实构成的要素数量和强度共同作用，即各个构成要素"所占比重"及"实现程度"，形成"要素—效力"适用模式。②这三个要素之间既有相互协动的作用，也有相互抵消的作用。就协动作用而言，对于外观事实与可归责性的判断主要在沉默者这一侧，两个判断要素的协动方向是一致的，处于同方向运动，具有相互补强的作用。而外观事实、沉默者可归责性这两个要素和相对人善意信赖要素之间呈反方向运动，具有相互抵消的效力。

1. 外观事实与相对人善意信赖之间的关系

外观事实表征的强度并非一成不变，而是根据具体场景呈现流动性状态，需要结合具体的交易背景、外观事实类型等因素综合考量，并随着沉默者的归责程度与相对人的信赖合理性程度的不同而产生强弱的变化。首先，外观事实的不同表现形式对相对人的善意要求有所不同。其次，外观存续时间对相对人的善意判断产生影响。通常而言，外观事实存续时间越长，怀疑外观事实不真实的可能性就越小，相对人的审查义务也就越低。例如在容忍代理和表象代理中，无权代理人长期以被代理人名义为法律行为，则对相对人的善意要求相对于无权代理

---

① 卡纳里斯认为在法律行为责任、权利表见责任和缔约过失责任领域不适用动态体系论，其法律后果来自固定事实构成各个标准的不同权重组合，而不是构成要素数量和强度的动态式相互作用。参见[德]克劳斯-威廉·卡纳里斯：《动态体系与法律行为交往中的信赖保护》，刘凯丽译，《南大法学》2023年第5期。

② 在禁止矛盾行为与得权领域适用动态体系论，由于问题的复杂性和相关评价标准的模糊性，无法适用固定的事实构成。参见[德]克劳斯-威廉·卡纳里斯：《动态体系与法律行为交往中的信赖保护》，刘凯丽译，《南大法学》2023年第5期。

人短期行为较弱。再者，多个外观事实之间关联性也对相对人的善意判断有所影响。多个外观事实相互关联、相互印证使得对外观事实的信赖具有较高的合理性，相反如果外观事实模糊且各外观事实之间存在矛盾，则应对此产生合理怀疑并进行审查。①

2. 外观事实与沉默者可归责性之间的关系

外观事实的强弱程度同样影响沉默者的可归责性判断。外观事实越强，对沉默者可归责性要求就越低。反之，沉默者可归责性越强，则对外观事实的要求就相对低些。在容忍代理情形，只要被代理人有一次容忍行为即可构成容忍代理。而在表象代理中，一般要求无权代理人在一定时期内反复以被代理人名义为法律行为。之所以作如此区分，主要是因为在容忍代理和表象代理中被代理人的可归责性强弱有所差异，在前种情形被代理人对代理人的代理行为知情，而在后种情形对此并不知情，因此对外观事实的要求也有所区别。

3. 沉默者可归责性与相对人善意信赖之间的关系

沉默者可归责性与相对人善意信赖之间在一定程度上处于相互对峙的状态，是双方利益何者更应受到保护的比较权衡基础。这种比较既是一种沉默者的过错程度与相对人的信赖合理性的权衡，也是一种外观事实引发的风险分配的权衡。通常而言，沉默者对外观事实基础的形成和持续具有较大的可归责性，则对相对人善意程度的要求就相对低些。沉默者对外观事实基础的形成和持续可归责性较小，则对相对人的善意要求就相对更高。②这种"拉扯"关系在恶意主张形式瑕疵的案型中体现得较为明显，如果沉默者从一开始即恶意促进形式瑕疵或者打算利用形式瑕疵，则相对人信赖要求就不需要很高；如果相对人投入巨大的信赖，则对沉默者的可归责性要求可以弱化。

---

①② 胡苗苗：《德国民法权利外观责任构成要件研究》，中国政法大学 2014 年硕士学位论文。

第六章　法律行为交往中沉默的类型谱系与规范构造

在考察法律行为交往中沉默规则的一般基本原则和具体判断要件的光谱两极之后，需要借助类型思维和方法，对沉默案型进行中间层的类型化构造。① 类型具有以下特征：一是开放性。类型具有弹性的特征结构，描述类型的特征要素可以有不同组合，特征要素不需要全部存在，它们以不同数量和强度组合形成不同的类型形态，通常具有梯度化的差异。类型区分不是固定的，不同类型之间存在连续性和流动性。②

① 在法学方法论中最具特色的"精细构造"，即介入法律体系金字塔顶端的抽象基本原则和金字塔底部的极为详细和具体的个案规则之间的中间层"精细体系"，主要表现为类型构造。参见[德]罗尔夫·施蒂尔纳：《方法论之争对于法律发展的意义》，孙文译，《中德法学论坛》2018 年第 15 辑；[德]罗尔夫·施蒂尔纳：《现代民法与法教义学的意义》，陈大创译，《北航法律评论》2015 年第 1 辑。

② Leenen, Typus und Rechtsfindung, Berlin, 1971. S.34ff; [德]卡尔·拉伦茨：《法学方法论》(第 6 版)，黄家镇译，商务印书馆 2020 年版，第 284 页。

二是意义性。类型是基于一定意义和价值判断，将不同类型进行组合，形成以意义为支撑的类型序列。①三是整体性。类型形成不在于所有个别特征要素的满足，而是取决于不同数量和强度的典型要素特征组合形成的整体形象。②四是直观性。类型可以被直观把握，某种类型中足以区分于其他类型的特征能够被识别，从而彰显该类型的特性。③沉默类型具有上述四个特点，例如沉默类型也具有开放性，通过不同要素组合形成不同类型结构；直观性也体现得较为明显，意思表示型沉默和权利表见型沉默之间有着清晰界限，如沉默者不具有表示意识，无法构成意思表示，但可能构成意思表示之表象。

从法律行为交往中沉默的外在体系上看，关于沉默的规则虽然散落于民商立法各角落，通过对司法判例和学说的梳理，在把握沉默之整体图像的基础上，提取法律评价上具有重要意义的要素，发现法律行为交往中沉默存在四种类型，分别为意思表示型沉默、权利表见型沉默、背信型沉默以及义务违反型沉默。这四个类型构成一个"类型序列"，形成逐次递进的梯度关系。建构沉默"类型序列"的价值在于，透过各个沉默类型在此序列的位置，观察每个类型的特色及与其他类型的共通之处，使得沉默类型间的异同之处以及彼此转换流动的现象更加明晰。本部分在借鉴现有学理研究的基础上，以类型思维和方法为工具，结合我国实证法和司法实践，根据上章所提出的不同类型之间具有法律评价上重要意义的要素，全面把握沉默的类型序列，考察沉默的具体类型构成、类型关系以及规范适用。值得注意的是，正如前所述将沉默评价为具有法律意义的理论框架有法律行为保护、积极信赖保护、积极诚信保护和消极

① Leenen, Typus und Rechtsfindung, Berlin, 1971. S.42ff.

② Leenen, Typus und Rechtsfindung, Berlin, 1971. S.46ff;[德]卡尔·拉伦茨:《法学方法论》(第6版),黄家镇译,商务印书馆2020年版,第285页。

③ Leenen, Typus und Rechtsfindung, Berlin, 1971. S.47ff;[德]卡尔·拉伦茨:《法学方法论》(第6版),黄家镇译,商务印书馆2020年版,第579页。

诚信保护，关于沉默类型的法律性质和适用界限的问题，或多或少都遭遇如何在四个评价框架内进行抉择的问题，呈现出边界流动的特质。

第一节　法律行为保护框架：意思表示型沉默

在法律行为交往中最主要的沉默类型，同时也是作为问题讨论起点的是作为意思表示的沉默。沉默意思表示与一般意思表示相比，既有共性，也有特性。一方面，沉默意思表示归属于一般意思表示，受一般意思表示规范框架的制度约束。另一方面，沉默行为具有自身特性，一般意思表示理论对此并未予以关照，由此沉默意思表示在某种程度上修正了一般意思表示规则，形成自身特殊规则。

一、沉默意思表示规则的发展简史

沉默的法律意义早在罗马法时期就已经备受争议。[①]当时，关于沉默的法律意义主要涉及的不是合同订立的问题，而是有关诉讼的问题。保罗(Paulus)认为，在诉讼中被告对原告的主张予以沉默，不应视为承认。[②]西塞罗(Cicero)对此持反对意见。在合同领域，古典法学家已经承认了在一些情形下的默示缔约。乌尔比安认为承租人在租赁关系到期后继续使用租赁物，原租金义务继续计算。到了中世纪的教会法，沉默规则发生改变。教会法赋予了沉默更积极的意义，沉默被视为同意。后来，教会法对该规则加以限制，仅在提出异议是可期待之义务的情形下，沉默才视为同意。此外，与罗马法相比，教会法相较于表示的形成，更加注重内在的意思。[③]在旧德国法中存在不同处理沉默的路径。有

① Historisch-kritischer Kommentar zum BGB，§145—156，Rn.33.

② D.15，17，142：Qui tacet non utique fatetur，sed tamen verum est eum non negare. 保持沉默者，当然没有承认，但无疑也并未否认。

③ Andreas Wacke，Keine Antwort ist auch eine Antwort. Qui tacet，consentire videtur，ubi loqui potuti ac debuit，JA 1982，184.

时把沉默视为同意，但在法庭上对某个问题不作回答通常等同于拒绝。普芬道夫据此试图作出区分，以是否能够通过异议阻却或者撤销因沉默产生的法律效果为判断依据，如果属于该种情形，则未提出异议视为默示之同意。在19世纪普通法中，若沉默者因过失违背诚信之交易习惯，则将沉默视作对要约的承诺。在商事交往中，对于沉默的处理存在特殊的规则需求。在17世纪，沃尔夫冈·亚当·劳特巴赫(Wolfgang Adam Lauterbach)认为，收到信件的商人，如果没有对信件的内容提出异议，则视为同意订立合同。吕贝克高等法院则在更宽泛的范围坚持这个观点，在1823年判决中认为在对书面合同要约保持沉默的情形中可能存在承诺之意思表示。古斯塔夫·弗里德里希·费伯(Gustav Friedrich Faber)在1829年博士论文中对于这一认定方式进行普遍化处理，认为存在这样的一般化商事习惯，即对书面要约不作回答视为默示之沉默。海因里希·特尔(Heinrich Thöl)在1841年出版的商法专著中认为，原则上法律交往中的沉默属于中性行为，仅在例外情形可以评价为同意。在司法实践中，这种特殊类型的领域被逐步扩大化。帝国高等商事法院在1870年确立了如下规则，在商事交往中不作回复将违反诚实信用原则时，则存在应当立即回复要约的法律义务。帝国高等商事法院在此没有明确区分对一般合同要约的沉默和对商人确认书的沉默，也未明确对要约沉默的承诺解释仅适用于商人之间还是适用于一般民事主体之间。《德意志普通商法典》(ADHGB)第323条通过法律拟制的方式，将商人交往的沉默视为对订单的同意。该条实质规则在1897年后作为《德国商法典》第362条保留下来。

《德国民法典第一草案》第72条规定“对意思表示可以明示或者默示的方式作出”。格布哈特(Gebhard)的《前草案》第90条规定“除特别规定外，意思表示可以通过语言或者直接包含该语言的信号明确作出，也可以通过那些据其可以确切推断出意思表示的默示行为作出”。第二起草委员会认为，第一草案中所包含的规定，“除具有启发意义外，根本没有存在的必要，因为草案所规定的许多例外都违反该规定”。[①]《德国民法典》对于法律交往中沉默的意义并未设置一般性规定。这种放弃明确的规定是立法者有意识的决定，因为其有意地放弃采用《德意志普通商法典》第323条的立法模式。从这点来看，商法和一般民法的区别被明确强调。没有承诺意思的沉默没有合同的拘束力，这个民事领域制定法的立场是清晰明确的。《德国民法典》颁布后，关于单纯的沉默不产生合同拘束力的这一立场就备受质疑，并不断被学者和判例所突破。例如，在对商人确认书沉默的情形，《德意志普通商法典》第323条规定了商人之间在商事交往中沉默的法定规则，但在《德国民法典》颁布后被《德国商法典》所替代，关于商事行为成立这一章节完全被删除。因此，对商人确认书的沉默缺乏法定规则。学者把这个此前纯属商法的问题逐渐引入民法典中，或者在《德国民法典》第146条和第147条中加以规制，或者作为《德国民法典》第151条的特例。与这种将商人确认书置于一般合同订立规则中规制模式相伴随的是，司法实践将商人确认书在适用主体上即人的适用范围上不断扩大。在一系列的判例中，均认可对商人确认书沉默不仅在商人之间可产生合同订立的后果，在具体个案中在非商人之间亦可产生相同的效果。赫曼·克劳泽在1933年出版的《法律交往中的沉默》一书将这种现象描述为“逐渐蔓延至民法”。学说也广泛地追随着判例确立的这种规则，逐步扩大将沉默视为同意规则的适用领域。[②]比如判例认为，如果双方已进入磋商阶段并且已就全部的实质内容达成合意，而一方基于磋商的结果向另一方发出要约，对方的沉默被视为接受要约。[③]特别是在判例中广为流传的观点，若依诚实信用原则受要约人须明确地提出异议，即可期待

① [德]维尔纳·弗卢梅：《法律行为论》，迟颖译，法律出版社2013年版，第72页。

② Historisch-kritischer Kommentar zum BGB，§145—156，Rn.35.

③ [德]海因·克茨：《德国合同法》（第2版），叶玮昱、张焕然译，中国人民大学出版社2022年版，第35、36页。

受要约人若不同意应明确表达拒绝的意思，则沉默被视为对要约的承诺。①这些司法裁判所确立的规则得到了学说上的支持。在学说与司法的共同作用下，“沉默视为同意”规则呈现扩大适用的发展趋势。

二、沉默意思表示的教义学构造

沉默在何种例外情形下具有意思表示效力，在法教义学上有不同的构造模式。本书将具有表示效力的沉默分为约定之沉默、法定之沉默和基于诚实信用原则沉默产生表示效力三种类型。由于第三种类型属于积极诚信保护框架的规制范围，故在本章第三节中予以讨论。在具体探讨具有表示效力的沉默类型之前，有必要先行讨论沉默意思表示成立和生效的一般规则。

（一）沉默意思表示成立和生效的规范构造

沉默意思表示成立和生效原则上适用一般意思表示的成立生效规则，但因沉默有别于明示和默示，使得沉默意思表示有其自身独特的规则。关于沉默意思表示成立生效的规则，可以转换为在多大程度上偏离一般规则模型的问题。

1. 沉默意思表示的成立规则

沉默意思表示成立即沉默意思表示事实上存在，须符合意思表示的构成要件。在主观内在意思层面，与明示、默示意思表示不同，表示意识是沉默意思表示的必备要素，沉默者须具有参与法律行为交往并受法律拘束之意思。表意人缺乏表示意识，则无意思表示。正如司法裁判正确指出，沉默者仅对某一事项知情，并不等同于具有同意之意思。②

---

① Claus-Wilhelm Canaris, Schweigen im Rechtsverkehr als Verpflichtungsgrund, in: FS Wilburg, 1975, S.82.

② 在湖南蓝猫动漫传媒有限公司、三辰卡通集团有限公司物权保护纠纷二审民事案中，法院认为“三辰公司对星梦学校使用案涉房屋是知情的。然而，三辰公司对蓝猫公司将案涉房屋交给星梦学校使用这一事实知情沉默并不等于三辰公司以默认方式同意蓝猫公司将案涉房屋交给星梦学校使用，只有在有法律规定、当事人约定或者符合当事人之间的交易习惯时，三辰公司的沉默才可以视为默认许可同意。蓝猫公司上诉提出使用诉争房屋系三辰公司同意，三辰公司对蓝猫公司将房屋出租给星梦学校是明知的这一上诉理由不能成立”。参见湖南省高级人民法院(2018)湘民终263号二审民事判决书。

在客观外在行为层面，站在客观理性的第三人角度看，沉默者的沉默行为是自觉自愿地将具有法律拘束的意思对外表达。此时，沉默意思表示完成，意思表示即告成立。与之相区别的是意思表示发出。意思表示发出是表意人将其意思表示终局性地对外传达，①已经朝向意思表示相对人的方向传输。而意思表示的完成，虽然此时意思表示已经作成，但表意人还非终局性将意思表示对外传达，尚未进入对外传输的渠道。意思表示发出是意思表示生效的组成部分，意思表示完成属于意思表示成立的范畴，两者应当严格区分。

2. 沉默意思表示的生效规则以及与意思实现的区别

意思表示生效规则，根据意思是否须为受领而有所不同。无须受领的意思表示在意思表示发出时即生效，须受领的意思表示于意思表示发出和到达之后生效，也即意思表示生效需要经过发出和到达两个阶段。法律行为交往中，构成义务责任基础的沉默意思表示是须受领的意思表示，应适用须受领的意思表示一般规则。但同时沉默行为又具有特殊性，因此产生沉默意思表示生效规则应在何种程度上偏离一般规则方为妥当的问题。

意思表示的生效以发出为前提，意思表示发出是指完成一切使意思表示生效所必须的行为，正如前所述，此时意思表示已经不是临时性、尚待考虑的意思表示草稿，而是终局性、离开表意人前往受领人方向传输。无须受领的意思表示，表意人将其意思以可识别的方式终局地向外传达时，便已经发出。在须受领的意思表示类型中，意思发出不仅要求表意人完成表示行为，而且必须朝向受领人的方向发出。②对此，须区分在场的意思表示和不在场的意思表示。首先，在受领人在场的情形，书面的意思表示，于其可供受领人支配之时即为发出；口头的

---

① ［德］赫尔穆特・科勒：《德国民法总论》，刘洋译，北京大学出版社2022年版，第85页。

② ［德］迪特尔・梅迪库斯：《德国民法总论》，邵建东译，法律出版社2006年版，第205页。

意思表示，当受领人客观上处于能够对意思表示加以理解的状态之时即为发出；①关于沉默表示，沉默者向意思表示相对人保持沉默之时，即完成发出的行为。其次，在受领人不在场的情形，对于书面的意思表示，当书面文件基于表意人的意志进入法律交易，即为发出；口头的意思表示，当意思表示的传达使者被派出之时，即为发出。②在沉默情形，沉默处于受领人客观上能够对沉默行为加以理解之时发出。

关于沉默意思表示生效，在场的意思表示情形，相对人了解沉默者沉默行为之时，沉默表示生效。在非在场的意思表示情形，有形的意思表示的生效规则采取到达主义，即进入受领人的控制领域，并在通常情况下可期待受领人能够知悉意思表示内容。③到达主义采取了双重标准，一是进入空间维度的支配领域，二是在时间维度的知悉可能性。有疑问的是，沉默意思表示是否适用关于到达的一般规则？能否适用意思实现的相关规则，摒弃沉默意思表示到达的要求？回答这个问题之前，首先应明确沉默意思表示与意思实现的异同。《民法典》第 480 条规定“承诺应当以通知的方式作出；但是，根据交易习惯或者要约表明可以通过行为作出承诺的除外”。第 484 条第 1 款规定“以通知方式作出的承诺，生效的时间适用本法第 137 条的规定”；第 2 款规定“承诺不需要通知的，根据交易习惯或者要约的要求作出承诺的行为时生效”。可以说，意思实现是意思表示“发出—到达”标准缔约模型的变异模式。意思实现是特殊意思表示，属于无须受领的意思表示，是承诺须经受领原则的例外情形，于承诺之事实完成时，合同即成立，无需等待承诺通知到达要约人。④意思实现放弃的是承诺表示的到达，而不是承诺表示

①② [德]赫尔穆特·科勒：《德国民法总论》，刘洋译，北京大学出版社 2022 年版，第 85 页。

③ [德]迪特尔·梅迪库斯：《德国民法总论》，邵建东译，法律出版社 2006 年版，第 210 页。

④ 韩世远：《合同法总论》(第 3 版)，法律出版社 2011 年版，第 109 页；韩世远：《默示的承诺与意思实现》，《法律科学》2003 年第 1 期。

本身，意思实现以履行行为、占有或者使用行为等积极行为方式推断出受领人的承诺意思。之所以无需到达，因为以意思实现方式订立合同有严格的限制范围，须是依据交易习惯不可期待向要约人发出承诺表示，或者要约人事先声明无需承诺。①到达就是为了让对方知道，意思实现不需要对方知道。这种到达要求的例外，加速了合同的成立，合同可能在要约人不知情的情况下被缔结。要约人根据意思实现情形，由于不能及时获知合同是否成立以及何时成立，已经处于不佳的境地。在沉默意思表示的情形，由于与意思实现的承诺行为相比，没有明显被外界所识别的行为，要约人相较于意思实现处于更加不佳的境地，如果再通过类推适用意思实现的规则，取消沉默表示到达要约人的要件要求，则要约人的处境无疑进一步恶化。因此，在沉默型承诺的情形，仍需完成到达的法定流程。但由于沉默不具有载体性且为无形的特性，在物理上无法进入受领人的控制领域，故摒弃到达主义的第一个空间维度的标准，但保留第二个时间维度的标准，即在沉默作出之后的合理期间内，可期待受领人能够知悉沉默行为之时，沉默表示即告生效。

需要指出的是，在意思实现的框架内，沉默不具有任何意义。②因为在意思实现是以积极行为为前提，纯粹的不作为在意思实现框架下不产生承诺的效力。③我国有学者主张，意思实现的行为原则上是作为，在例外情况可以是不作为，理由是《民法典》第 480 条和第 484 条规定意思实现以行为作出承诺，这里的行为既包括作为，也包括不作为。④作如此解释的主要原因在于，通过修正意思实现理论，开放意思实现的规范空间，以应对根据《民法典》第 140 条沉默意思表示在某些特定情形因存在解释障碍而无法适用的案型，从而满足一定实践规范

① [德]迪特尔·梅迪库斯：《德国民法总论》，邵建东译，法律出版社 2006 年版，第 281 页。
② Schwerdtner, Schweigen im Rechtsverkehr, Jura 1988, S.444.
③ Kramer, Schweigen als Annahme eines Antrags, Jura 1984, S.248.
④ 杨代雄：《法律行为论》，北京大学出版社 2021 年版，第 170 页。

需求。对此,首先需要明确沉默意思表示与意思实现两者适用的前提要件和范围。根据《民法典》第 480 条,意思实现只适用于根据交易习惯和要约人自己要求承诺无须到达这两种情形。而依照《民法典》第 140 条,沉默意思表示在有法律规定、当事人约定和符合当事人交易习惯才可以构成。从表面上,沉默意思表示适用范围大于意思实现,但事实上恰恰相反。其一,意思实现第一个适用情形是根据交易习惯,此处交易习惯是一般意义上交易习惯,而第 140 条规定的是限定于当事人主体之间的交易习惯。虽然可以通过意思表示解释规则,将第 140 条规定的当事人之间交易习惯适当拓展到一般交易习惯,但还是存在根本差别。其二,意思实现第二个适用情形是根据要约要求,此处只是要约人单方之意思表示,而第 140 条要求双方约定,单方约定沉默视为意思表示不具有法律效力。其三,虽然沉默意思表示还有第三个适用情形即法律规定,但符合条件的规范数量极其有限。从这三个方面的比较来看,意思实现适用范围大于沉默意思表示。如果将《民法典》第 480 条规定的行为扩大解释包括沉默,则相当于将第 140 条"有法律规定"增加了第 480 条意思实现之情形,亦即将第 480 条具有一定开放性条款纳入"有法律规定"的范围,而不是其他诸如试用买卖、租赁合同到期之后等具有情景式特征的个别规则。如此,好比在第 140 条封闭的规范体系中通过第 480 条开了"一道口子",引导大量案型"涌入其中",导致沉默意思表示适用泛化。这种解释模式有悖于沉默具有法律意义的例外属性。

(二) 基于约定产生沉默意思表示的教义学分析

通常而言,沉默既不表示同意,也不表示拒绝。沉默者选择沉默,不作法律行为的表示,是意思自治核心要素中消极自由的体现。[①]但在例外情形,沉默具有表示价值,沉默可以和说话一样作为表示的工具。

---

① Münchkomm/Kramer, Vorbemerkung zu §§ 116.ff, Rn.11.

当事人可以事先约定，要约受领人的沉默作为同意的表示符号。约定沉默具有承诺的意义，这与单方强制沉默视为同意的情形不同，并未违反意思自治原则，因为沉默的表示意义是建立在双方共同的意思基础上。①此时，沉默满足了意思表示的构成要件，是真正的意思表示。②在这种情形下，约定情形的沉默不是可推断的表示，而是明示的表示。③沉默意思表示与一般意思表示一样，既可以附条件，也可以附期限。在我国审判实践中，亦有认可约定沉默具有表示意义的司法裁判。例如，在沈阳国际汽车城开发有限公司与抚顺中通建设有限公司建设工程施工合同纠纷中，法院认为“双方在合同中约定，汽车城公司审核竣工结算文件的期限为 45 天，如汽车城公司在约定 45 天期限内不予答复，视为汽车城公司认可中通公司提交的结算文件资料和工程结算总值。法院查明，中通公司向汽车城公司提交了结算报告，汽车城公司未在协议约定的期限内对该结算提出异议。根据《建设工程施工合同司法解释》第 20 条之规定，应视为发包方认可了承包方提交的结算报告中的工程总造价。因发包方在双方约定的审核和异议期间沉默，法院认定发包方认可了承包方出具的结算报告”。④此外，审判实践对当事人约定沉默具有意思表示效力进行了扩大解释，认为业主大会议事规则规定“未投票视为同意已表决的多数意见”亦属于约定的沉默意思表示。比如，中海发展有限公司与上海黄浦区海悦花园业主大会等业主撤销权纠纷案中，法院认为“《民法典》第 278 条第 2 款所规定的‘业主参与表决’，其表现形式不局限于业主实际投出业主大会表决票。

---

① Detlef Leenen, BGB Allgemeiner Teil: Rechtsgeschäftslehre, 2011, S.126.

② Palandt/Ellenberger, Vorbemerkung zu §§ 116.ff, Rn.7.

③ Soergel/Hefermehl, Vorbemerkung zu §§ 116.ff, Rn.32.

④ 沈阳国际汽车城开发有限公司、抚顺中通建设（集团）有限公司建筑安装分公司建设工程施工合同纠纷再审审查与审判监督民事裁定书，最高人民法院（2018）最高法民申 549 号。

业主可通过业主大会议事规则等约定参与表决的形式以及表决票的计票规则。若业主约定‘表决票送达即视为参与’‘未投票即视为同意已表决的多数意见’，应尊重业主自治，认可该约定内容的效力。但采用前述约定方式召开业主大会的，应有效送达表决票，并采取有效措施告知业主召开业主大会的议题，提示未投票的法律后果，以充分保障业主的知情权与参与权。另一方面，《民法典》并未就业主如何表决同意作出规定，且依据《民法典》第140条，沉默只有在有法律规定、当事人约定或者符合当事人之间的交易习惯时，才可以视为意思表示。虽然在本次业主大会的决议过程中，部分业主因未提交表决票，而未能明确表达其意见，但在《议事规则》已对此情形有明确约定的情况下，可视为该部分业主以其约定的方式行使表决权。本案中，业委会所送达的表决票，大部分由业主直接签收，且在相关的通知、表决票、公告中，多次用加粗等特殊字体的方式进行提示，已穷尽送达、告知手段，并有居民委员会到场进行监督，已充分保障业主知情权、参与权，故案涉业主大会会议的表决过程、表决结果，难以认定违反法律规定”。①

与当事人之间的约定情形不同，任何人都不能单方面地设置“沉默视为对要约的承诺”的表示强制，②不能将沉默作为表示信号强加于他人。③因为没有人可以单方给他人的沉默赋予一种所期望的法律意义并且由此将不作出表示的后果强加于他人。例如，要约人在要约中声称，如果表示受领人对要约保持沉默将被视为承诺，即便如此，对于合同要约的沉默既不表示对要约的承诺，也不意味着拒绝。④我国司法实

---

① 中海发展(上海)有限公司诉上海市黄浦区海悦花园业主大会等业主撤销权纠纷案民事判决书，上海市第二中级人民法院(2022)沪02民初16号。

② Detlef Leenen, BGB Allgemeiner Teil：Rechtsgeschäftslehre, 2011, S.124；Münchkomm/Busche, §147, Rn.6.

③ [德]维尔纳·弗卢梅：《法律行为论》，迟颖译，法律出版社2013年版，第73页；[德]迪特尔·梅迪库斯：《德国民法总论》，邵建东译，法律出版社2006年版，第260页。

④ [德]本德·吕特斯、[德]阿斯特丽德·施塔德勒：《德国民法总论》(第18版)，于馨淼、张姝译，法律出版社2017年版，第167页。

践中也时常出现当事人单方赋予另一方当事人承诺之义务，法院均不予支持。例如，最高人民法院在陈某寿、汲某权等与张某树、蒋某梅其他合同纠纷二审民事判决书中指出，“万通公司向陈某寿、汲某权发出要求退还多收取租金的通知中关于‘请三天之内予以答复，否则视为同意，仅是要约，而非合同。张某树、蒋某梅既不是要约人，也无权将默示同意义务强行加诸陈某寿、汲某权。张某树、蒋某梅关于‘陈某寿、汲某权并未答复，其默示行为表明对张某树、蒋某梅抵扣多收取租金事实的认可’的抗辩理由与法律不符，本院不予支持”。①山东省威海市中级人民法院在威海南洋电子有限公司与乳源东阳光磁性材料有限公司买卖合同纠纷中，认为“涉案采购单系南洋公司单方向东阳光公司发送，在东阳光公司未明确表明接受该采购单约束，且双方对违约责任承担未形成交易习惯的情况下，南洋公司基于采购单中载明的‘请务必于 24 小时内签回本公司，否则视为默认’要求东阳光公司按该采购单约定承担违约责任，于法无据”。②

（三）基于法律规定沉默具有表示效力的教义学分析

法律拟制是指有意地将一个事实构成与另一个不同事实构成等同对待。③如果法律想把针对情形 A 的特定法律后果扩展适用到情形 B，则可以规定将“B 视为 A”。拟制的本质是法律效果援引的一种特殊形式，即让并不完全一致的事实构成发生相同的法律效果。④采取拟制这

---

① 陈某寿、汲某权等与张某树、蒋某梅其他合同纠纷二审民事判决书，最高人民法院(2014)民二终字第 105 号。

② 威海南洋电子有限公司与乳源东阳光磁性材料有限公司买卖合同纠纷民事二审民事判决书，山东省威海市中级人民法院(2023)鲁 10 民终 30 号。

③ [德]卡尔·拉伦茨：《法学方法论》(第 6 版)，黄家镇译，商务印书馆 2020 年版，第 335 页；[德]赫尔穆特·科勒：《德国民法总论》，刘洋译，北京大学出版社 2022 年版，第 22 页。

④ [德]德特勒夫·莱嫩：《法学方法论的基础知识》，黄卉编译，《中国应用法学》2021 年第 3 期；[德]赫尔穆特·科勒：《德国民法总论》，刘洋译，北京大学出版社 2022 年版，第 22 页。

一立法技术工具，主要是为了切断事实上的争议，以便建立清晰的法律关系。①在沉默意思表示领域，存在诸多法律拟制工具的运用。法律拟制的沉默意思表示，又称为规范化的沉默、替代表示的沉默或者具有表示效力的沉默。②在法律将沉默拟制为意思表示的情形，相当于以法律规定替代表示的事实，只需要以沉默这一事实为要件，沉默者有无意思表示无关紧要，因此也不要求沉默者具有表示意识。对特定内容的意思表示的拟制，并不意味着沉默从受领人角度看就是一个意思表示，而仅仅意味着该行为依法具有与此种意思表示相同的法律后果。③在此情形，司法裁判者无须依据意思表示解释之规则，来判定沉默是否存在一个意思表示以及意思表示的具体内容为何。沉默者不得以其误解沉默的法律意义，而主张根据意思表示错误之规定撤销意思表示。法律禁止关于意思表示的全部规定无差别地适用于拟制之意思表示，但并非完全不适用。如果沉默者因为被诈欺或胁迫而保持沉默，仍可以主张类推适用意思表示之规定予以撤销。④如果制定法认为通过沉默的方式订立合同是可能的，则表示受领人不想受拘束时，其通常负有回答要约人的义务。但这样违反了相同的法律上自由，因为要约人能够自由决定是否以及给谁发出合同要约，表示受领人同样有权决定，是否以及以何种方式回答合同要约。⑤因此，对于承诺意思表示的拟制规定应当从严认定。

我国《民法典》第 140 条第 2 款规定的三种情形，在“当事人约定”情形，当事人已经把无表示价值或者弱表示价值的沉默约定为具有明

---

① [德]德特勒夫·莱嫩：《法学方法论的基础知识》，黄卉编译，《中国应用法学》2021 年第 3 期。

② Jörg Neuner, Allgemeiner Teil des Bürgerlichen Rechts, 13. Aufl., 2023, § 31, Rn.20.

③ [德]卡尔·拉伦茨：《德国民法通论》，王晓晔、邵建东、程建英、徐国建、谢怀栻译，法律出版社 2007 年版，第 491 页。

④ [德]卡尔·拉伦茨：《法学方法论》（第 6 版），黄家镇译，商务印书馆 2020 年版，第 335 页。

⑤ Historisch-kritischer Kommentar zum BGB, § 145—156, Rn.31.

确意义的表示价值，此时本身已经构成意思表示，而非拟制之意思表示。在“符合当事人之间交易习惯”情形，按照交易习惯可以推断出沉默具有明确的表示价值，沉默本身就是意思表示。在“法律规定”情形，以法律规定意思表示效力，替代当事人的意思表示，无须具有真正的意思表示，因为法律已经为当事人作出了评价，唯独这种情形可能构成拟制之意思表示。虽然拟制技术在法律条文上的惯常表述是“视为”，但并不是所有的“视为”规定均是法律拟制。需要在具体条文中，结合法律文义和规范目的等因素予以综合判断。法律基于不同立法目的考量对沉默行为的效果进行拟制，赋予不同的表示效力。本书第三章已经就几种具有法律意义的沉默类型进行阐释，这里集中讨论法律规定沉默可能具有承诺意义的情形。

1. 试用买卖情形

我国《民法典》第 638 条第 1 款规定“试用买卖的买受人在试用期内可以购买标的物，也可以拒绝购买。试用期限届满，买受人对是否购买标的物未作表示的，视为购买”。此处“未作表示的”即为沉默。《德国民法典》第 455 条第 2 款有类似规定，“因试验或检验已将其物交付于买受人的，买受人的沉默视为承认”。两个条文的主要差异在于前提要件不同。在试用买卖中，具体适用的场景可以分为两类：第一类，试用买卖标的物临时交由买受人试用，但仍由出卖人占有；第二类，试用买卖标的物已经实际交付给买受人占有使用，出卖人由直接占有变成间接占有。《德国民法典》将试用买卖中“沉默视为承认”的前提限定于第二类情形，即试用买卖的标的物已交于买受人占有。我国《民法典》并未限定此条件，从文义上看对两类情形可以一体适用。对于试用买卖的规范构造，德国通说认为，试用买卖已经成立但未生效，附有延缓条件，如果买受人保持沉默，则认定其对试用买卖的标的物予以认可，此时延缓条件成就，买卖合同确定有效。①我国学者亦有

① ［德］迪特尔·梅迪库斯：《德国民法总论》，邵建东译，法律出版社 2006 年版，第 284 页。

采取此说者，[①]认为所附条件是“对标的物之满意”，得由买受人任意决定，是纯粹任意条件，为“纯粹任意条件非条件”规则之例外。[②]对此，有学者提出不同观点，认为买受人未作表示，此时沉默从客观角度来看，是可推断的意思表示，是愿意购买试用标的物的承诺，无须借助“所附条件”这一迂回的解释模型，即达成合同生效的效果。[③]此解释模式看似更简洁明了，但根据这种观点，一方面认为买卖合同已经成立但未生效，另一方面又在合同生效环节的判定上，把沉默解释为承诺意思表示，而承诺意思表示存在与否只在合同成立层面上发挥作用，由此产生了解释上的矛盾。对照来看，第一种说法更值采纳。在附条件买卖合同的解释框架下，合同已经成立但未生效，买受人的认可仍然需要借助条件成就这一技术工具，完成对合同生效的论证。所附条件为买受人的认可或者承认。由此，试用买卖的规范结构可以描述为“买受人认可→条件成立→合同生效”。通常而言，认可或者承认的法律性质是一种观念通知，为准法律行为。[④]在买受人明示或者默示表示认可的情形，可以类推适用意思表示规则。但在买受人保持沉默的情形，法律拟制了买受人的认可，替代了买受人的意愿，此时无论买受人实际是否有此意愿，条件均告成就，试用买卖生效。在此情形，对于买受人沉默，法律并不是将之拟制为承诺意思表示，而是拟制为具有认可或者承认意愿的准法律行为。

完成试用买卖的规范构造论证后，再回头检视试用买卖“沉默视为

---

① 最高人民法院民法典贯彻实施工作领导小组主编：《中华人民共和国民法典合同编理解与适用（二）》，人民法院出版社2020年版，第1066页；谢鸿飞、朱广新主编：《民法典评注合同编典型合同与准合同1》，中国法制出版社2020年版，第214页；崔建远主编：《合同法》（第7版），法律出版社2021年版，第298页。

② 谢鸿飞、朱广新主编：《民法典评注合同编典型合同与准合同1》，中国法制出版社2020年版，第214页。

③ 杨代雄：《法律行为论》，北京大学出版社2021年版，第158页。

④ 类似立场参见韩世远：《合同法学》（第2版），高等教育出版社2022年版，第366页。

认可”规则的构成要件。问题是，是否应当借鉴《德国民法典》立法模式，根据试用标的物交付与否而作区分对待。在试用标的物尚未交付的情况下，买受人可以在无须返还试用标的物的前提下自由决定是否购买，但在已经交付的情形，买受人不购买则须返还标的物，此时存在一个返还义务。为更加尊重买受人的意思自治空间，对此种差异应当作区分评价。于此，可以运用目的性限缩之方法对我国《民法典》第638条第1款“未作表示视为购买”中“未作表示”的前提要件作范围限制，即根据出卖人是否已经将试用标的物交付买受人为区分标准作差异化处理。在已经交付买受人的情况下，买受人不返还而未作表示，则视为购买；在尚未交付买受人的情形下，买受人未作表示则视为拒绝购买。①

2. 租赁合同情形

我国《民法典》第734条规定“租赁期限届满，承租人继续使用租赁物，出租人没有提出异议的，原租赁合同继续有效，但是租赁期限为不定期”。此处的“没有提出异议”即为沉默。承租人继续使用租赁物可以推断出其有继续租赁的意思表示，是发出续租的要约。出租人对承租人继续使用租赁物的行为保持沉默，从客观理性的第三人视角来看，可以推断出租人同意续租的意思表示。由此，可以经由意思表示之解释规则，认定续租合同是以“承租人继续使用(要约)+出租人沉默(承诺)”的形式合意订立。但立法在此情形，对出租人没有提出异议的行为拟制为对续订租赁合同的承诺之意思表示，替代了出租人实际意思

① 我国学理和司法实践亦采取相同观点，参见最高人民法院民法典贯彻实施工作领导小组主编：《中华人民共和国民法典合同编理解与适用(二)》，人民法院出版社2020年版，第1073页；黄薇主编：《中华人民共和国民法典合同编释义》，法律出版社2020年版，第399页；谢鸿飞、朱广新主编：《民法典评注合同编典型合同与准合同1》，中国法制出版社2020年版，第221页；韩世远：《合同法学》(第2版)，高等教育出版社2022年版，第366页。

表示。于此,司法裁判者可以不需要通过意思表示解释这一环节,径直认定续租合同成立。①出租人没有提出异议,是否应以其知悉承租人继续使用租赁物为前提?对此,为平衡出租人和承租人之间利益,应作目的性限缩,需以出租人知悉作为前提要件。是否知悉该情况为直接推定,出租人可以通过举证证明推翻该推定。此外,对于出租人保持沉默是否有期限上限制。该条立法目的是尽快明晰法律关系,稳定交易秩序,出租人若要提出反对表示应该在合理期间内作出,对此《德国民法典》第 545 条规定了两个星期之期限,可资参考。②值得注意的是,我国《民法典》第 734 条虽然规定是在合同届满后出租人保持沉默,但如果在合同届满之前出租人已经表示不愿意续租的意思时,则不得径直将出租人在租赁期限届满后保持沉默的行为评价为没有异议,对此需要结合具体情形综合判断。

3. 保证合同情形

我国《民法典》第 685 条第 2 款规定"第三人单方以书面形式向债权人作出保证,债权人接收且未提出异议的,保证合同成立"。这是《民法典》新增的保证合同成立的方式。第三方以书面形式向债权人作出保证,这是第三方向债权人以明示表示的方式发出了订立保证合同的要约,需要符合《民法典》第 472 条关于要约"内容具体明确"的要求。债权人这一方要完成两个步骤才可能构成对保证要约的承诺。第一个步骤是,接收了书面要约,此时不能仅凭债权人接收这一行为就推断出其具有表示承诺的意思。对此还需要完成第二个步骤,即接收后未提

① 对我国《民法典》第 734 条规范构造模式,学界有不同看法。有观点认为此为租赁合同的默示更新,参见韩世远:《合同法学》(第 2 版),高等教育出版社 2022 年版,第 441 页。

② 《德国民法典》第 545 条规定"承租人在使用租赁期间届满后继续使用租赁物的,除一方当事人在两个星期内向他方表示反对的表示外,租赁关系延长为不定期租赁。该期间:1.就承租人而言,自继续使用时起算;2.就出租人而言,自知悉继续使用的时点起算"。

出异议。对于未提出异议应解释为债权人在合理期限内保持沉默。对此,可以与《民法典》第 552 条关于债务加入规定进行对照观察,两者利益格局相似,都是第三方加入债务人和债权人的债务关系,为债权人履行利益实现增加了一道保障。[①]之所以在保证合同情形增加第一个步骤,原因在于保证合同为要式合同,要求以书面形式订立。[②]此时从客观理性的第三人角度可以推断出债权人"接收+未提出异议"行为是承诺的意思表示。合理期限经过,则保证合同在合理期限届满时成立。这种情形和《民法典》第 734 条类似,事实上也是通过"第三人要约+债权人承诺"的形式订立保证合同。但法律直接将债权人沉默行为拟制为承诺意思表示,司法裁判者无须探寻债权人是否发出承诺之意思表示以及意思表示具体内容,即可认定债权人"接收+未提出异议"行为具有对保证合同要约之承诺的效力。

4. 小结

从上述分析可见,在沉默视为承诺之意思表示或者认可之准意思表示的法定类型中,其本身从客观理性的第三人视角来看,即构成意思表示或者准意思表示,无须通过法律之拟制方式实现。在这些情形,法律将沉默者的沉默行为视为承诺之意思表示或者认可之准意思表示,具有共同的目的性考量。第一种情形是当事人之间此前已经有一定的接触往来,某种意义上可以说是"熟人交易"。例如,在试用买卖情形,出卖人和买受人此前已经就买卖标的物的试用等情况进行了接触和磋

---

① 我国《民法典》第 552 条"第三人与债务人约定加入债务并通知债权人,或者第三人向债权人表示愿意加入债务,债权人未在合理期限内明确拒绝的,债权人可以请求第三人在其愿意承担的债务范围内和债务人承担连带债务"。为此,学说上有观点认为,关于债权人接受保证要约后未提出异议的行为,可以类推适用《民法典》第 552 条关于债务加入的规定,对此参见谢鸿飞、朱广新主编:《民法典评注合同编典型合同与准合同 2》,中国法制出版社 2020 年版,第 41 页。

② 关于保证合同要求书面形式的论证,参见王蒙:《论保证合同的书面形式》,《清华法学》2021 年第 5 期。

商。在租赁物续租的情形，双方当事人之间的交往联系就更加紧密，因为此前双方之间已经存在一个租赁合同关系。租赁合同还有个特殊情形，即以“承租人继续使用（要约）+ 出租人沉默（承诺）”方式订立的是不定期租赁合同，双方当事人享有终止权，可以据此从租赁合同关系的拘束中解脱出来。第二种情形将沉默认定为承诺表示，从而合同成立，对于沉默者有利。在保证情形，保证合同属于单务合同，债权人不承担合同义务，保证人则负有保证义务，对债权人而言保证合同是对其债权的兑现增加了一层履行保障。但并非所有对沉默者有利的情形，法律均将沉默者的沉默视为承诺表示。例如，在赠与合同中，我国《民法典》并未采取《德国民法典》第 516 条的立法模式，规定在受赠人未拒绝接受赠与的视为接受赠与。①这为法定典范模型和法律未规定情形之间的类推适用提供了可能的空间。

第二节 积极信赖保护框架：权利表见型沉默

权利表见型沉默可以分为两大类型：一是作为基于开启权利表象的沉默；二是作为基于交易上典型行为的沉默。与意思表示型沉默类型相比，权利表见型沉默要么欠缺表示意识，要么表示意识在此案型中无关紧要。前者主要发生在容忍代理、表象代理等三人关系中，在容忍代理情形被代理人（沉默者）“有意识但非表示意识”，在表象代理情形被代理人（沉默者）“根本无表示意识”。后者主要发生在两人关系中，例如对商事事务要约的沉默和对商人确认书的沉默案型，沉默者在这些场景中有时具有相应的表示意识，有时缺乏表示意识，这些均不影响

① 《德国民法典》第 516 规定“赠与系在无相对人意思的情况下进行的，赠与人可以指定适当期间，催告相对人作出接受的表示。相对人未在期间届满前拒绝接受赠与的，期间届满后，视为接受赠与。在拒绝的情形下，可以依据不当得利返还的规定请求返还给予物”。

沉默的法律意义。

一、沉默作为开启权利表象的基础

沉默作为基于开启权利表象的基础，主要发生在代理法领域。参与法律交易，无须本人亲自为之，可以通过他人以自己名义为代理行为。从这个意义来看，代理是意思自治的补充和延伸。代理法作为法律行为的归属规范，将代理行为的法律效果归属于本人。在无权代理但构成表见代理的情形，信赖保护与意思自治相互限制和补充，以信赖保护作为支撑的信赖事实代替了以意思自治为支撑的代理权，成为法律行为的归属基础。作为基于开启权利表象的沉默主要有两种类型：有意识地开启权利表象和无意识地开启权利表象。前者以容忍代理为著例，容忍代理是指被代理人知道他人以自己名义为法律行为，而被代理人对此行为听之任之。简言之，被代理人知悉且有意容忍、不予阻止。此处的"有意识"与表示意识有别，不可等同视之。后者以表象代理为代表，表象代理是被代理人不知他人以自己名义为法律行为，但尽到足够注意义务能够知悉并且可以阻止该行为。简言之，被代理人虽不知悉但能够知悉且予以阻止。事实上，在容忍代理和表象代理两种类型中，被代理人均有容忍行为，只是在容忍代理情形，被代理人是有意识地对他人代理行为的容忍，表象代理则是无意识地过失容忍。①

（一）德国法上的容忍代理与表象代理

1. 表见代理的法定类型限定

德国民法对表见代理采取法定类型限定的立法模式。《德国民法典》第 170 条至第 173 条规定了表见代理制度，但将表见代理限定于因被代理人授权表示或者授权通知引发代理权表象的类型，没有涵盖所有造成代理权表象的情形。容忍代理、表象代理与法定类型不同，委托

① Dieter Medicus, Bürgerliches Recht, 21. Aufl., Carl Heymanns Verlag, 2007, S.59.

代理权自始就不存在，但第三人基于在其面前所呈现的表象可以认为代理人已经被授予代理权，即被代理人给第三人造成代理人享有代理权的假象，此时第三人比被代理人更值得保护。因此，表见代理制度在适用范围上存在法律漏洞。[①]为保护第三人对代理人之代理权表象的信赖，司法判例和学说对该法律漏洞进行了填补，发展出容忍代理和表象代理两种表见代理的类型。在方法论上，有两种获取路径：一是个别类推。例如对于容忍代理，可以通过类推适用《德国民法典》第 171 条第 1 款关于内部授权外部通告的规定，将被代理人的容忍视为向第三人通告代理人具有代理权。二是整体类推。从《德国民法典》第 170 条至第 173 条推断出一般法律思想，即造成代理权表象之人需承担由代理人所为法律行为产生的法律后果。经由德国立法、司法和学说协力，形成了包括《德国民法典》第 170 条至第 173 条法定类型和容忍代理、表象代理在内的表见代理制度体系。德国通说认为容忍代理和表象代理分享共同的构成要件，仅在可归责性方面加以区分。两者共享的构成要件有：不存在委托代理权，且对代理权的信赖不会根据《德国民法典》第 171 条至第 173 条规定得到保护；按照诚实信用原则并顾及交易习惯，第三人可从外观上推知代理人被授予代理权的表象；第三人须善意信赖被创设的权利表象，既不知也不是疏忽大意地不知代理人欠缺代理权。[②]此外，虽然两者都要求被代理人须以可归责的方式造成授权行为的权利表象，但对此应当进行区分。如前所述，容忍代理要求被代理人知悉他人以自己名义实施行为并予以容忍。表象代理则要求被代理人不知悉代理人的行为，但如果稍加注意，应当知悉该行为。由于容忍代理和表象代理对被代理人可归责性的强弱程度不同，这也影响了两者信赖事实的强度要求。在容忍代理情形，通常而言代理行为具有

① Boemke/Bernhard Ulrici, BGB Allgemeiner Teil, Springer, 2009, S.289.

② [德]汉斯・布洛克斯、[德]沃尔夫・迪特里希・瓦尔克：《德国民法总论》，张艳译，中国人民大学出版社 2014 年版，第 339 页。

一定程度的频繁度和持续性是必要的，但在特殊情形对代理人一次行为的容忍即以足够。①在可归责性较弱的表象代理情形，代理人的行为需要持续一段时间并具有一定的频繁度。②

对于容忍代理和表象代理的法教义学定位，德国学界存在不少分歧。通说将两者纳入表见代理体系中，并予以等置处理，但有许多学者对此提出质疑。在法律行为交往中沉默的“法律行为理论—积极信赖保护—积极诚信保护—消极诚信保护”四个解释模型中，容忍代理和表象代理应当归置于何种框架内，有不同的处置方案。

2. 容忍代理的法教义学基础

德国联邦最高法院最初认为，容忍代理属于默示授权代理的一种特别类型，后来转变裁判立场，改持表见代理说。③学界也在“法律行为保护—积极信赖保护”两个框架之间进行抉择。

（1）法律行为说。此说主要代表为弗卢梅、梅迪库斯和克茨。弗卢梅认为，容忍代理与“权利表象”毫无关系，它不是表见代理，而是类似于代理权的外部授予，即有意识地以其行为对外宣示自己承认行为人为其代理人，允许代理人以其名义实施相关行为，此时有意识的不作为构成了代理权的授予。本人允许相关人员作为代理人实施法律行为属于建构性行为，而不仅仅是宣示性行为，这与《德国民法典》第171条及以下规定的代理权授予行为并无区别。④梅迪库斯虽然也赞成法律行为的构造方案，⑤但其认为容忍代理指向的是已经发生的代理权，而

---

① ［德］赫尔穆特·科勒：《德国民法总论》，刘洋译，北京大学出版社2022年版，第274页。

② ［德］赫尔穆特·科勒：《德国民法总论》，刘洋译，北京大学出版社2022年版，第276页。

③ Christoph Hirsch, BGB Allgemeiner Teil, 8. Aufl., Baden-Baden: Nomos, 2015, S.350ff.

④ ［德］维尔纳·弗卢梅：《法律行为论》，迟颖译，法律出版社2013年版，第988页。

⑤ Dieter Medicus, Bürgerliches Recht, 21. Aufl., Carl Heymanns Verlag, 2007, S.57.

不是正在授予的代理权，不能将之理解为通过可推断之行为授予的外部代理权。虽然有意识的容忍行为与内部授权的外部告知行为的性质不同，但具有相似性，可以与内部授权的外部告知行为作相同的评价。①克茨认为，当知道某个特定之人以代理人的身份为自己实施法律行为，却有意地容忍这一行为，从而导致第三人根据该情事有理由认为并且也确实认为该代理人拥有代理权，则可以认定此时代理权是通过可推断的行为授予。②

（2）权利表见说。此说的核心观点是容忍代理并非通过默示行为授予的代理权，而是被代理人通过容忍代理人的行为制造了一个代理权的权利表象。支持此说的主要代表有拉伦茨、卡纳里斯和科勒。拉伦茨认为，容忍代理属于明知他人以自己的名义实施法律行为而对其予以容忍的表见代理，不能解释为对代理人进行内部授权的容忍。如果代理人非常清楚被代理人并不愿意授予他代理权，只不过是可能因为决定不果断才这样做时，这种情况下既不存在内部授权也不存在外部授权，但却存在可归责于被代理人的代理权存在之表象。③卡纳里斯认为，被代理人的容忍行为不是通过法律行为进行的可推断外部代理权授予行为，容忍代理欠缺意思表示的客观要件，因为对代理人来说没有内部授予代理权的事实是显而易见的。沉默对于第三人而言，不具有外部授权的表示价值，而仅具有表面上存在但事实上并不存在内部授权的单纯宣示意义。这种彰显特定法律状态的单纯宣示并不满足法律行为的客观要件，因为宣示性表示不构成效力表示。因此，容忍代理

① [德]迪特尔·梅迪库斯：《德国民法总论》，邵建东译，法律出版社2006年版，第709、710页。

② [德]海因·克茨：《德国合同法》（第2版），叶玮昱、张焕然译，中国人民大学出版社2022年版，第128页。

③ [德]卡尔·拉伦茨：《德国民法通论》（下册），王晓晔、邵建东、程建英、徐国建、谢怀栻译，法律出版社2007年版，第892页。

是有意识开启外观事实的权利表见责任的一种类型。[①]对此，科勒也指出容忍代理应归属于表见代理，容忍代理与默示授权的区别在于，容忍代理的外部行为“表示价值”并非指向代理权授予，而是指向代理权此前已经被授予的状态，被代理人应当在合同缔结之时便已知悉代理行为的存在，嗣后知悉只在对代理人行为可能的默示追认上发挥作用。[②]

3. 表象代理的法教义学基础

德国学说对于表象代理的法教义学基础主要在“积极信赖保护—消极诚信保护”两个框架之间进行抉择，即表象代理是属于权利表见责任还是缔约过失责任。

（1）权利表见责任。此为德国通说。曼弗雷德·沃尔夫对此观点的论证具有代表性，他认为基于法律交易对信赖保护的需求不断提升，即使因疏忽大意，但只要引发代理权的表象，权利表象制造者也应承担超越缔约过失所产生的损害赔偿责任。引发权利表象的事实构成属于被代理人的风险领域，是其可控制的范围，这种风险理应由被代理人承担。[③]克茨也认为，尽管被代理人对表见代理人的行为毫不知情，因而也并未对此进行“容忍”，但其只要尽到合理的注意义务就能够知悉或阻止该行为，即当被代理人尽到符合法律行为交往所要求的注意义务时，代理人的行为对他而言就不是隐秘的，则可以认定存在表见代理。[④]例如，职员暗地里拿到公函、印章以及企业经理的仿真签名，并以

---

① Claus-Wilhelm Canaris, Schweigen im Rechtsverkehr als Verpflichtungsgrund, in: FS Wilburg, 1975, S. 77—99; Claus-Wilhelm Canaris, Handelsrecht, 24. Aufl., München: Beck, 2006, S.242.

② [德]赫尔穆特·科勒：《德国民法总论》，刘洋译，北京大学出版社 2022 年版，第 275 页。

③ Larenz/Wolf, Allgemeiner Teil des Bürgerlichen Rechts, 9. Aufl., C.H. Beck Verlag, München, 2004. S.321.

④ [德]海因·克茨：《德国合同法》(第 2 版)，叶玮昱、张焕然译，中国人民大学出版社 2022 年版，第 134 页。

此与善意第三人订立合同，当企业缺少原本可以阻止这种无权使用公函、印章等内部防范措施时，表见代理即告成立。①

(2) 缔约过失责任。拉伦茨和弗卢梅持缔约过失说。拉伦茨认为，表象代理权既不是基于法律行为，也不是基于权利表见责任。不知情过失的权利表象并不足以导致相信表象之人如同表象是真实情况下一样予以对待，即使想要被代理人承担这样的义务，违反该义务最多只能产生消极损害赔偿责任。②弗卢梅从法律行为理论出发，否定了表象代理制度，他认为表象代理应当与容忍代理严格区分，容忍代理属于通过法律行为有意识地赋予代理人代理权，而表象代理是因违反注意义务而不知代理行为，不能等同于意思表示。被代理人因过错违反义务，只能根据缔约过失规则承担消极损害赔偿责任。③

(3) 区分说。该说认为表象代理的法教义学基础究竟为何，应当根据民事交往和商事交往的不同而作区分处理。卡纳里斯、梅迪库斯是区分说的代表。两人均强调，由于商事交往更强调信赖保护，在商事领域中的表象代理可以产生履行请求权，赋予表象代理以代理效果。④对于民事交往中的表象代理，梅迪库斯强调要严格区分意思表示和过错这两个不同的概念，只有意思表示才能成立合同，产生合同上履行请求权，而纯粹疏忽大意的行为不能产生代理的效果，仅能产生消极信赖利益责任。⑤卡纳里斯认为，在表象代理情形，被代理人不仅不知道自己设置外观，甚至根本不知道自己的行为，即没有表示意识。在民事交

---

① ［德］海因·克茨：《德国合同法》（第2版），叶玮昱、张焕然译，中国人民大学出版社2022年版，第135页。

② ［德］卡尔·拉伦茨：《德国民法通论》（下册），王晓晔、邵建东、程建英、徐国建、谢怀栻译，法律出版社2007年版，第894页。

③ ［德］维尔纳·弗卢梅：《法律行为论》，迟颖译，法律出版社2013年版，第996页。

④ Dieter Medicus, Bürgerliches Recht, 21. Aufl., Carl Heymanns Verlag, 2007, S.58.

⑤ Dieter Medicus, Bürgerliches Recht, 21. Aufl., Carl Heymanns Verlag, 2007, S.58; ［德］迪特尔·梅迪库斯：《德国民法总论》，邵建东译，法律出版社2006年版，第283页。

往领域，被代理人不能仅因自己的过失所引起的代理权表象，即被要求承担权利表见责任。[①]这事实上是卡纳里斯所主张的意思表示须以表示意识为要件的观点在表象代理领域的持续贯彻。但在商事领域，由于商业交易中增强的信赖保护需求，以及将商业组织风险归于企业所有者的考量，表象代理构成表见代理，成立履行责任。[②]对此，科勒提出反对意见，认为区分商事与民事交往不具有正当性，主要论证理由有二：一是在纯粹的私人交易往来中，可以通过在行为归属的标准方面设置更高要求，而不应在教义学基础上采取区分对待；二是过失可以证成权利外观的归属，在体系上并非“异类”，例如“过失的意思表示”即为此例，欠缺表示意识仍可将该行为认定为意思表示，只要行为人在尽到充分注意义务的情况下本来能够识别并阻止其行为被视为意思表示。[③]

(二) 容忍代理和表象代理在我国实证法中的体系定位和解释方案

1. 我国表见代理构成要件：被代理人可归责性要件的填补

我国《民法典》第172条规定“行为人没有代理权、超越代理权或者代理权终止后，仍然实施代理行为，相对人有理由相信行为人有代理权的，代理行为有效”。该条延续原《民法总则》《合同法》立法模式，对表见代理的特殊构成要件仅规定“相对人有理由相信行为人有代理权”。如何认定“相对人有理由相信行为人有代理权”，最高人民法院《关于适用〈中华人民共和国民法典〉总则编若干问题的解释》第28条规定，需

---

① Claus-Wilhelm Canaris, Schweigen im Rechtsverkehr als Verpflichtungsgrund, in: FS Wilburg, 1975, S.89.

② [德]克劳斯-威廉·卡纳里斯：《动态体系与法律行为交往中的信赖保护》，刘凯丽译，《南大法学》2023年第5期。

③ [德]赫尔穆特·科勒：《德国民法总论》，刘洋译，北京大学出版社2022年版，第277页。对此，应注意的是卡纳里斯持“表示意识必要说”立场。

要同时符合“存在代理权的外观”和“相对人不知道行为人行为时没有代理权，且无过失”。表见代理制度本质上是被代理人和相对人之间的利益衡量问题。双方位于价值判断体系的两极，在被代理人处主要彰显意思自治原则，在相对人处主要体现信赖保护原则。法律天平究竟向何方倾斜，取决于双方的价值分量之抗衡。“存在代理权的外观”和“相对人不知道行为人行为时没有代理权，且无过失”即可构成表见代理，而不要求被代理人对开启或者维持信赖事实的可归责性要件，过于强调相对人信赖的保护，无视被代理人的权益，使被代理人动辄处于被卷入无权代理的风险之中，此种处置方案过于“顾此失彼”。妥当的做法是，在被代理人和相对人之间寻求一个平衡点，既充分保护相对人的信赖利益，又不过度侵蚀被代理人的意思自由。

表见代理和善意取得制度同属于权利表见责任，两者基本结构具有实质相似性，均是对权利表象产生的善意信赖而获得了积极信赖保护。根据《德国民法典》第 935 条规定，非基于本人意愿而丧失占有之物的情形，禁止适用善意取得制度。这与《德国民法典》第 171 条以下表见代理规则中要求因被代理人授权表示或者授权通知引发代理权表象这一要件的评价基准具有内在的一致性。我国《民法典》第 311 条和第 312 条也区分了委托物和脱离物，对于委托物可以适用善意取得制度，而对脱离物不得适用。这种区分的理由在于，在委托物的情形，是基于所有权人的意思而丧失占有，即所有权人对无权处分人占有动产具有可归责性，其创设了无权处分人具有动产物权的表象。相反，在脱离物的情形，动产是非基于所有权人的意思而丧失占有，从这种角度而言，所有权人对无权处分人享有处分权的表象不具有可归责性，故不能适用善意取得制度。可见，在善意取得制度中权利人的可归责性是一项重要的评价要点，如果权利人不具有可归责性，则其所有权相对于交易安全而言，具有优先保护的地位。作为同属于权利表见责任体系的表见代理制度，立法仅规定“相对人有理由相信行为人有代理权”这个单一要件，规范要件过于宽泛。通过与善意取得制度中所有权人可归责性要求的对照观察，应肯定我国《民法典》第172条存在隐藏的法律漏洞，需要对表见代理的构成要件进行目的性限制，增设符合民法价值判断的评价性指标，即在表见代理的构成上增设被代理人具有可归责性这一要件。①换言之，将《民法典》第172条“有理由相信”情形限定于被代理人具有可归责性的案型，表见代理同样需要接受上一章节中所阐释的包括沉默者具有可归责性在内的一般判断基准体系的检验。

2. 沉默者可归责性要件的弱化：容忍代理和表象代理纳入表见代理体系的可行性？

容忍代理和表象代理能否纳入表见代理体系中予以评价，本质是表见代理应当坚守何种可归责性标准的问题。德国民法上表见代理的法定模式是被代理人有意识地授权表示或者授权通知而引发了代理权的表象。在被代理人可归责性的判断方面有两个要素：一是有意识；二是有授权表示或者授权通知。在容忍代理的情形，满足了第一个要素“有意识”的要求，但缺乏第二个要素“有授权表示或者授权通知”。容忍代理中有意识的“容忍行为”与法定的授权表示和授权通知之间是何种关系？根据上述的法律行为说，容忍行为等同于授权表示或者授权通知，而权利表象说则认为两者不具有等同性。在表象代理的情形，同时欠缺这两个要素。相较于容忍代理，表象代理中被代理人的可归责性更小。我国表见代理制度采取一般性规定的立法模式，与德国法的法定类型模式相比，我国表见代理规范具有开放性，在构建表见代理制度体系时不存在德国法上表见代理类型限定主义的教义学障碍。问题是，经由目的性限缩之后的《民法典》第172条“有理由相信”是否包括容忍代理和表象代理这两种案型。

① 朱虎：《表见代理中的被代理人可归责性》，《法学研究》2017年第2期。

3. 原《民法通则》第66条第1款第3句的法教义学检验

原《民法通则》第66条第1款第3句规定“本人知道他人以本人名义实施民事行为而不作否认表示的，视为同意”。此处“不作否认表示”即为保持沉默。该句的教义学定位在学说上曾引发广泛的争议，对此存在多种构造模式，有代表性的主要有二：一是将其归置于法律行为保护框架内处置，其法教义学基础是默示授权；二是作为表见代理的一种类型，纳入积极信赖保护框架内予以处置。[①]2017年《民法总则》删去了原《民法通则》第66条第1款第3句规定，《民法典》承继了原《民法总则》立法模式。虽然我国现行实证法未对此案型进行规定，但这并不意味着立法者已经废除该项规则，事实上司法实践中仍然存在大量适用容忍代理的案件。[②]因此，关于该句的教义学基础仍有讨论的必要。以下按照上述的法律行为交往中沉默的四个逐层递进、层层互补的分析框架进行逐次检视。

（1）法律行为保护框架的检验。有学者认为原《民法通则》第66条第1款第3句同时满足默示授权和容忍代理的“最低成立要件”。从这个意义上，该句可以有默示授权和容忍代理两种解释方案。但原《合同法》第49条已经对表见代理作出专门规定，作为表见代理子类型的容忍代理应当置于《合同法》第49条内予以评价。因此，原《民法通则》第66条第1款第3句应解释为默示授权，且为默示的内部授权。[③]对此，需要先明确代理权的授权方式。一般而言，代理权授予有三种方

---

① 我国学说关于原《民法通则》第66条第1款第3句教义学定位的讨论，参见本书第一章第三节。

② 例如A公司、李某甲、千某某与B公司、徐某、王某、李某乙股权转让纠纷案民事判决书，最高人民法院(2019)最高法民终424号。关于该案的具体评析，参见江显和、罗菲：《容忍代理在股权转让代签行为中的认定》，《人民司法（案例）》2020年第2期。其他案例详见本书第三章第二节相关部分。

③ 杨代雄：《容忍代理抑或默示授权——〈民法通则〉第66条第1款第3句解析》，《政治与法律》2012年第4期。

式：一是内部代理权授予，即授权人直接向被授权人发出授予代理权的意思表示；二是外部代理权授予，即授权人向代理行为的相对人即第三人发出授予代理权的意思表示；三是内部代理权授予的外部告知，即授权人向被授权人授予代理人后，并将这一授权事实公之于众，这一公开行为不是内部授权之外的外部授权。在此，对于容忍代理按照这三种代理权的授权方式进行逐一检验。首先，在容忍代理情形没有内部的授权行为。对于对代理人而言，没有内部授予代理权的事实是显而易见的，被代理人既无明示授权行为，也无可推断的默示授权行为，此时仅存在被代理人的容忍行为，这从外部来看只是单纯的沉默。其次，也没有外部代理权授予行为。容忍代理的容忍行为对于第三人而言，不具有外部授权的表示价值。最后，有疑问的是，是否存在内部授权的外部告知？对此，也应予否定的回答。内部授权的外部告知是建构性表示，而容忍行为仅仅是宣示性表示，仅具有对不存在内部授权单纯宣示的表示意义，这种宣示性表示并不满足作为法律行为之代理权授予行为的客观要件。有观点指出，有意识地任其行事即已满足意思表示的外在构成要件，而且容忍代理与缺乏表示意识之意思表示类似，缺乏表示意识不影响意思表示成立，容忍代理也应作等同处理，故可将容忍代理案型纳入法律行为规制范围。①对于此种类比分析，亦不值得赞同，两者不具有可比性，理由有二：一是沉默意思表示以存在表示意识为必要。二是有意识地容忍行为中的有意识与表示意识存在根本区别，对于有意识的容忍，被代理人只是知悉代理人的行为而未对此提出异议，但并不意味着被代理人清晰地认识到自己参与到法律行为交往且愿意受法律之拘束。也就是说，在容忍代理中被代理人“有意识”但非“有表示意识”，而沉默意思表示中沉默者具有“表示意识”，两者应予严格区

---

① Hanno Merkt, Die dogmatische Einordnung der Duldungsvollmacht zwischen Rechtsgeschäft und Rechtsscheintatbestand, AcP, 2004, S.654f；［德］海因·克茨：《德国合同法》（第2版），叶玮昱、张焕然译，中国人民大学出版社2022年版，第128、129页。

分。通过上述分析，容忍代理无法通过法律行为保护框架的检验，容忍代理不存在代理权授予行为，不构成有权代理。

（2）积极信赖保护框架的检验。表见代理制度虽然旨在保护善意相对人的信赖利益，但基于意思自治原则，除非有充足的理由，被代理人不受自己意思之外的约束，为此需要在被代理人和相对人之间找到一个平衡点。在被代理人因沉默而成立表见代理的情形，应当设置相对于明示和默示行为而言更加严格的构成要件门槛。被代理人已经知道无权代理行为的发生，能够阻止而不加以阻止，于此情况被代理人在阻止成本不高的情况下制造了一个较大的交易风险，即给相对人创造了代理人具有代理权的外观事实，在主观上具有较大的可归责性。对此，可以与沉默构成意思表示之表象这一案型对照观察。在沉默构成意思表示之表象的情形中，沉默者不具有表示意识，此时虽然构成意思表示之表象，但相对人也不受积极信赖保护，沉默者仅承担消极信赖利益损害赔偿责任。而在容忍代理中被代理人“有意识但非表示意识”，虽然不具有表示意识，但至少是有意识的。这种主观上可归责性的差异也应在法律后果中予以体现，在相对人善意信赖的情况下，容忍代理构成表见代理，被代理人承担积极信赖利益赔偿责任。最高人民法院在一则判决中，也将容忍代理评价为表见代理的一种类型。①另有学者主张容忍代理均有可能构成有权代理和表见代理，容忍代理实质上介于真实授权与表见授权之间，究竟属于哪一种，应当取决于本人容忍时的心理状态。如果本人期待后果归属于自己的，则为真实授权。如果不存在此种期待，则为表见授权。但内心真实意思无从察知，为保护相对人，应归属于表见授权型代理。②

---

① 湖南省进出口集团有限公司广州有限公司与信年发展有限公司合同纠纷案，最高人民法院(2014)民四终字第 35 号民事判决书。

② 崔建远、韩世远、申卫星、王洪亮、程啸、耿林编著：《民法总论》(第 3 版)，清华大学出版社 2019 年版，第 257 页。

4. 表象代理的法教义学检验

我国实证法没有像原《民法通则》第66条第1款第3句关于容忍代理那样，对于表象代理作出一般性规定。我国学说对表象代理法教义学基础的讨论，主要集中于表象代理应当置于积极信赖保护框架还是应当置于消极诚信保护框架内，即表象代理是否作为表见代理的一种类型，适用表见代理一般规则，还是由缔约过失规则调整。对此还是按照“法律行为保护—积极信赖保护—积极诚信保护—消极诚信保护”分析框架予以逐一检验。

（1）法律行为保护框架的检验。如前所述，表象代理是无意识地过失容忍行为。[1]相较于容忍代理，表象代理缺少“有意识”要素。在有意识的容忍行为尚且不构成代理权授予的行为，无法通过法律行为保护框架的评价，更何况无意识的容忍行为。

（2）积极信赖保护框架的检验。容忍代理正因为其容忍行为的有意识性，通过了可归责性的评价。而表象代理的容忍行为是无意识的，其是否符合可归责性的评价要求？德国之所以有学者主张表象代理适用缔约过失责任，即在于表象代理缺乏表见代理法定模型的两个要素，表象代理是纯粹疏忽大意，并不符合《德国民法典》第171条和第172条规定的对代理权有意识进行公示的要求，严重偏离了法定模型，导致无法作出等同的评价。在我国并不存在这样教义学上的解释障碍。根据我国《民法典》第172条关于表见代理规定的文义来看，表象代理符合“相对人有理由相信行为人有代理权”要求，因为从客观理性的第三人视角来看，表象代理与容忍代理所呈现出来的代理权之表象几乎无差别。因此，从文义解释而言，可以将表象代理纳入表见代理的规制范畴。但经由目的性限缩解释得出被代理人须具有可归责性这一要件后，表象代理是否还满足这个要件？相较于容忍代理，在表象代理中被

① Dieter Medicus, Bürgerliches Recht, 21. Aufl., Carl Heymanns Verlag, 2007, S.59.

代理人在主观上具有更小的责难性，但是这种可归责性上的差异并不足以影响到对两者教义学基础的评判。因为被代理人只要尽到应有的注意义务即可防止表象代理之发生，通常表象代理要求代理权之表象需要存续一定时间，被代理人完全能够及时发现代理人的代理行为并当即制止，但因疏忽大意而没能阻止，对代理人具有代理权表象的形成和维持具有一定主观上的可归责性。从相对人视角来看，正如前所述，在表象代理中被代理人因过失不知而不作为，与沉默容忍在外观上并无较大差别，从被代理人和相对人的利益衡量来看，相对人的信赖更值得保护。如被代理人仅承担消极损害赔偿责任，不足以保护相对人。因此，表象代理应与容忍代理一样，沉默者承担履行责任，相对人受到积极信赖保护。对此处置方案可能招致的批评是，按照本书的主张，缺乏表示意识之沉默不构成意思表示，不具有法律行为拘束力，即使构成意思表示之表象亦同，原则上也仅承担缔约过失责任。那么在表象代理情形被代理人不仅不知道自己设置权利外观，甚至根本不知自己的行为，也是缺乏表示意识的案型，为何可以通过表见代理制度获得积极信赖保护？虽然在表象代理和沉默构成意思表示之表象两种情形中，沉默者（在表象代理中为被代理人）均不具有表示意识，但两者还是存在一定区别。其一，表象代理一般要求代理人享有代理权的外观事实须存续一定期间，在时间上具有较为严格的要求，而在沉默构成意思表示之表象的情形没有严格的时间要求。通常而言，外观事实持续时间越长，沉默者就越有机会发现、阻止和避免外观事实的发生和存续，此时沉默者的可归责性就越大，外观事实的可信赖性也就越强。其二，表象代理在代理权外观上通常由代理权证书或者类似的彰显代理权的有形凭证载体作为支撑，沉默构成意思表示之表象没有这方面的严格要求，相较而言表象代理具有更强的外观事实基础。虽然两者在表示意识缺失方面具有一定共性，但没有表示意识只是判断沉默者具有可归责性的要素之一，由于表象代理在其他可归责性要素和外观事实强度上均高于沉默意思表示之表象，因此在法律效果上应作区别处置。

二、沉默作为交易上典型行为的基础

在民事交往中沉默只有在例外情形才被视为同意，这种沉默规则的例外规范属性在商事交往中也同样适用。但商事交往相对于民事交往更强调交易的高效便捷，故立法、司法和学说针对商事交往领域的这一规范需求，在特定情形，依据商事交易中的典型意义或者商事惯例，将沉默评价为具有同意的意义。《德国商法典》第 362 条和商事习惯中的商人确认书即属其例，这两种情形原则上在民事交往中无适用之余地，相当于在商事交往中开辟了"沉默具有法律意义"的新领地。基于体系性的考量，在商事交往领域除这两种类型之外，沉默原则上不具有法律上的意义。[①]从这两种类型的适用来看，在一些特定案型范围内两者存在判断上的递进关系，如果不符合《德国商法典》第 362 条的规范要件，可进而考察是否满足商人确认书规则的构成要件，并进一步转而适用商人确认书规则。[②]这两项制度在我国有无适用的空间，尚需经过我国实证法的检视。

（一）对商事事务处理要约的沉默

1. 德国立法上的对立评价

通常而言，一方当事人向另一方当事人发出合同要约，另一方没有义务对此作出任何的回应。虽然这对于要约人来说产生了一种不确定的状态，但这属于其风险领域的控制范围，这种不确定的风险应由要约人自行承担。在必要时要约人可以向受要约人发出询问，以尽早结束这种不确定的状态。但如果存在特殊情形而使要约人可期待受要约人会接受要约，则情况就有所不同。《德国商法典》第 362 条第 1 款规定

---

① Hartmut Oetker, Handelsrecht, 5. Aufl., Heidelberg: Springer-Verlag, 2007, S.174.

② ［德］托比亚斯·勒特：《德国商法案例研习》（第 3 版），李金镂译，北京大学出版社 2021 年版，第 114 页。

的“对事务处理要约的沉默”即为此种特殊的情形，如果以他人处理事务为营业的商人，收到与自己具有业务联系的他人要求处理此类事务的要约后，必须毫不迟延地作出答复，没有及时答复而保持沉默的视为对要约的承诺。《德国商法典》第362条第1款对沉默的立法评价与前面已经讨论的《德国民法典》第663条对沉默的立法评价形成了对峙格局。《德国民法典》第663条所规制的“及时提出异议”仅仅构成一项不真正义务，违反该义务只产生消极利益赔偿责任。这两个法律条文虽然构成要件有所区别，但均涉及对事务处理之要约保持沉默的案型，《德国商法典》第362条将此时的沉默评价为对事务处理要约的同意，与此相反，《德国民法典》第663条将之视为对事务处理要约的拒绝。可见，德国立法在事务处理要约这一问题上给予“区别待遇”：在商事交往领域，沉默具有同意的意义，提供合同上履行责任的保护；而在民事交往领域，沉默只是构成义务的违反，仅提供缔约过失上损害赔偿的保护，前者保护的力度显著高于后者，体现了立法对民事和商事交往中沉默行为意义的不同价值判断。

2. 对商事事务处理要约之同意规则的法教义学归类

《德国商法典》第362条中的“视为同意”规则，在法教义学上的定位存有争议。主要有四种构造模式：一是法律行为上的表示，即沉默构成对要约的承诺意思表示；二是意思表示拟制；[①]三是义务的违反或者不真正义务的违反，[②]沉默视为同意是违反相关义务的法律后果；四是权利表见责任，沉默是基于信赖责任才被评价为同意。对此，卡纳里斯采取的解决方案是权利表见责任，理由在于：第一种解决方案无法解释为何即使沉默人没有相应的表示意识，即其根本不知道要约已经到达

① Münchener Kommentar zum HGB, 3. Aufl. München: Beck, 2014, §362, Rn.15; Karsten Schmidt, Handelsrecht: Unternehmensrecht I, 6. Aufl., Köln: Carl Heymann, 2014, S.682.

② Fabricius, Stillschweigen als Willenserklärung, JuS 1966, S.51ff.

的情形，也适用沉默的同意规则。[①]第二和第三种方案无法解释沉默人为何承担的是履行责任，而不是按照《德国民法典》第663条或者第311条第2款缔约过失之规定承担消极利益赔偿责任。根据《德国商法典》立法材料和第362条规范要件可以推导出在商事交易中沉默具有承诺表示的意义，该条符合权利表见责任的要件，它既满足了商人交易中对特定稳定性的实践需求，同时人们可以期待商人知悉相关的商事惯例，并据此存在更高的信赖事实。[②]权利表见责任的解释方案得到众多学者的支持。

3. 对商事事务处理要约的沉默同意规则在我国的适用

德国立法将“对商事事务处理的要约保持沉默视为承诺”的商事交易习惯提炼上升为法律规范，遇到此种情形，司法裁判者只需直接适用该条即可。我国实证法没有类似于《德国商法典》第362条的同意规则，能否参照该规则，将对商事事务处理要约的沉默评价为同意？对此，原则上应当予以否定，因为根据我国《民法典》第140条规定沉默只有在有法律规定、当事人约定或者符合当事人之间的交易习惯时才可视为意思表示，在没有法律特别规定和当事人特别约定的情形，仅当沉默同意规则符合双方当事人的交易习惯时才可以适用。虽然经由《民法典》第142条意思表示解释规则，可将第140条规定的交易习惯适当地扩大为一般交易习惯。但是“对商事事务处理的要约保持沉默视为承诺”是否构成我国商事实践中的一般交易习惯，还有待实践的检验。因此，这种同意规则不能在一般性意义上予以适用，不能将此种情形下的沉默一概地评价为同意，而应当在具体个案中诉诸商事交往中的交

---

① 德国有学者也指出，将《德国商法典》第362条的沉默解释为意思表示，沉默者在欠缺相应表示意识时，沉默仍视为承诺。即使沉默者不知要约之到达，也仍然成立合同。这有悖于法律行为理论所蕴含的意思自治属性。参见 Hartmut Oetker, Handelsrecht, 5. Aufl., Heidelberg: Springer-Verlag, 2007, S.176。

② Claus-Wilhelm Canaris, Handelsrecht, 24. Aufl., München: Beck, 2006, S.354.

易习惯，考察双方当事人的交易习惯后予以具体评判。

(二) 对商人确认书的沉默

在商事交往中，长久以来形成一种惯例，即缔约双方以口头形式谈判订立合同后，一方当事人向另一方当事人发送书面形式的确认书，以确认合同订立的事实以及合同的主要内容。①商人确认书规则即是对这种情形的法律规制。商人确认书规则是德国长期司法实践的产物，根据该规则，如果商人确认书的受领人对确认书没有毫不迟延地提出异议，则其沉默被评价为承诺，合同依照确认书的内容成立。②换言之，商人确认书的受领人对确认书的内容有不同意见，应及时提出异议。对于“及时”如何判断，德国联邦最高法院司法判例认为，超过一个星期以后再作答复，应当视为迟延答复。③商人确认书主要起到证据固定的作用，避免此后合同当事人对是否缔结合同以及缔结何种内容的合同产生争议。

1. 商人确认书的法教义学定位

对商人确认书的沉默的法律性质，存在不同观点：一是将沉默作为意思表示；④二是意思表示拟制；⑤三是义务违反或者不真正义务违反；⑥四是权利表见责任。⑦对此，拉伦茨对第一和第三种法教义学的解释模式进行批判：首先，将之解释为意思表示与法律规定不符，因为无论沉默者对此是否具有表示意识，是否知晓沉默的意义，其沉默行为

---

① 邵建东、唐莹编译：《“沉默”是否就意味着“同意”？——德国联邦最高法院“对商人确认书保持沉默”案评析》，《清华法学》第6辑。

② Claus-Wilhelm Canaris, Handelsrecht, 24. Aufl., München: Beck, 2006, S.355.

③ 邵建东、唐莹编译：《“沉默”是否就意味着“同意”？——德国联邦最高法院“对商人确认书保持沉默”案评析》，《清华法学》第6辑。

④ Kramer, Schweigen als Annahme eines Antrags, Jura 1984, S.247.

⑤ Palandt/Ellenberger, Vorbemerkung zu §§ 116. ff, Rn. 7; Krause, Schweigen im Rechtsverkehr, Marburg, 1933, S.131.

⑥ Soergel/Hefermehl, Vorbemerkung zu §§ 116.ff, Rn.32.

⑦ Claus-Wilhelm Canaris, Die Vertrauenshaftung in deutschen Privatrecht, Beck, 1971, S. 207 ff.

均视为同意。其次，一般性的义务违反仅会导致损害赔偿请求权，违反不真正义务也仅导致自身权利的丧失，将沉默解释为义务或者不真正义务的违反，无法说明为何沉默者承担的是履行责任，而非缔约过失责任。在此基础上，拉伦茨认为，商人确认书的沉默规则的教义学基础是权利表见责任，让沉默者承担履行责任的理由在于商事交往中对交易安全的需求以及商人应当被期待比普通人更能认真审阅和答复其业务往来的信函。①卡纳里斯同样也认为商人确认书的沉默规则的教义学基础是权利表见责任，这是与典型化意义相结合的权利表见责任，对于商人确认书的拘束效力可以回溯到《德国商法典》第 75h 条、第 91a 条和第 362 条背后的共同法律思想。②科勒也认为商人确认书规则是权利表见责任的一种类型，即使受领人不想同意，但是通过自己的沉默创设了同意的权利外观。③泽雷斯(Zerres)亦认为，从教义学角度来看，对商人确认书的沉默的法律意义应由权利表见责任来证成。④莱嫩(Lennen)支持上述第二种观点，认为商人确认书不具有订立合同的要约意义，与此相应的是对商人确认书的沉默也不具有对订立合同要约进行承诺的意义。⑤彼得森(Petersen)亦采拟制效力的观点。⑥对于上述的教义学争议，梅迪库斯指出，研究商人确认书沉默规则的法律性质没有

① [德]卡尔·拉伦茨：《德国民法通论》，王晓晔、邵建东、程建英、徐国建、谢怀栻译，法律出版社 2007 年版，第 905 页。

② Claus-Wilhelm Canaris, Handelsrecht, 24. Aufl., München: Beck, 2006, S.356.

③ [德]赫尔穆特·科勒：《德国民法总论》，刘洋译，北京大学出版社 2022 年版，第 183 页。

④ Thomas Zerres, Büergliches Recht, 7. Aufl., 2013, S.42. 比如莱嫩指出，商人确认书的沉默规则是采用法律拟制的范例，商人确认书的内容应视为合同内容，前提是受领人在诚实理性状态下理应预见到确认书的内容而没有立即对确认书提出反驳。参见[德]德特勒夫·莱嫩：《法学方法论的基础知识》，黄卉编译，《中国应用法学》2021 年第 3 期。

⑤ Detlef Leenen, BGB Allgemeiner Teil: Rechtsgeschäftslehre, 2011, S.126.

⑥ Petersen, Schweigen im Rechtsverkehr, Jura 2003, S.687.

多大意义，因为一旦商人确认书产生效力，商人确认书与合同的一致性是毋庸质疑的。①

2. 商人确认书规则的检验结构

商人确认书沉默同意规则是对沉默不具有法律意义这一原则的突破，应当从严认定。商人确认书规则在主体、内容、时间等方面均有严格的要求：(1)在商人确认书适用主体方面。商人确认书的受领人必须是商人或者至少是较大范围内参与商事交易之人，只有如此才能期待商事交易参与人知悉商人确认书的交易规则。对于商人确认书的发出人是否也有此要求，梅迪库斯指出，在商人确认书发出人这一方可以扩大适用范围，因为其并不因此承担特别的义务。②对此，卡纳里斯认为应当摒弃以类似商人的标准去限定商人确认书的主体适用范围，而是授权法官在个案中予以自由裁量，但也应遵循两个重要的判断标准：一是交易主体有理由对商业交易习惯和商事行为方式产生信赖，二是交易主体原则上应该是具有经营性质的组织。③(2)在商人确认书所处阶段性方面。商人确认书的发出人和受领人之间在此前已就合同进行谈判磋商，即当事人之间已经进入法律行为上的接触往来。(3)在商人确认书发出时间性方面。商人确认书必须与合同谈判行为存在直接的时间关联，④商人确认书的发出人必须在合同谈判后即时向受领人发出。如此要求的主要目的是使受领人易于识别合同谈判内容与商人确认书内容之间的内在联系。至于何为“即时”，有认为商人确认书在五日内到达受领人，一般可以认定为及时发出。⑤(4)在商人确认书内容方面。

① [德]迪特尔·梅迪库斯：《德国民法总论》，邵建东译，法律出版社2006年版，第336页。

② [德]迪特尔·梅迪库斯：《德国民法总论》，邵建东译，法律出版社2006年版，第335页。

③ Claus-Wilhelm Canaris, Handelsrecht, 24. Aufl., München: Beck, 2006, S.364.

④ [德]赫尔穆特·科勒：《德国民法总论》，刘洋译，北京大学出版社2022年版，第184页。

⑤ Larenz/Wolf, Allgemeiner Teil des Bürgerlichen Rechts, 9. Aufl., C.H. Beck Verlag, München, 2004, S.600.

商人确认书必须以复述合同内容的方式对之前订立合同作出确认。[1]商人确认书不得实质性偏离合同谈判的内容，这体现了商人确认书的“确认”功能或者“证实”功能。商人确认书内部应当严格区分宣示性确认书和设权性确认书。[2]宣示性确认书仅仅是对已经缔结合同的确认，而在设权性确认书的情形，口头约定仅在经书面确认后方才生效。[3]通常而言，只在宣示性确认书的情形才适用沉默视为同意规则。如果商人确认书对之前谈判的合同内容有重大或者实质性的偏离，则已经属于约定的内容变更。所谓重大或者实质性偏离，是指发出人依据诚实信用原则，不可能期待受领人会表示同意的偏离。[4]如果发出人故意写错约定的内容并且对受领人不仔细阅读函件抱有侥幸心理，此时对商人确认书受领人沉默的信赖不值得保护，沉默不能被视为接受要约。[5]这也体现了对沉默产生信赖的保护界限。

在满足上述要件的情况下，商人确认书受领人对收到确认书后保持沉默，则视为对商人确认书的同意，合同以商人确认书所载的内容成立。随之而来的问题是，商人确认书规则能否类推适用。也就是说，在尚未完全满足上述商人确认书所有要件的前提下，是否可以适用商人确认书规则。德国有判例认为，如果双方已进入磋商阶段并且已就全部的实质内容达成合意，而一方基于磋商的结果向另一方发出要约，对方的沉默被视为接受要约。[6]在这种情形中，虽然双方已经就合同的实质内容达成合意，但这种合意还不是终局性，双方还未最终下定决心订

---

① ［德］汉斯·布洛克斯、［德］沃尔夫·迪特里希·瓦尔克：《德国民法总论》，张艳译，中国人民大学出版社 2014 年版，第 137 页。

② Hartmut Oetker, Handelsrecht, 5.Aufl., Heidelberg: Springer-Verlag, 2007, S.183.

③ Schwerdtner, Schweigen im Rechtsverkehr, Jura 1988, S.445.

④ 邵建东、唐莹编译：《“沉默”是否就意味着“同意”？——德国联邦最高法院“对商人确认书保持沉默”案评析》，《清华法学》第 6 辑。

⑤⑥ ［德］海因·克茨：《德国合同法》（第 2 版），叶玮昱、张焕然译，中国人民大学出版社 2022 年版，第 35、36 页。

立合同，此时缔约当事人还在考量权衡，能否将要约受领人的沉默视为承诺？上述德国司法解决方案事实上是对商人确认书规则的类推适用，更确切地说是对商人确认书规则中主体要件要求的突破。虽然学说对商人确认书主体要求有逐步弱化之趋势，但仍然坚守适用主体至少具有类似商人主体特性，唯有如此才能对其课以更高的可归责性要求，对外观事实信赖具有更坚实的基础。商人确认书规则有其特殊的适用条件，不能不加限制地予以类推适用，以免过于泛化地理解与适用沉默具有表示效力的规则。在一般民事交往中，当事人在此情况还未终局作出订立合同的意愿，不宜直接将沉默认定为承诺。这个案型也体现了在一定范围内民事和商事交往中沉默所具有的不同意义。

3. 商人确认书规则在我国的适用

"要约—承诺"是合同订立的基本范式，我国《民法典》合同编也主要以"要约—承诺"这一订立合同的典型方式作为规制样本，对于交易实践中以商人确认书方式订立合同的情形未设相应规则。对此，应当予以严格区分的是《民法典》第 491 条第 1 款规定的确认书。①这里所谓的确认书与商人确认书存在根本区别，主要体现在三个方面：一是前者对适用主体上没有特别要求是商人，商人确认书有此要求。二是前者是双方当事人事先就已经约定好的签订合同步骤，商人确认书无此要求，即使双方并未约定，但在合同商谈后任何交易一方均可以向对方发出商人确认书。三是前者要求交易双方已经通过信件、数据电文等形式就合同内容基本达成一致，在此情形确认书不是对合同成立的确认，而是合同成立的必经步骤。商人确认书没有此种要求。

与上述关于商事事务处理的沉默规则不同，应当肯定商人确认书在我国法上的适用空间，理由如下：首先，商人确认书在我国商事交易

① 《民法典》第 491 条第 1 款规定"当事人采用信件、数据电文等形式订立合同要求签订确认书的，签订确认书时合同成立"。

中使用较为频繁，已经成为商人之间订立合同的重要工具。虽然司法实践中并未都使用“商人确认书”这种表述，但事实上发挥“商人确认书”的功能。其次，双方当事人在商人确认书发出之前，已经以口头形式就合同内容基本达成共识，商人确认书仅起到确认功能，于此将受领人的沉默行为评价为对商人确认书的同意，并未超出作为商人之受领人的合理预期。最后，确立商人确认书的沉默同意规则，对受领人沉默的信赖进行保护，有利于促进商事交易快速便捷达成。

第三节　积极诚信保护框架：背信型沉默

沉默除了可以构成意思表示型沉默或者权利表见型沉默之外，还可能被评价为违反诚实信用原则之行为，在一些特定情形沉默者的相对人可以获得积极诚信保护的效果，由此也使得诚实信用原则事实上取得了作为主给付义务和履行请求权正当性基础的地位。[①]在背信型沉默案型中，相对人的信赖要素也发挥一定作用，但起到关键性作用的还是对沉默者这一侧的行为基于诚实信用原则给予否定性评价。根据背信型沉默发生的时间阶段和诚实信用原则的作用领域，可以分为三个类型：第一个类型是在合同尚未成立阶段，基于诚实信用原则对特定情形中的当事人沉默行为评价为承诺之表示，合同因此成立。第二个类型是在当事人对合同订立已经达成一致意思表示，但尚未满足合同要式这一特别成立要件的阶段，此时一方以合同存在形式瑕疵为由拒绝履行义务，在特定情形基于诚实信用原则将此行为评价为自相矛盾的行为而予以禁止。第三个类型是合同已经成立生效并进入实际履行阶段，比如基于诚实信用原则产生的权利取得制度，相对人事实上获得

---

① Claus-Wilhelm Canaris, Die Vertrauenshaftung in deutschen Privatrecht, Beck, 1971, S.268.

额外的给付利益，相当于对合同内容进行变更且对相对人而言更加有利。后两种类型分别是构成自相矛盾行为的沉默和构成权利取得基础的沉默，这两种情形之所以可以作为履行责任的基础，主要在于一方当事人基于对沉默行为所引发的特定法律状态的信赖，以不可逆转的方式对此法律状态做了准备，而不当得利请求权和损害赔偿请求权都无法提供适当的补救方案。①以下根据上述三种类型划分予以具体展开分析。

一、基于诚实信用原则沉默产生表示效力的教义学分析

如本书第三章所述，经由我国《民法典》第142条关于意思表示解释规则中"诚信原则"的解释要素，可以基于诚实信用原则将沉默评价为具有同意之表示效力。一般而言，诚实信用原则是对权利行使和义务履行的限制，不会引发合同成立的效果。由此，须严格限定依据诚实信用原则将沉默评价为具有表示效力的适用空间。在合同法领域不存在"基于诚实信用原则当事人有提出异议义务而未提出的则视为承诺之表示"这样一般性的法律规则，不能以要约人对于拒绝要约的表示存有预期就径直将沉默视为同意之表示，由此避免德国司法实践中基于诚实信用原则泛化认定沉默具有承诺表示效力，过度侵蚀沉默者意思自治空间的现象。基于诚实信用原则判定沉默是否具有表示的效力，重要的是寻找拟适用的案型在法律上是否已经设置了相应或者类似的规范支撑点。只有在法律对某种案型已经设置相应或者类似的规范支撑点，可以通过法律方法进行解释或者类推适用时，才有可能将沉默评价为具有同意之表示效力。对此，应当予以严格区分的是，下文第四节关于义务违反型沉默类型中违反异议义务的情形。在此情形，由于立法上不存在与之利益格局相类似的法律规范，沉默者违反异议义务原则上并不成立履行责任，而仅产生消极损害赔偿责任。

---

① Claus-Wilhelm Canaris, Handelsrecht, 24. Aufl., München: Beck, 2006, S.366.

基于诚实信用原则沉默产生具有表示之效力这一类型，与法律拟制意思表示一样，此时沉默不是意思表示，只是具有与意思表示相同的效力。[①]由此，正如法律拟制意思表示切断沉默是否构成意思表示的判断，基于诚实信用原则将沉默评价为同意的情形，亦切断是否构成意思表示的判断，不要求沉默者具有相应的表示意识。基于诚实信用原则可能认定沉默具有同意之表示效力，主要集中在以下几种案型。

（一）关于稍微迟延承诺的案型

承诺之意思表示原则上按期到达要约人处，合同才告成立。但立法者对此设置了个别的例外规则，《德国民法典》第 149 条就属于这种例外规则。[②]该条适用这样一种情形，承诺表示按照通常传达之方法，可以及时到达要约人，且要约人应当知道该种情事，在承诺表示迟延时，要约人在受领后应当及时向承诺人发出迟到通知，怠于通知的则视为承诺未迟到。我国《民法典》第 487 条也有类似规定。[③]立法之所以设置此种例外，原因在于此时承诺人善意地信赖合同已经因自己承诺表示而成立，要约人基于诚实信用原则应当及时告知承诺延迟的事实。对此，《德国民法典立法理由书》指出，"如果某人及时针对要约发出承诺表示，则他有理由预期表示将于承诺期内到达要约人，合同因此成立。如果该预期与事实情况不符，则基于诚实信用的考虑，要约人应当在没有过错迟延的情况下将相关情况告知承诺发出人"。事实上，立法对承诺到达的风险在要约人和承诺人之间进行分配，但同时又不能过于苛责要约人承担更多的送达风险，故该条仅要求要约人不得因过错耽搁迟延告知的发出，这种迟延告知到达的风险仍由承

---

① Palandt/Ellenberger, Vorbemerkung zu §§ 116.ff, Rn.7.

② Jörg Neuner, Allgemeiner Teil des Bürgerlichen Rechts, 13. Aufl., 2023, § 37, Rn. 27.

③ 《民法典》第 487 条规定"受要约人在承诺期限内发出承诺，按照通常情形能够及时到达要约人，但是因其他原因致使承诺到达要约人时超过承诺期限的，除要约人及时通知受要约人因承诺超过期限不接受该承诺外，该承诺有效"。

诺人承担。

随之而来的问题是,要约人对其他情形下迟到之承诺保持沉默如何处理。根据《德国民法典》第150条第1款规定"迟到之承诺,视为新要约",此时要约人对此类迟到之承诺保持沉默,是否构成对新要约之承诺。对此,德国有个著名案例(BGH, NJW 51, 313),从中可以管窥德国学说与判例对该问题的看法。在该案中,原告丈夫在被告处提出订立事故保险的要约,要约在7周的承诺期限届满4天后(7月16日)被承诺。原告丈夫支付了第一笔保险费,被告要求继续支付后续保险费并进行了催告。后原告丈夫因事故不幸死亡,被告以承诺已经过了期限,保险合同未有效成立为由,拒绝支付保险金。德国联邦最高法院认为,遵守要约确立的期限对于保险合同而言具有重要意义,要约已经明确了承诺期限,承诺人须在承诺期限内承诺。因此,保险人于7月16日出示保单的行为因未在承诺期限内为之,不构成对要约的承诺,但是该行为构成新的要约,原告丈夫对该要约保持沉默,构成承诺,保险合同因此成立。德国联邦最高法院采用了法律行为理论处理迟到承诺这一案型。对于此案的裁判论证,学说上存在两种不同意见。支持者认为,要约人对迟到的承诺保持沉默,只要没有其他情事可能导致要约人改变主意的,则根据诚实信用原则沉默通常而言视为承诺。①对此,弗卢梅指出,法院在对迟到之承诺保持沉默问题上表明了存在这样一个法律规则,在《德国民法典》第149条规定的特殊情形之外,只要承诺表示的接收人并没有迟延地通知承诺表示迟延到达的事实,则它总是有效的。换言之,在《德国民法典》第150条第1款规定的情形,如果要约人对迟延到达之承诺沉默不语,则可以认为要约人对受要约人通过迟到之承诺而发出的新要约表示承诺。②反对者主张,不能在一般意

① Soergel/Hefermehl, Vorbemerkung zu §§ 116.ff, Rn.36.

② [德]维尔纳·弗卢梅:《法律行为论》,迟颖译,法律出版社2013年版,第780页。

义上认为对于迟到承诺保持沉默即构成同意。梅迪库斯指出，对《德国民法典》第149条规定作扩大适用是不恰当的，司法判例认定沉默具有积极意思表示的意义，与其说是一种通行做法，不如说是具有个案性质的“同情判决”。①拉伦茨也认为这个论断是一个“同情判决”，其所依赖的理由经不起严格审查，尽管它对于所判决的案件来说是合理的，但这不能成为一个新的法律规范依据。②卡纳里斯对该案提出更为严厉的批评，他认为上述案件将沉默评价为承诺是纯粹的拟制。因为被告要么知道超过承诺期限，则他没有理由将沉默认为同意，正如德国联邦最高法院在判决中明确提到的，保险合同中承诺期限须更加严格遵守；要么被告完全没有察觉到承诺已经过了期限，则他认为合同通过承诺表示已经成立，因此在沉默中根本看不到意思表示。与德国联邦最高法院采取的法律行为理论工具不同，卡纳里斯采用基于自相矛盾行为产生的信赖责任理论对该案处置进行教义学重构。被告一开始将合同按照有效来处理，例如催要保险金，但涉及自己的给付义务时，则主张承诺过了期限。被告很明显通过自己的先行行为将自身置入自相矛盾之中。被告通过自己行为，特别是催要后续保险费的行为，使原告丈夫信赖合同已经有效成立。被告对此存在过失，至少在诱发原则或风险原则意义上具有客观的可归责性。这在很大程度上导致了原告丈夫没有进一步采取措施，即没有通过同意迟到的承诺进行补救，或者订立其他保险合同。这种补救措施现因原告丈夫死亡，已经无法实现，因此这种情势具有“不可逆转性”。该案符合信赖责任可信赖的外观事实、沉默者的可归责性以及相对人的善意信赖并且进行信赖投入三个构成要件，因此适用信赖责任而不是法律行为责任。卡纳里斯进一步指出《德

① [德]迪特尔·梅迪库斯：《德国民法总论》，邵建东译，法律出版社2006年版，第286页。

② [德]卡尔·拉伦茨：《德国民法通论》(下册)，王晓晔、邵建东、程建英、徐国建、谢怀栻译，法律出版社2007年版，第731页。

国民法典》第 149 条构成体系矛盾。承诺人预期承诺表示会按时到达要约人，这种预期应当值得保护，但不能据此将这种情形归为信赖责任。虽然根据诚实信用原则，要求及时通知承诺已经迟延的事实，但是仍然无法解释，为什么此时通过对准时到达的拟制，并进而产生履行责任，而不是像其他违反通知义务那样仅产生消极损害赔偿责任。在这种情形中，完全找不到将损害赔偿责任转换为履行责任令人信服的理由，因为表意人的信赖原本就不是建立在另一方当事人的任何行为之上，而是建立在所谓“通常情形下可以到达”，即一种处于接收人领域之外的事实基础。表示人可能因为信赖承诺表示未迟延，为履行合同作了相关准备，但是该项规则并不要求表意人已经进行了信赖投入这一要件。在对表意人没有特别值得保护的必要和根本无需有任何信赖投入的情况下，使接收人在轻过失的情况下即可能承担履行责任，这种规则构成了体系违反，特别是与缔约过失规则不相匹配。从方法论角度而言，这种违反体系的法律条款不允许类推适用。对迟延承诺的沉默在特定情形，特别是在没有出现可以期待要约人的决定发生转变的情形下可视为对超期的同意，此时如果沉默人具有表示意识，则沉默构成可推断的意思表示；如果欠缺表示意识，当通过相应交易习惯已经将沉默的意义典型化，则可以类推适用《德国商法典》第 362 条规定使其受到合同的拘束。在此，基于自相矛盾行为的信赖责任理论可以作为补充性的规制。在其他情形，最多产生消极损害赔偿责任。①

在我国民法语境中对在承诺期内及时发出但因非正常原因稍微迟延的情形如何处理？我国《民法典》根据承诺的发出和到达时间，区分了不同类型层级：一是在承诺期内发出且及时到达(《民法典》第 481 条)；二是在承诺期内及时发出，但因非正常原因迟延到达(《民法典》第

① Claus-Wilhelm Canaris, Die Vertrauenshaftung in deutschen Privatrecht, Beck, 1971, S.256ff.

487 条)；三是在承诺期内发出，但经正常传达仍得迟延到达(《民法典》第 486 条前句的第二种情形)；四是超出承诺期限发出承诺(《民法典》第 486 条前句的第一种情形)。对于第一种情况，承诺准时到达要约人处，合同自然有效成立。对于第二种情形，属于我国《民法典》第 487 条的规制范围，要约人对此种承诺保持沉默的，则法律拟制承诺视为未迟到，据此合同有效成立。对于第三和第四种情形，根据《民法典》第 486 条规定，承诺构成新要约，要约人对此沉默，并不构成对新要约的承诺，但要约人及时通知受要约人该承诺有效的除外。第二种情形和第三、第四种情形的法律效果上区别在于，第二种情形由于时间上"占优"，《民法典》规定除要约人不接受该承诺外，该承诺有效；而在第三和第四种情形相对于第二种情形在时间上相对"置后"，只有要约人表示接受该承诺时，该承诺才有效。法律对这两类情形赋予了完全相反的法律效果。有疑问的是，第三种"在承诺期内发出、但经正常传达仍得迟延"的情形中，稍微迟延之承诺在法律上应作何种评价。对此，法教义学上存在四种可供选择的解决方案：第一种方案，类推适用我国《民法典》第 487 条规定，将稍微迟延之承诺视为未迟延，但要约人及时通知的除外。①第二种方案，基于诚实信用原则，要约人负有提示通知义务，如果要约人保持沉默，则视为对新要约的承诺。第三种方案，与第二种方案相同，要约人基于诚实信用原则负有提示通知义务，但不同的是，违反该义务仅承担缔约过失责任。第四种方案，在此种情形要约人不负有任何义务，要约人保持沉默既不构成义务之违反，也不构成同意之表示。对于第一种解释方案不予赞同，此种情形承诺人信赖合同已经成立的事实基础并非由要约人所设立，而且承诺是否迟延也不属于要约

① 我国有学者认为，"受要约人存在值得保护的信赖，则应认定其在承诺期限内发出的承诺仅系意外未及时到达，从而适用《民法典》第 487 条的拟制未迟延的规则"。参见杨代雄：《法律行为论》，北京大学出版社 2021 年版，第 148 页。

人之控制范围,《民法典》第487条这种与法秩序的内在体系不协调的例外规定,原则上不得类推适用。[①]虽然承诺是在承诺期限内发出,但经正常传达仍为迟延,此时承诺人并不具有信赖合同已经因自己的承诺而成立的期待,因为承诺人应当知晓自己承诺通知会迟延到达,即使其认为要约人对稍微迟延的承诺不在意,这种信赖也不具有保护性。因此,第二种解决方案也不妥当。对此,正确的处理方案应当是,将我国《民法典》第487条视为从一般缔约过失责任中抽取的特殊案例类型,立法者对此情形采用法律拟制之方式加以特别构造,在法律效果上给予特殊的评价。对于除《民法典》第487条之外的承诺迟延案型,应当属于缔约过失制度的规制范围,如果在具体案件中可以证成存在提示通知义务的,违反者按照缔约过失制度来处理,不应当类推适用《民法典》第487条之立法特例。事实上,立法规定的这四种情形已经形成了前后"无缝衔接"的时间序列类型,是否还有必要将"稍微迟延之承诺通知"这一情形单独抽离出来作特殊处理?《民法典》颁布前,有学者主张法律未规定"稍微迟延之承诺通知"这一案型构成法律漏洞。[②]《民法典》第486条在原《合同法》第28条基础上增设了这一案型,即"在承诺期限内发出承诺,按照通常情形不能及时到达要约人",已经填补了这一法律漏洞。因此,只有在特定情形下,根据诚实信用原则要约人负有提示通知义务,则适用第三种解决方案,其他情形均按照第四种方案处理,即要约人无须作任何表示,合同不成立。

（二）关于变更要约内容的案型

对于变更要约内容的案型,需要区分轻微背离要约内容和非轻微

---

① 这种观点与前文所述"既不能基于'例外规则不得扩张解释'原则即得出例外条款不能类推适用的结论,也不能一概认为可以类推适用,毋宁是要在个案中具体阐明规范目的,找到明确的类推基础"的观点并不矛盾。例外规则也应当区分不同的类型,此处的类型是法律规定的特例,事实上有悖于法律体系。

② 杨代雄:《意思表示理论中的沉默与拟制》,《比较法研究》2016年第6期。

背离要约内容这两种情形。承诺轻微背离要约的内容，要约人对该承诺保持沉默，能否导致合同成立？对此，存在不同的立法规制模式。《德国民法典》第 150 条第 2 款规定“将要约扩大、限制或者为其他变更的，视为拒绝要约，而为新的要约”。可见，德国民法要求承诺之内容应当与要约之内容完全一致，要约变更内容不问变更范围大小、重要与否，均视为对要约的拒绝。与此不同的是，PECL 第 2：208（3）条、PICC 第 2.1.11 条和 DCFR 第Ⅱ 4：208 条采取了类型化的规制模式，按照要约内容被修改的程度，区分了实质性修改和非实质性修改两种类型。对实质性修改的承诺构成反要约，即新的要约；对于非实质性修改，除非要约人对此表示反对，否则合同成立，且按照被修改后的内容即承诺的内容订立。我国《民法典》亦采取此种模式，在两个条文中予以分别规制，第 488 条第 2 句规定“受要约人对要约的内容作出实质性变更的为新要约”，第 489 条规定“承诺对要约的内容作出非实质性变更的，除要约人及时表示反对或者要约表明承诺不得对要约的内容作出任何变更外，该承诺有效，合同的内容以承诺的内容为准”。至于实质性变更的判断标准，《民法典》第 488 条第 3 句规定“有关合同标的、数量、质量、价款或者报酬、履行期限、履行地点和方式、违约责任和解决争议方法等的变更，是对要约内容的实质性变更”，为判断实质性变更提供了正面清单。因此，在我国民法语境中，轻微背离要约内容的承诺只要不在《民法典》第 488 条第 3 句规范辐射范围内，即构成非实质性变更的承诺，要约人对此保持沉默，意味着要约人没有表示反对，则该承诺有效，合同以承诺的内容成立。就《民法典》第 489 条的文义而言，该条规定形成一个“原则—例外”规范结构。从立法目的来看，对非实质的变更不影响合同成立，主要目的是提升交易便捷性，尽快促成交易。但也并未完全不顾及要约人的利益，要约人可以通过在要约中表明不得作任何变更或者嗣后表示反对来阻断承诺的有效性。

有争议的是，对于非轻微背离要约或者实质性变更要约的承诺，根据《民法典》第 488 条规定，构成新要约，对此保持沉默该如何处理。①对于这种案型，在法教义学上存在这样一种可能的解决方案。根据要约的内容是否具有可分性，作更细致的区分判断。如果要约具有可分性，承诺对有的部分进行实质性变更，对有的部分进行非实质性变更，此时可以认定对非实质性变更的内容已经达成一致，且以变更后的内容为准。对于实质性变更的部分，与整体作实质性的变更存在区别，后者是整体性地否定要约的内容，而前者对于要约的内容至少是部分肯定，因此在后果配置上也应作区分对待。对于整体性的实质变更，立法上认定为新要约，对于整体性的非实质变更，立法上认为合同按照变更后的内容有效成立。对于部分的实质性变更，采取位于这两种情形之间的“居中”结果，既比新要约的法效果更进一步，又尚未达到成立合同的法效果。此时可以采取“附生效条件的承诺”的构造模式，这里条件是任意条件或者意定条件，生效条件是要约人不表示反对或者保持沉默。在合理期限内，要约人表示反对则条件未成就，承诺无效，合同未

① 在司法实践中，法院认为对于实质性变更之承诺保持沉默，不应认为对新要约的承诺。例如在泰山财产保险股份有限公司与山东葛洲坝枣菏高速公路有限公司保险纠纷案，法院认为“该案投保人向保险人填写递交投保单，属于书面要约，如果此后保险人完全同意了投保人的要约，并将承诺通知到要约人，才能使得保险合同依法成立。保险人发送的保险单对要约作了实质性变更，该保险单实际上即依法转换成了新要约，除非投保人对该新要约作出承诺或双方重新协商签订协议合同才能依法成立。在被告方没有对新要约作出明确同意的意思表示前（收到保单沉默及不回答不能认为是同意），原告认为其发出（实质性变更）的保险单后，被告没有提出异议即沉默，就认为被告做出了认可即承诺，进而认定合同已生效，是不符合上述法律规定和《民法总则》第一百四十条规定的行为人可以明示或者默示作出意思表示。沉默只有在有法律规定、当事人约定或者符合当事人之间的交易习惯时，才可以视为意思表示。本案保险单于 2017 年 5 月 25 日签发给被告，被告对该不符合其投保单内容的保险单没有向原告作出过任何承诺或双方协商达成新的协议。因此本案保险合同原告始终没有对被告的投保要约作出过完全真实的承诺，故涉案保险合同始终并未成立。因此涉案保险合同对被告不具有法律约束力”。参见泰山财产保险股份有限公司与山东葛洲坝枣菏高速公路有限公司保险纠纷民事再审民事判决书，山东省枣庄市中级人民法院(2021)鲁 04 民再 38 号。

成立。以上这种解释方案表面上看似有道理，但实际上经不起推敲。在此情形，虽然双方当事人对非实质性部分达成一致，但合同订立的关键部分在于合同标的、数量、价款等事项，这些要素属于《民法典》第488条第3句规定的“对要约内容的实质性变更”。这些要素未达成一致，足以影响原要约人订立合同的意愿或者导致合同目的不达。结合《民法典》第478条和第488条规定，受要约人对要约的内容作出实质性变更的，要约失效，受要约人“承诺”构成新的要约。在此情形必须等待原要约人作出新的承诺，合同方可成立，不能认为原要约人保持沉默时合同即成立。

（三）关于交叉要约的案型

双方当事人互为要约之表示，而且内容相互一致时，此时合同能否成立以及何时成立？对此，一般认为，既然双方均有订立相同内容之合同的意愿，没有必要阻碍合同成立。关键的问题是，合同以何种方式成立，学说上存在两种不同的解释模型。一是直接成立合同说。根据该说，双方皆有缔约的意思，且内容又属一致，依实质合意原则合同成立。合同成立时间，以在后之要约到达相对人时为准。[①]二是沉默成立合同说。仅当两个要约人没有不迟延地提出异议的情况下，合同才成立，此时一方沉默构成对另一方要约的承诺。[②]对于交叉要约这一特殊情形下合同成立的法律构造，涉及要约拘束力的问题。我国和德国关于要约拘束力的立法规范存在差异。对于要约生效之后，可以发生两种拘束力：一为实质拘束力，即要约一经相对人承诺，产生合同成立的效力。二为形式拘束力，要约生效后，在其存续期间内，要约不得撤回或者变更的效力。对于要约形式拘束力，《德国民法典》制定时争议甚烈，最后认为要保护相对人的信赖及促进交易，因此《德国民法典》第145条规

---

① 王泽鉴：《债法原理》（第2版），北京大学出版社2013年版，第198页。

② 杨代雄：《法律行为论》，北京大学出版社2021年版，第151页。

定了要约人应受其发出要约之拘束的基本原则。一般而言，要约到达相对人时发生效力，到达之后不得撤销。与德国民法要约具有形式拘束力的立法模式不同，我国《民法典》第 476 条和第 477 条借鉴《联合国国际货物销售合同公约》之规定，要约不具有形式拘束力，原则上可以撤销，要约可撤销的最晚时间节点是“作出承诺之前”。①

由此可见，我国《民法典》与《德国民法典》规定相比，关于要约的拘束力存在“时间差”，即在“要约到达后—承诺作出前”这段时间内要约人仍可以撤销要约，但要求撤销通知于受要约人承诺之前到达。在我国法的语境下，规定要约具有可撤销性，主要是为了赋予要约人对自己发出具有法律拘束力的意思予以回收的权利，给予要约人反悔的机会。根据直接成立合同说，合同成立的模式是“要约＋要约”，合同在后一个要约到达后即告成立，事实上产生了合同提前成立的效果，此时要约人也因合同提前成立而丧失了撤销要约之可能性，变相剥夺了要约人的撤销权。根据沉默成立合同说，合同成立的模式仍然是“要约＋承诺”，即前要约人保持沉默视为对后要约的承诺。如果要约人想撤销自己的要约，只要对后要约人提出异议即可，因此其仍保有撤销权。因此，采取沉默成立合同说与我国法要约具有可撤销性这一规则体系更加契合，是更为妥当的选择。但要约人保持沉默并非发出承诺之意思表示，此时并不要求存在一个承诺之意思表示，而是基于诚实信用原则赋予沉默承诺表示的效力，因为后要约人可以期待在此种情况要约人有达成合同之意愿。

---

① 我国《民法典》第 476 条规定“要约可以撤销，但是有下列情形之一的除外：（一）要约人以确定承诺期限或者其他形式明示要约不可撤销；（二）受要约人有理由认为要约是不可撤销的，并已经为履行合同做了合理准备工作”。该条明确了要约原则上可以撤销。《民法典》第 477 条规定“撤销要约的意思表示以对话方式作出的，该意思表示的内容应当在受要约人作出承诺之前为受要约人所知道；撤销要约的意思表示以非对话方式作出的，应当在受要约人作出承诺之前到达受要约人”。该条明确了要约撤销的最晚时间节点。

（四）关于“不受拘束的要约”的案型

在“不受拘束的要约”情形，承诺表示到达要约人之后，要约人保持沉默，此时合同是否成立？对此，首先需要明确的是，要约人在要约中声明要约不具有拘束力具有何种法律性质。在具体情境中，此种要约具有不同的意涵。一是要约还未成立，行为人只是发出了要约邀请；二是要约人保留撤销要约的权利；三是保留解除合同的权利。一般而言，对于要约具有何种意义有争议时，应当认定为要约邀请。①在保留要约撤销权的情形，弗卢梅和梅迪库斯认为要约在承诺到达之后仍可撤销，理由是要约人常常基于某种不确定性才排除要约拘束力，而这种不确定要延续到承诺到达之后。②由此，有观点认为在承诺表示到达之后，附有撤销权的要约人须立刻行使撤销权，要约人对承诺表示的沉默，将使撤销权消灭，导致合同最终成立。③事实上，在承诺到达之后要约人仍可以撤销，已经不属于保留要约撤销权的情形，此时合同因意思表示一致已经成立，因而属于保留合同解除的情形。当然这种情形合同得以成立是以认可要约人可以附解除权为前提。

根据要约拘束力的强弱，形成“通常的要约邀请—附解除权的要约—附撤销权的要约—通常的要约”类型序列，要约邀请位于类型光谱的一端，此时法律拘束力为零，通常的要约位于类型光谱的另一端，具有最强的拘束力。如果把附有撤销权要约的可撤销时间节点截至承诺作出前，则其对应我国实证法上的要约。在第一种情形，有学说认为“要约人”仅仅发出了一个要约邀请，相对人“承诺”实际上只是要约，

① ［德］本德·吕特斯、［德］阿斯特丽德·施塔德勒：《德国民法总论》（第18版），于馨淼、张姝译，法律出版社2017年版，第274页。

② ［德］迪特尔·梅迪库斯：《德国民法总论》，邵建东译，法律出版社2006年版，第273页。

③ ［德］汉斯·布洛克斯、［德］沃尔夫·迪特里希·瓦尔克：《德国民法总论》，张艳译，中国人民大学出版社2019年版，第89页；［德］本德·吕特斯、［德］阿斯特丽德·施塔德勒：《德国民法总论》（第18版），于馨淼、张姝译，法律出版社2017年版，第228页。

“要约人”必须不加迟延表示拒绝该要约，否则其沉默视为承诺。[①]此种观点不应赞同，要约邀请和要约存在本质区别，要约邀请本身还不符合意思表示的构成要件，不具有法律拘束意思。相对人发出要约，“要约人”具有保持沉默的自由，其沉默行为不应被评价为承诺。在第二种情形，要约人在要约中附有在承诺到达之后其享有名义上为撤销权(实际上为解除权)的声明，使得要约人在合同成立之后仍可以任意解除合同，事实排除了要约的拘束力。虽然这种情形事实上的拘束力与第一种情形有别，但均尚未表达终局性受要约拘束的意愿，故处理方案参照第一种情形。在第三种情形，需要细分两种类型，如果要约可撤销节点保留至作出承诺前，则在我国实证法上没有任何障碍，合同因相对人承诺而成立，此时要约人的沉默不具有意义。如果要约可撤销时间节点保留至承诺作出之后、到达之前，这种情形不构成我国实证法意义上的要约，而是要约邀请。相对人发出要约到达“要约人”后，“要约人”保持沉默是否可以评价为承诺？对此应作肯定回答。在这种情形，并未违背“要约人”在“要约”声明中所表达的意愿，即“承诺”到达之前享有撤销权。因为在“要约人”看来，此时相对人发出的要约即为对自己“要约”的“承诺”，在“承诺”到达之后，“要约人”未行使撤销权而保持沉默，应当认定为同意的表示，合同据此成立。在第四种情形，合同因要约受领人的承诺行为而成立，此时要约人的沉默不具有任何意义。

（五）关于纯获利益要约的案型

对于纯获利益的要约，承诺人保持沉默是否构成同意之表示？《德国民法典》第 516 条第 2 款规定，赠与人有权设定相当期间催告受赠方为接受赠与的表示，期间届满后，受赠方未表示拒绝赠与的，则视为接

① ［德］赫尔穆特·科勒：《德国民法总论》，刘洋译，北京大学出版社 2022 年版，第 173 页；［德］本德·吕特斯、［德］阿斯特丽德·施塔德勒：《德国民法总论》(第 18 版)，于馨淼、张姝译，法律出版社 2017 年版，第 274 页。

受赠与。对于其他非赠与但纯获利益之情形，能否将受要约人的沉默视为承诺？对此，德国有学者认为当所涉规则对沉默者是纯获利益的，沉默原则上具有同意的意义。[①]这种法律思想同样构成《德国民法典》第516条第2款的立法理由。正如梅迪库斯指出，立法者之所以如此规定的原因在于：一是"仅在例外情形才会拒绝接受赠与"的经验规则判断；二是赠与的要约不适用《德国民法典》第146条至第149条规定，即受赠人在作出承诺之前，赠与要约一直有效，因此该条规定可以看做是对"赠与要约长期有效"的一种补偿。[②]我国《民法典》在赠与合同情形没有设置类似规则，而在第657条规定受赠人对赠与要"表示接受"。在特定情况下能否将沉默解释为"表示接受"？我国有学者以两个论点否定纯获利益要约的沉默可评价为承诺：一是我国《民法典》没有类似于《德国民法典》第516条第2款的相关规定，因此欠缺解释论上的支点；二是遵守缔约的一般规则，不能仅仅因为使一方纯获利益就认定该方的沉默构成承诺。[③]对此，不应当忽视我国《民法典》第685条第2款和第145条之规定。根据《民法典》第685条第2款规定，债权人对第三人书面保证未提出异议的视为保证合同成立，因为此时债权人通过保证人提供保证而获得了双重履行保障且自己未有任何损失。能否类推适用该条规定，将之推广到其他纯获利益之情形？对此可能会招致这样一个质疑，该条要求债权人有"接收＋未提出异议"两个行为，未提出异议是在接受书面保证前提下完成的，立法设置了严格的构成要件，因此不具有可类推性。但正如前文所述，立法之所以这么规定，主要是由于保证合同为书面要式合同，债权人接受书面保证也就意味着保证

---

① ［德］赫尔穆特·科勒：《德国民法总论》，刘洋译，北京大学出版社2022年版，第179页。

② ［德］迪特尔·梅迪库斯：《德国民法总论》，邵建东译，法律出版社2006年版，第283页。

③ 杨代雄：《意思表示理论中的沉默与拟制》，《比较法研究》2016年第6期。

合同的书面要约到达债权人处，并没有额外设置其他的更高要求，因此这一构成要件的要求并不阻碍对其他纯获利益情形的类推适用。

此外，《民法典》第145条提供了第二个可类推适用的规范支点。①根据该条规定，限制行为能力人实施法律行为效力待定，需要法定代理人允许（同意或追认），但纯获法律利益的完全有效。这实际上是以纯获法律利益来代替了法定代理人的允许行为，蕴含着在此种情况下法定代理人通常会表示允许的判断，立法者基于这种设想，通过制定法代替了法定代理人的意志。该条规定能否类推适用，或者从该条背后的立法理由中提炼出一般规则，即对纯获利益的要约保持沉默视为承诺？《民法典》第145条与其他情形有两个不同之处：一是在人的适用范围上有所限制，其仅适用于限制行为能力人；二是适用的场景是合同已经成立但未确定生效的情形，而在其他情形则是合同尚未成立的情形，讨论的是合同能否因沉默而成立的问题。这两种适用上的差异能否阻碍该条类推适用？首先，《民法典》第145条出于对限制行为能力人的保护而作的例外规定，在限制行为能力人为纯获法律上利益的行为时，相对人可期待法定代理人将会同意该法律行为。对于此种情形，无须法定代理人把关，径直认定合同有效。在完全行为能力人为法律行为的情形，要约人应当也可以期待受要约人不会拒绝该要约，在结果处理上更应如此。其次，对于上述第二个不同之处，需要判断合同成立但未生效之情形与要约之拘束力之间有何差别。如前所述，我国《民法典》第477条规定要约可以撤销，但撤销通知应当在受要约人发出承诺通知

① 《民法典》第145条规定“限制民事行为能力人实施的纯获利益的民事法律行为或者与其年龄、智力、精神健康状况相适应的民事法律行为有效；实施的其他民事法律行为经法定代理人同意或者追认后有效”。有学者主张《民法典》第144条规定的无行为能力人法律行为一律无效的规则存在法律漏洞，应进行目的性限缩，在纯获法律利益的情形类推适用第145条之规定。参见申卫星：《论无行为能力人纯获法律利益法律行为的效力》，《法律科学》2022年第2期。

之前到达受要约人，这条规定事实上否认要约的形式拘束力。而在法律行为成立后未生效前的情形，原则上具有一般形式上的拘束力。[①]这种差异体现的是在合同缔约过程中的不同阶段，赋予不同程度的法律拘束力。但面对相对人提供的纯获法律利益的情境，这种差异性并不足以大到可以否定两者之间利益格局的相似性。在受要约人纯获法律利益的情形，基于要约人和受要约人的权利义务和利益状况之间的权衡考虑，如果受要约人不愿接受这种纯获法律上的利益，则应明确表示拒绝，若对此保持沉默，可以推断为承诺的表示。

以上的讨论仅限于纯获法律上利益的情形，对于非纯获法律上利益，但可获得巨大经济上利益的情形能否进一步类推适用？对于纯获法律上利益有两种判断标准：一为实质判断标准，以经济视角判断所为的法律行为是否具有经济上的利益。二为形式判断标准，法律行为受有法律效果上的不利益时，即使在经济上获有巨大利益，也不属于纯获法律上利益。[②]对此，应当认为虽然从利益角度来看，受要约人获得了经济利益，但同时可能负有相关义务，如果径直将此种情形中的沉默解释为承诺，有悖于受要约人的缔约自由。因此，在纯获法律上利益的要约，受要约人的沉默原则上可以评价为对要约的承诺。但对于非纯获法律上利益的要约，则需要在个案中具体判断，不可一概而论。

(六) 小结

综上所述，基于诚实信用原则认定沉默具有表示之效力的案型极其有限。对于稍微迟延承诺的案型，沉默不具有表示之效力。对于变更要约内容的承诺案型，非实质变更不影响合同成立，要约人沉默不具有任何意义；实质性变更的构成新要约，沉默也不具有表示之效力。对于“不受拘束的要约”案型，沉默仅在有限空间内具有意义，即在要约可

① 金可可：《〈民法总则〉与法律行为成立之一般形式拘束力》，《中外法学》2017年第3期。

② 王泽鉴：《纯获法律上之利益》，《民法学说与判例研究（重排合订本）》，北京大学出版社2015年版，第237页。

撤销时间节点保留至承诺作出之后到达之前时，要约人的沉默才具有同意之意义。对于交叉要约和纯获法律上利益之要约的案型，可以基于诚实信用原则将沉默评价为具有表示之效力。

二、作为自相矛盾行为的沉默

自相矛盾行为即出尔反尔行为，是违反诚实信用原则的重要类型。在法律行为交往中的沉默领域，自相矛盾行为的著例是，当事人在缔结法律行为时，明知法律行为欠缺法定形式要件，而恶意不告知相对人，导致相对人产生法律行为已经成立的信赖，在特定情形下不得再以形式瑕疵为由主张该法律行为无效。在此种案型中，形式要求的法律规则与诚实信用原则处于对抗状态，涉及形式瑕疵效果和诚实信用原则适用之间的价值衡量问题。这个问题可以再进一步拓展为，在法定形式强制的立法目的与诚实信用原则发生冲突时，两者在何种程度和范围内具有优先地位，①是否需要引入诚实信用原则对因形式瑕疵导致法律行为无效而引发的不公平后果进行校正。

（一）德国法的解决进路

德国司法和学说一般认为，诚实信用原则对形式瑕疵的无效后果具有校正功能，否则将导致违反诚信的行为反而受到制定法的奖赏这一不良后果。②至于如何校正，德国司法和学说采取了不同的解决方案。

1. 德国司法的后果导向进路

从德国司法的发展演变来看，司法裁判者在一系列判例中对形式瑕疵效果规则和诚实信用原则之间的适用关系进行艰难的权衡。总体来看，司法判例沿着从完全排斥诚实信用原则对形式瑕疵后果进行校正到逐步认可的轨迹演变。裁判发展路径大致分为三个阶段：第一阶段是完全排斥诚实信用原则适用，例如1902年帝国法院在一则判决中

①② [德]卡尔·拉伦茨：《法学方法论》(第6版)，黄家镇译，商务印书馆2020年版，第498页。

认为，对于形式规定不得援用诚实信用原则，否则形式规定将形同虚设。第二阶段是部分承认形式瑕疵无效后果应当受到限制，例如1907年帝国法院认为，如果拒绝给付的一方当事人对形式瑕疵具有过错，则以形式瑕疵为由拒绝给付构成一项可指责的行为，此时具有过错一方负有恢复形式得到遵守时(即合同有效时)应当存在的义务。第三阶段是完全认可诚实信用原则对形式瑕疵无效后果予以限制，例如1948年英占区最高法院在判决中认为，在特殊情形下可以基于诚实信用原则而不适用无效的法律效果，比如一方当事人生存遭到危险，或者违反忠实义务且情节特别严重。①当前德国司法基本上遵循该判决的裁判路径，引入诚实信用原则来阻断形式瑕疵后果的主要理由是，适用形式瑕疵规则使法律行为无效将产生“简直难以承受的后果”。主要在两种案件类型中认为不得以形式瑕疵为由主张合同无效：一是生存遭受危险。因形式瑕疵导致法律行为无效，将使得合同一方遭受生存的危险，则适用诚实信用原则，此时合同有效。②二是特别严重违反忠实义务。如果合同一方当事人严重违反忠实义务，特别是在恶意欺诈下为之，此时尽管未遵守形式规定，也应当适用诚实信用原则而使合同有效。③

---

① [德]迪特尔·梅迪库斯：《德国民法总论》，邵建东译，法律出版社2006年版，第469页。

② Münchkomm/Einsele, §125, Rn.58.德国联邦法院在一起案件中(BGH NJW 1972, 1189)支持履行请求权，在该案中买受人年迈且毫无经验，住房选在自己的养老地，于是交出了所有积蓄作为购房款。如果此时只支持他的缔约过失请求权，则其将不得不另觅他处且很有可能暴毙途中，故法院支持了其提出的履行请求权。参见[德]海因·克茨：《德国合同法》(第2版)，叶玮昱、张焕然译，中国人民大学出版社2022年版，第57页。

③ Münchkomm/Einsele, §125, Rn.61.德国联邦法院一起案例(BGHZ 16, 344)，被告将土地租给拓荒者并且签了租契(书面形式，并非公证证书形式)。根据租契，只要拓荒者在五年内准时履行合同义务，则被告将土地所有权转让给拓荒者。八年后，一名拓荒者要求被告转让土地所有权，被告援引形式瑕疵。法院认为，被告以富有经验之人的身份和毫无经验的拓荒者做生意，且拓荒者信赖一个被保证了的法律状态，故支持了原告诉请。参见[德]海因·克茨：《德国合同法》(第2版)，叶玮昱、张焕然译，中国人民大学出版社2022年版，第57页。

2. 德国学说的要件涵摄进路和要素协动进路

德国学说对司法裁判路径多持批评态度，认为“简直难以承受的结果”这种判定公式过于原则抽象，简单地运用结果上的可承受性来加以论证，只会产生恣意且无法预料的后果，影响法律适用的妥当性和稳定性。①德国学者克茨指出，基于诚实信用原则不允许主张形式瑕疵的情形，比如出卖人有“特别严重违反诚信的行为”且主张形式瑕疵对另一方来说“完全不可忍受”，就这一问题没有明确的答案，必须结合具体案型和案件背景，在个案中寻求解决法律明确性和实质正义的冲突之道。②虽然德国学说不赞同后果导向的裁判路径，但大多赞同裁判结论，即当因形式瑕疵而使法律行为无效可能导致与主导整个私法的诚实信用原则无法相融、产生难以承受的后果时，对形式要求予以保留是更为妥当的解决方案。③为维持形式强制的秩序，德国学说禁止主张形式瑕疵无效这一规则必须限定在少数的例外情形，否则关于形式强制规范将因适用诚实信用原则被规避甚至架空。④但也有学者对诚实信用原则可以校正形式瑕疵无效后果这一观点提出了质疑。例如，海瑟迈尔(Häsemeyer)彻底否定诚实信用原则的适用空间，理由有二：一是在形式存在瑕疵情形，法律行为无效的后果是法律行为和形式规则的一致性表达；二是不能以事后的假设来查明，对形式要求的遵守于当事人的决定产生何种影响。⑤

---

① Münchkomm/Einsele，§125，Rn.61；[德]迪特尔·梅迪库斯：《德国民法总论》，邵建东译，法律出版社2006年版，第470页。

② [德]海因·克茨：《德国合同法》(第2版)，叶玮昱、张焕然译，中国人民大学出版社2022年版，第55、56页。

③ Claus-Wilhelm Canaris，Schweigen im Rechtsverkehr als Verpflichtungsgrund，in：FS Wilburg，1975，S.93ff；Münchkomm/Einsele，§125，Rn.61.

④ Claus-Wilhelm Canaris，Schweigen im Rechtsverkehr als Verpflichtungsgrund，in：FS Wilburg，1975，S.93ff.

⑤ Münchkomm/Einsele，§125，Rn.62.

基于对司法判例的泛化认定，德国学说采取了要件涵摄进路和要素协动进路两种解决方案。在要件进路模式上，主要存在单一要件和双重要件两种论证思路。第一，单一要件进路。主要以当事人对形式瑕疵的主观状态为判断标准。比如梅迪库斯和克茨两位学者区分了三种类型：其一，一方当事人就形式要件对另一方当事人进行恶意欺诈，以达到不承担有效合同义务的目的。这种情形应引入诚实信用原则，对欺诈人意图通过形式瑕疵逃脱合同拘束这一不公平结果进行校正，欺诈方负有履行合同的义务。其二，双方当事人均知悉形式要件的存在，而故意不遵守形式要求，则法律行为无一例外的无效。其三，双方约定了形式要求，但因疏忽大意而未遵守，此时一方当事人最多只能根据缔约过失责任请求对方赔偿信赖利益。①亦有其他学者提出了类似的分类模式：其一，一方当事人恶意欺诈，对方可以主张适用诚实信用原则。其二，一方当事人虽然导致形式瑕疵，但对此没有过错，不适用诚实信用原则。其三，一方当事人不是故意欺诈，但对此存在过错，也不适用诚实信用原则，此时仅承担缔约过失责任。②可见，诚实信用原则具有优先地位主要适用于主张欠缺法定形式之人正是恶意阻止形式成就之人这一特定案型。③第二，双重要件进路。这种模式以当事人主观状态与法律行为所涉利益牵连范围两个要素作为判断标准。首先，区分只涉及交易相对方利益的负担行为和涉及公共利益或者第三人利益的处分行为两种类型，并在这两分框架下讨论具体适用问题。对于处分行为，形式强制不能被诚实信用原则破坏，因为处分行为的效果是绝对的，涉及第三

---

① ［德］迪特尔·梅迪库斯：《德国民法总论》，邵建东译，法律出版社2006年版，第471页；［德］海因·克茨：《德国合同法》（第2版），叶玮昱、张焕然译，中国人民大学出版社2022年版，第55、56页。

② Staudinger/Christian Hertel，§125，Rn.112.

③ ［德］卡尔·拉伦茨：《法学方法论》（第6版），黄家镇译，商务印书馆2020年版，第498页。

人的利益，此时交易安全具有优先性。①对于负担行为，根据当事人是否明知合同存在形式瑕疵，采取了与单一要件进路一样的三类型区分，仅限于当事人一方恶意欺诈之情形方可援引诚实信用原则予以禁止。②

除了采取要件涵摄进路之外，学说还采取要素协动进路的解决方案。卡纳里斯主张运用动态体系方法处理这一问题。首先，确立基础评价要素，主要有一方当事人的可归责性和另一方当事人对合同有效性的信赖。然后，根据基础评价要素的数量和强度组合进行权衡。如果一方主观存在特别严重的故意，则信赖方无须特殊要件。如果信赖方投入较大信赖，比如为合同履行作了大量准备，则另一方仅需要较弱的主观归责要素即可，比如促使形式瑕疵即已足够。此外，还有其他需要考量的标准。比如，形式目的是否以及在多大程度上受到影响，如果瑕疵仅限于未满足日期要求等特定要求，则可以放宽形式要求。③要素协动进路相对于要件涵摄进路，引入了更多可能的判断要素，同时根据不同要素数量和程度的协作互动，形成了不同案型的组合模型。

（二）我国法的规制模式

1. 适用之可能：形式强制和诚实信用原则的规制范围

在回答诚实信用原则能否阻断法律行为形式瑕疵无效后果这一问题之前，首先需要明确法定形式强制目的和诚实信用原则的功能。法定形式具有多种类型，不同的形式要求体现立法者对拟规制对象的区分保护，例如书面形式是最弱的法定形式，保护强度也最小。形式强制目的可以分为三类：一是维护合同当事人利益，比如为合同订立和合同内容提供证据（证据功能），避免当事人仓促行事（警示功能），保证当事人获得专业咨询（咨询功能）等；二是维护个别第三人利益，第三人虽然

---

①② ［德］汉斯·布洛克斯、［德］沃尔夫·迪特里希·瓦尔克：《德国民法总论》，张艳译，中国人民大学出版社2014年版，第339页。

③ ［德］克劳斯-威廉·卡纳里斯：《动态体系与法律行为交往中的信赖保护》，刘凯丽译，《南大法学》2023年第5期。

不是合同当事人，但合同对其产生效力；三是维护公共利益。[①]诚实信用原则根据所规制的功能范围，区分三类不同功能：一是特定化和补充功能，以诚实信用原则为价值补充，对一般条款和不确定概念进行具体化。二是限制功能，对当事人权利行使和义务履行进行限制。三是矫正功能，对合同内容进行控制和校正。[②]

通常而言，形式强制和诚实信用原则是对不同指向对象的评判。形式强制是影响法律行为效力的因素，属于外在限制。而诚实信用原则通常并不触及法律行为的效力，仅构成对权利行使的内在限制，而不是创设权利。两者具有不同的规范对象和范围，在各自不同轨道上运行。形式瑕疵导致法律行为无效是对形式瑕疵效力的否定性评价，如果以主张无效的一方违反诚实信用原则为由转而认定法律行为有效，则规避法律对形式瑕疵的否定性评价，导致形式强制的立法目的落空。但正如卡纳里斯正确指出的，诚实信用原则是主导整个私法的基本原则，如果法律行为因形式瑕疵无效与诚实信用原则产生无法相融且难以承受的后果时，在特殊情形下诚实信用原则有介入的必要。对于明知形式瑕疵而故意订立合同的情形，德国法和奥地利法采取了截然不同的规制路径，德国法采取"合同有效＋履行请求权"模式，奥地利法采取"合同无效＋缔约过失责任"。奥地利法采取这一处理模式主要是基于这样一种担忧，即形式瑕疵无效条款得以违反诚实信用原则为由而被规避适用，由此掏空立法对要式行为的价值判断，形式强制要求沦为虚设。德国学说也意识到这种问题，通过类型化区分，严格限定诚实信用原则的适用范围。在我国法适用上，也应当警惕这种风险，明确"以

---

① ［德］迪特尔·梅迪库斯：《德国民法总论》，邵建东译，法律出版社 2006 年版，第 462 页；［德］汉斯·布洛克斯、［德］沃尔夫·迪特里希·瓦尔克：《德国民法总论》，张艳译，中国人民大学出版社 2019 年版，第 143 页。

② ［德］迪尔克·罗歇尔德斯：《德国债法总论》（第 7 版），沈小军、张金海译，中国人民大学出版社 2014 年版，第 32—36 页。

违反诚实信用原则为由对形式瑕疵无效后果予以否定”这一命题具有例外的品质，只能在特定案件类型中予以严格适用。

2. 何时介入：诚实信用原则的适用标准

根据“外观事实—沉默者可归责性—相对人善意信赖”的一般判断基准体系，在判定诚实信用原则何时适用时，应结合形式强制的类型、形式强制的保护对象以及缔约双方当事人的主观状态等因素进行综合判断。首先，在外观事实方面存在形式瑕疵。形式的类型和目的是重要的判断标准，在具体判断时应回归到法律条文所规制的特定场景。如果形式强制的规范目的旨在保护主张无效的一方利益，则不得主张适用诚实信用原则。如果形式强制的规范目的意在保护相对方利益，相对方得以违反诚实信用原则为由主张合同视为有效。如果形式强制的规范目的是保护第三人和公共利益，原则上不得借助诚实信用原则对合同无效的效果进行校正。其次，再行审查沉默者可归责性与相对人善意信赖的问题。正如前文所述，双方当事人的主观状态处于比较权衡的关系之中，两者的不同强弱组合影响法律效果的判断。如果一方当事人恶意欺诈以达到不承担合同义务的目的，相对人对此不知情，则欺诈人不得主张形式瑕疵，此时合同视为有效。如果双方当事人均明知存在形式瑕疵，但未遵守形式要求，则合同无效。如果双方当事人因疏忽大意不知合同要式而未遵守形式要求，在符合缔约过失责任的前提下可以请求消极信赖利益赔偿。

3. 何为“不得主张无效”：法律效果构造

适用诚实信用原则对法律行为形式瑕疵的无效后果进行校正，产生何种法律效果。德国司法判例认为“不得主张因形式瑕疵而无效”。何为“不得主张无效”，对此德国司法和大多学说认为，此时合同应当视为有效，性质为合同责任。但弗卢梅和卡纳里斯认为，当事人承担的履行责任是法定责任，不是合同责任。[1]第一种法律效果构造，是将主张

① Münchkomm/Einsele，§125，Rn.62.

无效的行为违反诚实信用原则作为论证合同有效的理由，对形式瑕疵导致法律行为无效这一后果进行目的性限缩，以诚实信用原则对缺失的法律行为生效要件(形式瑕疵)进行“补位”。第二种法律效果构造，认为主张无效的行为构成自相矛盾行为，且相对人善意信赖合同有效，因此主张形式瑕疵构成不被允许的权利行使，禁止背信一方主张无效。在结果上将无效合同视为有效合同，但本质上还是无效合同，此时履行责任是基于信赖责任产生的法定责任。第一种解决方案在论证上存在逻辑问题，且破坏合同责任的自洽体系。第二种解决方案逻辑融贯，与现行的合同责任体系并行不悖，更值得采纳。

三、作为权利取得基础的沉默

在特定情形，沉默也可以作为权利取得的基础。权利取得，或称得权，是与权利失效或者失权相互对立的一组法律制度。权利失效是指权利人在相当期间内不行使某项权利，依特别情事足以使相对人信赖权利人不再行使该权利，则该权利因此丧失，不得再行使。①权利取得是指一方当事人长时间反复以同样的方式为某种行为，该项行为通常已经超出法定或约定水平使得相对人获得额外利益，在特定条件下使另一方当事人信赖其会继续实施这种行为，则其负有继续实施该行为的义务，相对人因此获得一项权利。②简言之，权利失效制度导致权利的丧失；权利取得制度关涉请求权的成立，因时间经过，一方取得一项权利，另一方成立一项义务。③权利取得主要以行为人反复实施积极行

---

① 在权利失效方面，与德国法的法律构造不同，奥地利法认为，债权人可因不作为而丧失其权利，但前提须为该债权人的行为被解释为默示的权利放弃，此种权利丧失被视为一项合同。债权人可以基于对其不作为存在错误为由而对权利的丧失予以撤销。对此参见[奥]伽布里菈·库齐奥、[奥]海尔穆特·库齐奥：《奥地利民法概论——与德国法相比较》，张玉东译，北京大学出版社2019年版，第36页。

② 杨代雄：《民法总论专题》，清华大学出版社2012年版，第48页。

③ Münchkomm/Roth/Schubert，§119，Rn.387；Staudinger/Dirk Looschelders/Dirk Olzen，§242，Rn.319.

为为主,[①]但沉默同样亦可构成权利取得的基础。沉默型权利取得与法律行为拘束力的区别有二:一是沉默型权利取得既不满足意思表示的客观要件,也不满足意思表示的主观要件;二是沉默型权利取得取决于沉默者长时间的沉默,以及存在信赖投资或者可能的信赖投资。[②]

沉默型权利取得类型也需要接受"外观事实—沉默者可归责性—相对人善意信赖"一般判断基准体系的检验,一方当事人长时间对某项事项保持消极不作为状态,且保持沉默状态具有可归责性,相对人由此产生正当的信赖,信赖对方仍将继续保持不作为状态。与其他沉默类型不同,沉默型权利取得类型特别强调时间的要素,即行为状态必须持续相当长的一段时间。何为相当长的时间,这需要结合外观事实等要素进行整体评价,在个案中进行具体判断。权利失效是除诉讼时效和除斥期间之外对权利行使时间限制的第三种制度,具有弥补诉讼时效制度不足的功能。而权利取得主要是取得一项请求权,关于请求权的取得期间可以类推适用《民法典》关于诉讼时效的期间规定。根据所取得的请求权类型不同,分别类推适用相应诉讼时效规定。一般请求权的取得期间原则为三年,但可以根据沉默者可归责性和相对人信赖要素的强弱程度,相应延长或者缩短。

我国司法实践中,尚未发现适用权利取得的案例。在德国有许多著例予以支撑,主要集中于劳动法领域,[③]而且大多数是以积极行为方式作出。德国联邦劳动法院有一则案例,具体案情是德国黑森州政府依据原先工资协议向国家乐队成员支付加班补偿费,该义务于1939年被一项法令取消,但该政府继续支付,直到1955年黑森州政府不愿再

---

① [德]迪特尔·梅迪库斯:《德国民法总论》,邵建东译,法律出版社2006年版,第120页。

② Claus-Wilhelm Canaris, Schweigen im Rechtsverkehr als Verpflichtungsgrund, in: FS Wilburg, 1975, S.97.

③ Münchkomm/Roth/Schubert, § 119, Rn.388.

行支付，双方因此产生纠纷。德国联邦劳动法院判决黑森州政府有义务在此后继续支付加班补偿费，因为乐团成员长期以来对此产生了信赖并将这笔收入列入其生活计划，其信赖应当保护。[①]此处的关键是雇主必须实际创造某种信赖事实。如何判断"创造信赖事实"，假如雇主考虑到未来有利的经济形势，给雇员支付了一笔津贴，此种情形就缺乏这种信赖事实，雇员不能信赖这种津贴会继续支付下去。[②]在商法领域，德国联邦最高法院在"利润分配案"中认为，一个普通商事合伙的合伙人 25 年来始终以一种与合伙合同约定不同的方式进行利润分配，尽管合伙合同约定对合同的更改需要以书面形式为之，但原告要求在今后仍然以此种方式进行利润分配的诉讼请求应当予以支持，理由在于此处的分配利润行为构成对合伙合同相关内容进行修改的事实推定。[③]德国司法中也有将沉默作为权利取得之信赖基础的判例，德国联邦最高法院关于通过沉默对具有瑕疵的社团决议进行"追认"的案例即属于沉默型权利取得。在该案中，德国联邦最高法院认为，一项特定决议需要全体成员同意才能通过的要求未被遵守，社团成员多年来没有对决议瑕疵提出质疑，如果社团成员的沉默具有可归责性，则此时存在可推断的追认行为，或者是通过可推断的章程修改对决议通过的全体同意规则进行修正。对此，卡纳里斯提出批评，认为参与者对全体同意的要求毫不知情，故其根本没有理由去追认或者去修改章程。此时应当适用权利取得理论，而不是法律行为理论。社团成员对此长期保持沉默，产生这样一个后果，即以后通过这项特定决议不适用全体同意规

① 杨代雄：《民法总论专题》，清华大学出版社 2012 年版，第 48 页。

② [德]迪特尔·梅迪库斯：《德国民法总论》，邵建东译，法律出版社 2006 年版，第 119 页。

③ Claus-Wilhelm Canaris, Die Vertrauenshaftung in deutschen Privatrecht, Beck, 1971, S.383ff; Claus-Wilhelm Canaris, Handelsrecht, 24. Aufl., München: Beck, 2006, S.366.

则，而适用大多数同意规则。[①]此外，权利取得制度是否与不当得利制度相冲突，积极诚信保护能否成为以及在何种程度上可以成为权利取得的正当性基础，两者如何在规范配置上进行衔接，这是值得深入研究的问题。但这已经超出本书研究范围，故不再展开。

第四节　消极诚信保护框架：义务违反型沉默

民法主要以给付义务为规范对象，基于诚实信用原则，在一定条件下产生附随义务，辅助实现给付利益及维护其他当事人的人身和财产利益，由此形成完整的义务体系。给付义务分为主给付义务和从给付义务。主给付义务是债之关系固有必备并决定债之关系类型的基本义务，[②]从给付义务是除主给付义务之外可独立诉请的义务。[③]从给付义务具有补助主给付义务的功能，确保债权人利益获得最大实现，但不决定债之关系类型。[④]附随义务是在合同发展过程中基于诚实信用原则产生的义务，分为与给付利益相关的附随义务以及与固有利益相关的附随义务。前者为促进实现主给付义务（辅助功能），后者为维护人身和财产利益（保护功能）。在缔约阶段，当事人为缔结合同而接触、准备和磋商时，基于诚实信用原则产生说明、告知、保密、保护等义务群，法

---

① Claus-Wilhelm Canaris, Schweigen im Rechtsverkehr als Verpflichtungsgrund, in: FS Wilburg, 1975, S.97.

② 王泽鉴：《债法原理》，北京大学出版社2009年版，第28页。比如，在买卖合同中出卖人的主给付义务是移转标的物的所有权和交付标的物，买受人支付价款。在双务合同中，双方当事人的主给付义务具有交换关系。参见Brox/Walker, Allgemeines Schuldrecht, 33. Aufl., 2009, S.10; Dirk Looschelders, Schuldrecht Allgemeiner Teil, 6. Aufl., 2008, S.3。

③ Brox/Walker, Allgemeines Schuldrecht, 33. Aufl., 2009, S.10.

④ 王泽鉴：《债法原理》，北京大学出版社2009年版，第29页。从给付义务分为与主给付相关的从给付义务和其他从给付义务，与主给付相关的从给付义务如出卖人发送、保管标的物之义务。

教义学上称为先契约义务，违反者承担缔约过失责任。通常而言，缔约当事人享有保持沉默的自由，但如果在特定情形下存在“说不的义务”（异议义务）或者“说话的义务”（说明义务），缔约当事人保持沉默，则构成异议义务或者说明义务之违反。①异议义务和说明义务均为积极义务，积极义务对应“当为一定行为”，消极义务对应“不为一定行为”。积极义务与消极义务相比，给行为人造成更多的负担，由此课以沉默者承担积极义务需要有特别的理由予以证成。

一、沉默与异议义务的违反

因保持沉默而违反异议义务是否导致合同成立这一问题，涉及与基于诚实信用原则沉默产生表示效力类型之间的界限和区分。这个问题可以转换为，违反异议义务，应当纳入法律行为保护、积极信赖保护抑或积极诚信保护框架内处理，还是置于消极诚信保护框架，按照缔约过失责任处理。在前者框架内，违反异议义务产生履行利益赔偿请求权，依照后者则仅产生消极信赖利益赔偿。德国判例中广为流传的观点认为，如果依诚实信用原则受要约人须明确地提出异议，即可期待受要约人若不同意应明确表达拒绝的意思，则沉默被视为对要约的承诺。②在德国联邦最高法院“挖掘机轨道案”（Absetzgleisfall）中，原告有

---

① 沉默既可以构成义务的违反，也可以构成不真正义务的违反。沉默者违反不真正义务，导致权利的丧失。因沉默而违反不真正义务的一个示例是，《德国商法典》第 377 条第 2 款规定，买方在收到货物或能够发现瑕疵后未及时提出告知，则因此丧失瑕疵担保请求权。Münchener Kommentar zum BGB, 5. Auf., C.H. Beck Verlag, München, 2007, § 362, Rn.8；［德］扬·冯·海因、［德］莉迪亚·贝伊：《要约通知与单纯沉默》，王蒙译，《华东政法大学学报》2016 年第 2 期。我国《民法典》有类似的规定，例如第 621 条第 1 款“当事人约定检验期限的，买受人应当在检验期限内将标的物的数量或者质量不符合约定的情形通知出卖人。买受人怠于通知的，视为标的物的数量或者质量符合约定”。第 831 条第 3 句“收货人在约定的期限或者合理期限内对货物的数量、毁损等未提出异议的，视为承运人已经按照运输单证的记载交付的初步证据”。

② Claus-Wilhelm Canaris, Schweigen im Rechtsverkehr als Verpflichtungsgrund, in: FS Wilburg, 1975, S.82.

效解除了关于挖掘机轨道的合同，而同时又向被告发出带有高出很多价金的新要约。德国联邦最高法院认为，双方当事人此前已有交易往来，对原告提出的新要约，基于诚实信用原则被告如有异议必须表达出来，未提出异议而保持沉默的视为承诺。德国学说亦有通过不同的法律构造试图对这一结论进行正当化解释和论证。例如，弗罗茨(Frotz)引入诸如法律上接触或交易拘束力等分析要素，认为基于社会性负责考量，需要提高当事人法律责任。违反此种异议义务，沉默者应当赔偿履行利益。①

对于"依诚实信用原则受要约人须明确提出异议，否则沉默被视为对要约的承诺"这一命题，许多学者表示反对。梅迪库斯认为这一表述过于宽泛，按照这种规则将导致合同订立的相关规则全部倾覆。②卡纳里斯同样认为该命题不成立，并从两个方面进行详细地论证：一是基于体系解释不能从异议义务违反中推导出履行请求权。这一命题对沉默的评价仅与异议义务的存在及其违反有关，而不取决于能否从沉默行为中推断出意思表示、沉默者是否具有相应的表示意识。如果把沉默评价为同意，法律效果是合同视为已经成立，沉默者负有履行义务。但根据《德国民法典》规定，这样一种义务违反仅仅导致损害赔偿请求权，而不产生履行请求权。例如根据《德国民法典》第 663 条，受托人如果不承受事务的委托，应当及时向委托人发出拒绝的通知。即使受托人没有及时拒绝，委托合同也不因受托人沉默而成立。法律只是规定受托人负有一项先合同义务，即拒绝接受委托的应及时将拒绝意思告知委托人。行为人因过错违反此项义务，仅根据缔约过失责任承担消极信赖利益赔偿。该项规定不仅仅适用于委托合同，根据《德国民法典》

---

① Claus-Wilhelm Canaris, Schweigen im Rechtsverkehr als Verpflichtungsgrund, in: FS Wilburg, 1975, S.83.

② [德]迪特尔·梅迪库斯：《德国民法总论》，邵建东译，法律出版社 2006 年版，第 286 页。

第 675 条指引，以处理事务为标的之雇佣合同和承揽合同准用该条规定。由此，根据体系解释，违反异议义务最多产生损害赔偿责任，而不是履行责任。①二是基于结果合理性不能从异议义务违反中推导出履行请求权。损害赔偿责任的法律效果本质上比履行责任更为灵活，其仅以赔偿具体发生的损害为后果。此外，损害赔偿责任可以将对方当事人的可归责因素纳入考量，通过适用与有过失规则产生不同层次的法律后果，而履行责任则是奉行僵硬的“全无全有”原则。②在上述“挖掘机轨道案”中，原告因对方的沉默遭受损失，例如为此购置或安装轨道而支出的费用，需要根据《德国民法典》第 254 条规定考虑原告与有过失，以减轻沉默者的损害赔偿责任。③

正如本章第三节所述，基于诚实信用原则沉默产生表示效力，严格限定适用范围，不可形成一般规则，否则将过度泛化沉默所具有的法律意义。沉默者违反异议义务想要获得法律行为保护，需要接受几个步骤的检验：第一，审查是否满足意思表示的客观要件和主观要件；第二，是否满足权利表见责任的构成要件；第三，在法律上是否已经设置了与拟适用的案型相应或者类似的规范支撑点；第四，是否构成自相矛盾行为。如果不满足上述四种情形中的一种，只是单纯违反异议义务，原则上不导致履行责任。

二、沉默与说明义务的违反

我国学说一般认为欺诈行为包括两类：一是积极欺诈，即一方故意告知虚假情况，诱使另一方当事人作出错误的意思表示；二是消极欺

---

① Palandt/Ellenberger, Vorbemerkung zu §§ 116.ff, Rn.7.

② Claus-Wilhelm Canaris, Schweigen im Rechtsverkehr als Verpflichtungsgrund, in: FS Wilburg, 1975, S.86.

③ Claus-Wilhelm Canaris, Handelsrecht, 24. Aufl., München: Beck, 2006, S.365.拉伦茨亦持相同见解，参见卡尔·拉伦茨：《德国民法通论》，王晓晔、邵建东、程建英、徐国建、谢怀栻译，法律出版社 2007 年版，第 905 页。

诈，又称为不作为欺诈、沉默欺诈，是指负有告知义务之人故意隐瞒真实情况，即行为人有义务向他方如实告知某种真实的情况而故意不告知。①正如司法裁判正确指出“欺诈是指故意告知虚假情况，或故意隐瞒真实情况，诱使当事人作出错误意思表示，前者称为积极欺诈，后者称为沉默欺诈”，“故意隐瞒真实情况也构成欺诈，故意隐瞒意即当为而未为”。②消极欺诈的核心问题是沉默何时构成欺诈，对此说明义务扮演重要的角色。

(一) 说明义务的制度价值与法律构造

一般而言，沉默者没有“说话”义务，即不负有一般性的说明义务。作为自我负责的交易主体，合同当事人没有义务未经询问就告知对方对订立合同具有决定性的所有情况，也没有义务揭示为其所知但并不为对方知晓的重要事实。交易主体应当自行收集与交易有关的信息，并在此基础上作出自我决定。原则上合同当事人必须自主获取资讯，必要时通过询问或研究取得合同相关资讯，不能要求他人对其沉默负责，即使他人被问及具体情况时，也无须将自己知道的全部信息告诉另一方。③但意思自治以双方当事人力量均衡为前提，如果一方当事人明显处于弱势地位，且这种弱势地位会给当事人产生异常的负担，此时法律应当对此进行校正，否则这种磋商对等性障碍将导致合同的妥当性难以保障，合同有沦为“他决”工具之虞。④说明义务是法律行为交往中信息不对称的校正工具。说明义务成立一项“说话的义务”，⑤通过信

① 《民法学》编写组：《民法学(上册)》(第2版)，高等教育出版社2022年版，第99页。

② 新市区北京中路汇金通讯店、刘某义等买卖合同纠纷案二审民事判决书，新疆维吾尔自治区乌鲁木齐市中级人民法院(2021)新01民终6523号；陆某诉某木业公司买卖合同纠纷案二审民事判决书，江苏省无锡市中级人民法院审理。

③ [德]海因·克茨：《德国合同法》(第2版)，叶玮昱、张焕然译，中国人民大学出版社2022年版，第103页。

④ 沈小军：《德国法上保险人的咨询义务》，《保险研究》2017年第3期。

⑤ Detlef Leenen, BGB Allgemeiner Teil: Rechtsgeschäftslehre, 2011, S.327.

息沟通获得，保障当事人知情权。

根据法律行为交往中沉默的例外性品格，说明义务之存在需要特别的理据才能证成。审判实践中，许多案例对说明义务来源进行阐释。在武某诉陈某房屋买卖合同纠纷案中，法院认为“合同一方负有告知另一方有关信息的义务，该义务的来源可以是基于法律的直接规定，或交易习惯的赋予，或合同的约定，或是由诚实信用原则延伸而来的缔约附随义务”。①在新市区北京中路汇金通讯店、刘某义等买卖合同纠纷案中，法院认为“沉默欺诈构成要件以负有告知义务为前提，告知义务可基于法律规定、当事人约定、交易习惯或诚实信用原则而产生”。②在海航资产管理集团有限公司、北京国美商都建设开发有限公司房屋买卖合同纠纷案中，法院认为“除非行为人依据法律、契约或者交易习惯负有告知义务，单纯的沉默并不构成欺诈”。③从司法实践经验来看，说明义务来源基础主要有四个：一是法律规定；二是当事人约定；三是交易习惯；四是基于诚实信用原则。根据来源基础，说明义务可以分为四种类型：法定说明义务、约定说明义务、基于交易习惯和基于诚实信用原则产生的说明义务。我国实证法存在许多说明义务的法定类型，立法者根据交易中可能存在信息不对称的典型模式和场景，课以信息优势一方提供信息的义务。比如《民法典》第500条对合同领域的说明义务进行一般性规定，要求合同当事人应当告知“与订立合同有关的重要事实”。《民法典》第1219条规定“医务人员在诊疗活动中应当向患者说明病情和医疗措施”，明确了医务人员的

---

① 江苏省南京市玄武区人民法院审理的武某诉陈某房屋买卖合同纠纷案，《江苏省高级人民法院公报》2009年第2辑。

② 新市区北京中路汇金通讯店、刘某义等买卖合同纠纷案二审民事判决书，新疆维吾尔自治区乌鲁木齐市中级人民法院(2021)新01民终6523号。

③ 海航资产管理集团有限公司、北京国美商都建设开发有限公司房屋买卖合同纠纷案二审民事判决书，(2016)最高法民一终字第267号。

说明义务。《保险法》第 16 条规定了保险机构的说明义务,《消费者权益保护法》第 8 条和第 21 条规定了经营者的说明义务。除了法定说明义务之外,交易主体可以约定一方当事人负有相关事项的说明义务,当事人违反该说明义务承担违约责任。同时,也可以基于交易习惯判断在具体场景中是否成立说明义务,这其中诚实信用原则是主要判断依据。基于诚实信用原则产生的说明义务何时以及在何种范围内存在,不无疑问。

(二) 基于诚实信用原则产生说明义务的判定模型

基于诚实信用原则是否产生说明义务,不是取决于特定的合同类型,而是需要通过对比当事人之间的利益状态进行个案衡量才能确定。德国司法判决对说明义务的证立,形成这样的一般性判定公式,根据诚实信用原则,在缔约时合同一方负有向对方说明对合同的意思形成具有显著重要意义的所有情事,只要相对人根据交易习惯可期待这些告知事项。在对这一判定公式进行具体化过程中,德国司法发展出一系列说明义务成立的判断标准。①德国学说也提供了相应的解决方案,主要有动态体系论和类型构造两种判定模式。主张动态体系论的代表人物有德国学者布雷登巴赫和梅迪库斯。布雷登巴赫提出了信息需求、信息可能性和职责范围三个判断标准,认为通过这三项要素数量和强度的不同组合和相互作用,在个案中确定具体的说明义务。②梅迪库斯认为,一方当事人在何时以及在何种程度上负有提供信息的义务,绝大多数情况下必须通过利益衡量才能确定。首先,要看哪一方当事人享

① Detlef Leenen, BGB Allgemeiner Teil: Rechtsgeschäftslehre, 2011, S.327.德国学者汉斯-约哈希姆·穆斯拉克和沃夫冈·豪也持类似的判断标准:如果合同一方必须信赖另一方的特别专业知识,或者一方自己没有可能或能力通过其他途径获取对订立合同具有决定性的关键信息,基于诚实信用原则,另一方当事人负有告知已知之信息。参见[德]汉斯-约哈希姆·穆斯拉克、[德]沃夫冈·豪:《德国民法概论》,刘志阳译,中国人民大学出版社 2016 年版,第 117 页。

② 转引自尚连杰:《缔约过程中说明义务的动态体系论》,《法学研究》2016 年第 3 期。

有必要的信息或者谁能够更容易获取信息；其次，要考察有关信息对另一方当事人所具有的重要性；最后，可合理期待对方告知相关信息。①主张具体类型化的学者以洛伦茨为代表。洛伦茨对布雷登巴赫观点进行了批判，指出确定说明义务的动态体系论具有一定弹性，无法通过判断标准的动态组合保证法律适用的稳定性。为此，洛伦茨主张通过构建案件类型化的方法，提供具体明确的判断标准。第一种类型是合同目的不达。如果一方当事人明知或依其专业能力应当知道某些情况将导致另一方所要订立合同之目的无法实现，此时负有澄清的义务。第二种类型是合同目的之违反。虽然合同的重要目的可以达成，但为此所需之花费与合同目的严重不成比例，构成合同目的之违反，应与合同目的不达作同一处理。第三种类型是特殊的合同风险。缔约过程中，如果存在显著超越交易一般典型风险的特殊风险时，当事人应针对这种状态进行澄清，特别是这种危险状态是其所创造或者因此获利的情形。第四种类型是先行行为。如果当事人因先前行为给对方当事人造成错误认识时，即使对此不具有可归责性，仍负有消除对方错误认识的义务。第五种类型是特殊的信赖。一方当事人在信息上明显处于劣势，而相对人具有信息优势时，相对人负有说明义务。②

动态体系论通过各个判定要素强度和数量组合为判定说明义务提供有力的分析框架，类型化构造模式为具体判定何种类型应当成立说明义务提供稳定的操作指引。在判定何时成立以及在多大程度上成立说明义务，可以结合动态体系论的构成要素和类型构造的具体类型进

① ［德］迪特尔·梅迪库斯：《德国民法总论》，邵建东译，法律出版社2006年版，第345页。

② Lorenz, Der Schutz vor dem unerwünschten Vertrag: eine Untersuchung von Möglichkeiten und Grenzen der Abschlusskontrolle im geltenden Recht, München: C.H.Beck, 1997, S.51ff；转引自叶新民：《德国民法上违反契约时说明义务之损害赔偿责任》，《台北大学法学论丛》第86期；周伯峰：《论对“不受期待之契约”的法律上处理——以缔约上过失为中心》，《政大法学评论》第155期。

行综合判定。[①]具体而言，在区分不同类型的基础上，根据“外观事实—沉默者可归责性—相对人善意信赖”一般判断基准体系，结合说明义务的要素评判标准，提供裁判指引。其一，从事实基础来看，需要说明的事项应当是对合同订立具有重要意义的事项，这些信息足以动摇缔约意思或者缔约条件。审判实践中亦有持类似观点，在武某诉陈某房屋买卖合同纠纷案，法院认为“若一方告知了某信息，则对方即有可能不再签订合同或不按原条件签订合同，那么该信息即为重大信息”。[②]在以下几类情形中，司法认定构成重大信息：房屋存在白蚁的事实构成房屋的重大瑕疵；[③]在二手车买卖中车辆系事故车；[④]在车辆买卖中发动机被更换；在手机买卖中手机系翻新机。[⑤]其二，从说明义务人可归责性来看，义务人相对于另一方当事人应当具有信息优势和认知优势，且具有说明之可能性。这种优势通常是与其所处的特定地位紧密联系。随着社会分工和专业化加剧，各行各业形成知识壁垒，信息分散于各个领域，使得许多个体在自身专业领域比其他领域更容易掌握和获取更多的专业知识和信息。[⑥]在这种情况下，对于从事特定、专业化的职业者来说，通常具有一定的说明义务。比如在新市区北京中路汇金通讯

---

① 在武某诉陈某房屋买卖合同纠纷案中，法院认为“沉默构成欺诈的成立要件：第一，合同一方负有告知另一方有关信息的义务。第二，合同一方隐瞒的信息是对订立合同有重大影响的信息。第三，该信息是合同对方当事人不知道并且也不能知道的信息，即对方当事人不可能自行了解到该信息或了解该信息确有困难”。

②③ 江苏省南京市玄武区人民法院审理的武某诉陈某房屋买卖合同纠纷案，《江苏省高级人民法院公报》2009年第2辑。

④ 安徽省蚌埠市淮上区人民法院审理的刘某诉孙某买卖合同纠纷案，《人民法院报》2022年4月27日第3版。

⑤ 在新市区北京中路汇金通讯店、刘某义等买卖合同纠纷案中，法院指出“产品的激活时间是其判断手机是否被使用过的重要依据，很大程度上影响其是否购买及以何种交易条件购买的意愿”。参见新疆维吾尔自治区乌鲁木齐市中级人民法院(2021)新01民终6523号民事判决书。

⑥ 陈燕、屈莉莉编著：《信息经济学》，东北财经大学出版社2017年版，第23页。

店、刘某义等买卖合同纠纷案，法院指出“作为常年从事二手车销售业务的经营者，有义务也有能力了解案涉车辆存在的里程表调表及发动机更换等可能影响车辆安全性及车辆价值产生较大影响的重要信息，但未履行告知义务，构成销售欺诈”。①同时也要平衡义务人和另一方当事人之间的信息分配，正如法院在武某诉陈某房屋买卖合同纠纷案中指出，“如果合同一方当事人隐瞒的信息是显而易见的，或稍加注意即可注意到的，或自行能了解的已公开的信息，而对方当事人因为轻率或疏忽而对此信息不知情，对这种不可原谅的轻率或疏忽不予保护”。②由于交易商品具有不同特性，义务人在不同商品交易中承担不同程度的说明义务。一般来说，商品有关特性可以通过用户在购买时触摸、掂量和观察来辨别的为搜寻商品，那些需要在使用一段时期后才能辨别和了解其特性的为经验商品，比如汽车就是典型的经验商品。这些经验商品往往容易造成更大程度的信息不对称。③在此类商品买卖中，出卖方负有更高强度的说明义务。其三，从相对人善意信赖角度来看，相对人基于双方当事人之间信赖关系的提升，可以期待对方当事人就某一特定事项进行告知说明。比如，当事人之间是否存在合伙或者亲戚关系会影响说明义务成立与否。④在此，以司法实践中发生的凶

① 平度市赵葛兄弟汽车商行、尹某强等买卖合同纠纷民事二审民事判决书，山东省青岛市中级人民法院(2023)鲁02民终530号。

② 江苏省南京市玄武区人民法院审理的武某诉陈某房屋买卖合同纠纷案，《江苏省高级人民法院公报》2009年第2辑。

③ 陈燕、屈莉莉编著:《信息经济学》，东北财经大学出版社2017年版，第23页。在最高人民法院公报案例邓某华诉上海永达鑫悦汽车销售服务有限公司买卖合同纠纷案中，法院认为“汽车属于比较复杂的商品，涉及大量的专业知识，消费者对相关领域的专业知识和信息知悉有限，在经营者和消费者之间存在严重的信息不对称。在判断需要主动告知消费者知情内容的范围时，一方面，应基于消费者在交易信息不对称中的弱势地位，给予特别保护，经营者不能以行业认知、行业惯例来对抗消费者所享有的知情权”。

④ [德]海因·克茨:《德国合同法》(第2版)，叶玮昱、张焕然译，中国人民大学出版社2022年版，第103页。

宅买卖为例，展现说明义务的判断过程。①凶宅买卖属于洛伦茨说明义务类型中的第五种类型“特殊的信赖”。所谓的凶宅是指发生非正常死亡事件的房屋，凶宅常使居住人心生嫌恶及恐惧，日有所惧、夜不能寐，造成心理、精神上不适甚至压迫，影响生活的品质。对凶宅的恐惧和避讳的心理等因素导致凶宅与同地段、同条件的房屋相较，交易价值显著降低。由此，房屋是否为凶宅成为影响合同订立与否的重要事实因素。②买卖双方对于所购买房屋是否为凶宅存在信息不对称，出卖方掌握更多的信息，买受人可以期待出卖人应当就此重要事实予以告知。经过说明义务三个判断基准的检验，可得出出卖人负有披露所售房屋发生非正常死亡事件的义务。

总之，当事人存在积极的说明义务时，其沉默构成说明义务之违反。紧随而来的问题是，沉默欺诈的主观要件如何认定。明知自己负有说明义务而故意保持沉默，可以构成恶意欺诈行为，但如果因过失未履行说明义务，其教义学基础是法律行为领域的欺诈制度，还是消极诚信保护领域的缔约过失制度。对此问题的讨论，在第七章具体展开。

① 司法实践多肯定出卖人未披露房屋曾发生跳楼自杀等非正常死亡事件的信息，构成故意欺诈。如四川省成都市中级人民法院在(2015)成民终字第7099号民事判决书中认为，“在传统民间文化中，‘凶宅’属物之瑕疵，会影响房屋的交换价值。出卖方对该信息故意隐瞒的，构成欺诈，买受方因此而主张撤销合同的，应得到支持”。上海市浦东新区人民法院在(2015)浦民一(民)初字第3599号民事判决书中认为，“出卖人未披露房屋曾发生跳楼自杀事件的信息，致使买受人因欺诈而作出错误意思表示的，系可撤销的民事行为”。

② 叶锋：《凶宅、物之瑕疵担保责任和侵权责任》，《中国房地产》2014年第15期。

第七章 法律行为交往中沉默的梯度保护与效果统合

法律行为交往中的沉默存在四个逐层递进、层层互补的“法律行为保护—积极信赖保护—积极诚信保护—消极诚信保护”分析框架与“意思表示型沉默、权利表见型沉默、背信型沉默和义务违反型沉默”四种类型，形成了从意定责任到法定责任、从合同责任到类合同责任的梯度保护模式。沉默法律效果如何构造，涉及沉默者与相对人之间的利益衡量和权利配置。沉默法律效果既有一般规则的适用空间，同时又有自身的独特规则，形成“一般规则 + 特殊规则”的规范体系。研究法律行为交往中沉默的法律效果，很大程度上是在检视沉默行为的法律效果是否应当偏离适用于积极行为的一般法律效果模型，以及在何种程度上偏离一般法律效果模型。

原《民法通则》第六章专章规定了“民事责任”，通过详细地列举各种各样的民事责任形式，开启了民事责任集中统一规定的立法模式。原《民法总则》延续这种立法模式，在第八章专章规定“民事责任”。《民法典》承继原《民法通则》《民法总则》模式，专设第八章规定民事责任。对这种集中式的立法模式，学界褒贬不一，其中以批评者居多，理由是民事责任内容应分散归置于各个法律责任所在的部分，现有规定过于粗疏、缺乏清晰指引，许多条文仅具有宣示作用。进入后民法典时代，学说重心在于解释论作业，对实证法进行妥当的解释构造。对民事责任亦是如此，应当厘清一般责任规范与具体责任基础之间的关系，恢复被异化责任基础的功能设置，实现不同责任基础的效果融合和责任统一。①本部分运用第五章提出的法律行为交往中沉默的一般判定基准体系，对照学说和判例新近发展，以统合思维展开对不同沉默类型法律效果的一体把握、描述和重构，在部分领域范围内实现局部的法律效果统一。

第一节　法律行为式与类法律行为式的保护模式

在法律行为交往中沉默的四种类型中，构成意思表示型沉默、权利表见型沉默和背信型沉默时，沉默者应当受到法律行为或者法律行为式的拘束。作为义务违反型沉默在部分案件类型中具有法律行为的拘束力，在部分案件类型中仅产生类合同责任。可见，不同沉默类型的保护强度存在梯度差别，前三种沉默类型给予法律行为或者法律行为式的保护，可以称为强保护模式。第四种沉默类型主要提供类法律行为的保护，可以称为弱保护模式。

一、强保护模式：法律行为和法律行为式保护

在法律行为交往中，法律行为保护的解释模型是基本模型，积

---

① 张家勇：《论统一民事责任制度的建构——基于责任融合的“后果模式”》，《中国社会科学》2015年第8期。

极信赖保护和积极诚信保护向法律行为保护的解释模型"看齐"。积极信赖责任的法律后果是外观状态取得真实状态的地位,保护强度与法律行为保护的强度处于同一水平。由此,形成"法律行为保护≈积极信赖保护≈积极诚信保护>消极诚信保护"一般公式。不同保护模式构成要件的高低要求有所不同,根据强要件产生强效果、弱要件产生弱效果的规则,积极信赖保护在法律效果上相较而言更加周密。

(一)提供法律行为或者法律行为式的保护:沉默者承担履行责任

意思表示型沉默在法律行为保护框架内予以规制,权利表见型沉默在积极信赖保护框架内予以规制,背信型沉默在积极诚信保护框架内予以规制。法律行为保护、积极信赖保护、积极诚信保护框架提供法律行为或者法律行为式的保护。法律行为保护是指当事人之间成立有效的法律行为,受法律行为拘束力的保护,享有合同履行利益。法律行为式保护是指当事人之间虽然不成立法律行为,但由于具有与法律行为相似的法律结构和利益状态,所受到保护的强度与法律行为保护相当。法律行为和法律行为式保护强度均指向履行利益。履行利益又称为积极利益,是债务人按照合同约定及时完整履行合同义务所带来的价值利益。

具体来说,因沉默被约定作为意思表示,或者基于法律规定、交易习惯视为意思表示,沉默者基于已经成立且生效的法律行为承担履行责任。沉默构成权利表见责任的外观事实基础,在符合一定条件下,外观状态取得真实状态的地位,法律为信赖者提供法律行为式保护。基于诚实信用原则沉默具有表示效力,或者沉默构成权利取得的基础时,法律为沉默者之相对人提供法律行为保护。沉默作为自相矛盾行为而被否定性评价,法律为沉默者之相对人提供法律行为式保护,此时虽然法律行为并未生效,但沉默者不得主张合同无效,产生类似于法律行为的效力。

(二)积极信赖保护更加严密:"一控一放"模式

事实上,在一定范围内积极信赖保护相对于法律行为保护更加严密。在法律行为交往中的沉默领域,主要体现在沉默者与相对人对法律后果选择权的配置上,一方面限制沉默者对后果的选择权,另一方面赋予相对人对后果的选择权。具体表现在两个方面:一是在沉默者这一侧,限制沉默者的撤销权,使其消除合同拘束力的可能性降低,能够在更大程度上维持法律行为保护。二是在相对人这一侧,相对人对法律后果享有一定选择权,在两人关系的沉默类型中相对人可以在积极信赖保护和消极诚信保护之间进行抉择,在三人关系的沉默类型中相对人可以选择合同对象以及两种保护模式中的一种。由此,形成了"一控一放"的保护模式。

二、弱保护模式:类法律行为保护

类法律行为保护将法律行为保护的规范配置在时间维度上进行前移,在关系维度上进行"松绑"处理。在时间维度上,对缔约当事人的保护从合同成立开始向前延伸至合同缔约伊始,将合同缔约到合同成立这段时间也纳入保护范围。在关系维度上,对缔约当事人的保护从合同紧密型关系扩展至合同缔约时相对松散型关系。由于时间前移和关系弱化,缔约当事人之间信赖密切程度不及合同成立之后,因此保护强度也作了降级处理。在沉默四个类型中,义务违反型沉默主要置于消极诚信保护框架内予以规制,沉默者承担消极信赖利益的赔偿责任。消极信赖利益是指当事人在合同磋商过程中由于信赖合同有效成立,但事实上合同未成立、无效或者因其未履行说明义务而订立一个不利合同所遭受的损失。有疑问的是,对于义务违反型沉默的信赖利益是否应当以履行利益为限?对此,须回溯到民法上关于"信赖利益以履行利益为限"特殊示例与一般缔约过失之间的关系。

我国和德国民法均有关于"信赖利益以履行利益为限"的特殊规定。《德国民法典》第122条第1款关于意思表示撤销后损害赔偿义务规定和第179条关于无权代理人责任规定均明确对信赖利益的赔偿不应超过履行利益。[①]我国《民法典》第157条关于意思表示撤销后赔偿责任并未设置以履行利益为上限，但在第171条第3款规定无权代理人“赔偿的范围不得超过被代理人追认时相对人所能获得的利益”。[②]立法作出这种限制，是因为权利人不能因为法律行为未生效而处于比法律行为生效时更有利的状态。对于这种法律责任的限制，德国民法和我国民法均限定于特定类型，并未在一般意义上予以适用。德国有学者主张，对这些特别规定可以通过整体类推的方法，推导出民法体系中存在“信赖利益均以履行利益为限”的一般性规范。[③]德国司法一般认为，缔约过失责任损害赔偿范围原则上仅为信赖利益的损害赔偿，但在特殊情形下，例外地肯定履行利益的损害赔偿。对此，有学者提出，虽然《德国民法典》第122条第1款的责任并不是缔约过失责任的特殊情形，该条不以过失为要件，而缔约过失责任以过失为必要；但两个责任基础并不是相互排斥，因过失发出错误的表示可以作为缔约过失责任损害赔偿请求权的基础，此时不适用《德国民法典》第122条第1款

---

① 《德国民法典》第122条第1款规定“意思表示依第118条规定为无效，或者基于第119条及第120条原因已撤销的，如表示应向相对人为之时，表意人应对该相对人负损害赔偿责任，在其他情形对任何第三人负赔偿责任，以填补因信其表示有效所受的损害。但以不超过相对人或第三人因意思表示有效时所得利益的数额为限”。《德国民法典》第179条第2款规定“代理人不知其欠缺代理权时，仅就相对人因信其有代理权所受的损害负赔偿义务。但以不超过合同有效时相对人所得利益的数额为限”。

② 我国《民法典》第157条规定“民事法律行为无效、被撤销或者确定不发生效力后，行为人因该行为取得的财产，应当予以返还；不能返还或者没有必要返还的，应当折价补偿。有过错的一方应当赔偿对方由此所受到的损失；各方都有过错的，应当各自承担相应的责任。法律另有规定的，依照其规定”。《民法典》第171条第3款规定“行为人实施的行为未被追认的，善意相对人有权请求行为人履行债务或者就其受到的损害请求行为人赔偿。但是，赔偿的范围不得超过被代理人追认时相对人所能获得的利益”。

③ 转引自尚连杰：《信赖利益赔偿以履行利益为限吗？》，《政治与法律》2017年第11期。

关于将责任限制于履行利益的规定，而适用《德国民法典》第254条与有过失的规定。[①]基于这种观点，意思表示错误的撤销权人所承担的损害赔偿范围，根据其主观归责程度之大小而区分两种情形。如果表意人发出错误意思表示为无过失时，表意人可以根据意思表示错误的规定撤销意思表示，并承担消极信赖利益损害赔偿。如果表意人存在过失，则相对人可以基于缔约过失请求损害赔偿，该损害赔偿不受履行利益的限制。[②]德国新债法修订后，缔约过失责任在德国民法予以明文化，关于违反先契约义务所生之损害赔偿的请求权基础是具有统一性质的《德国民法典》第280条第1款，其损害赔偿方法与范围由《德国民法典》第249条及以下规定确定，根据这个请求权基础无法推导出缔约过失损害赔偿范围系广泛限缩于信赖利益。我国《民法典》第500条规定因缔约过失"给对方造成损失的，应当承担损害赔偿责任"，也未规定损害赔偿应以履行利益为限。综上所述，"信赖利益赔偿以履行利益为限"这一责任限制规范仅适用于立法明确规定的特定类型，在我国实证法语境中仅在无权代理等特定类型予以适用，在其他情形应结合当事人的损害类型与可归责性进行综合权衡判断。

具体到法律行为交往中沉默，根据义务违反型沉默是否引发合同成立生效而作不同处理。在合同缔约过程中，沉默者违反说明义务造成对方损害的，沉默者应当赔偿信赖利益损害，既包括因信赖受挫时合同未能有效成立而落空的费用，也包括因信赖受挫而丧失其他订约机会等损失。[③]立法并未限定其赔偿范围，不排除实际损失超过履行利益。在合同成立之前，沉默者因过失违反说明义务，导致对方当事人陷入错误的认识而订立合同，对方当事人基于意思表示错误规定而撤销合同，沉默者在其过错范围内承担信赖利益赔偿责任，此时也不以履行

---

① Münchkomm/Armbrüster, § 122, Rn.13.

② 尚连杰：《信赖利益赔偿以履行利益为限吗？》，《政治与法律》2017年第11期。

③ 孙维飞：《〈合同法〉第42条（缔约过失责任）评注》，《法学家》2018年第1期。

利益为限。在因沉默者违反说明义务而缔结不利合同的情形，相对人的损害赔偿范围如何确定，将在下文具体讨论。

三、强保护与弱保护之间的流动：相对人的选择权

通过积极信赖保护，外观状态替代真实状态，善意相对人获得法律行为式的保护。既然信赖保护是为了保护相对人的信赖利益，那么受保护的相对人是否有权放弃法律赋予的这种外观事实取得真实事实的地位，而选择真实事实所指向的法律关系。对此，根据参与法律行为交往的人数情况予以区分讨论。

（一）三人关系的情形：容忍代理和表象代理

1. 合同对象的选择：在被代理人和代理人之间的选择

（1）德国法的解决方案。善意相对人能否主张适用表见代理责任或者《德国民法典》第 179 条第 1 款规定，在真实状态和外观状态之间进行选择，对此德国判例和学说存在三种不同观点。第一，相对人选择权否定说。德国联邦最高法院判决拒绝了相对人主张适用无权代理规则的选择权，德国学说通说也采否定说，主要理由在于：表见代理权在法律效果上应当等同于通过法律行为授予的代理权，发生直接拘束被代理人的法律后果，不应给交易相对人选择权。①有权代理时，相对人请求权只能针对被代理人，并无合同对象的选择自由。表见代理制度没有理由赋予相对人选择自由，从而获得比有权代理情形更为优越的法律地位。②如果允许相对人选择，则其地位优于有权代理中相对人，从而导致评价矛盾。第二，相对人选择权肯定说，给予相对人双重优待。卡纳里斯从利益考量和体系检验两个维度对否定说提出了批评：首先，从利益格局考察，表见代理制度是为了保护相对人利益，而不是为保护代理人免受《德国民法典》第 179 条的约束。由于容忍代理和表

---

① Münchkomm/Armbruester，§ 167，Rn.75—76；Staudinger/Schilken，§ 177，Rn.26.

② Münchkomm/Armbruester，§ 167，Rn. 76；Erman/Palm，§ 179，Rn. 3；Palandt/Ellenberger，§ 172，Rn.17.

象代理相对复杂的前提要件，给相对人带来重大的诉讼与举证风险，有时向代理人主张请求权的风险更小；其次，从体系上考察，德国联邦最高法院在其他许多权利表见责任的案件中都肯定相对人的选择权，而在表见代理情形予以否定，构成体系悖反。①另有学者认为，肯定相对人享有选择权，一方面可以阻止被代理人在交易相对人主张表见代理权之前，先行主张合同请求权；另一方面也可以使交易相对人处于自由选择的状态，他仍然可以主张无权代理责任。《德国商法典》第 15 条对这项选择权予以了立法确认，在民事领域的表见代理制度也应赋予交易相对人这项选择权。此外，被代理人的利益也不会因此变得更坏，如果交易相对人选择主张无权代理责任，被代理人仍然可以通过追认来主张合同利益。表见代理制度是保护善意相对人利益发展起来的，应当赋予交易相对人选择是否向无权代理人主张请求权的决定自由。②第三，折衷说，即相对人选择权有限肯定说。该说认为只有在特定情形下才赋予相对人的选择自由。比如，将相对人的选择权限制于被代理人被判决认定纳入破产风险这一类型，在其他情形排除相对人选择的可能性。折衷说在一定程度上避免了相对人在表见代理中相较于有权代理具有双重优待保护的责难。③

(2) 我国法的解释构造。相对人选择权肯定说和否定说均不值得赞同。选择权否定说对相对人在实体权利配置上虽属正当，但却忽略了诉讼风险和举证风险。选择权肯定说毫无限制地赋予相对人选择权，事实上使得相对人的地位优于有权代理中相对人的地位。而选择权有限肯定说，原则上否定相对人选择权，在实体权利配置上与有权代理的相对人等同对待，同时又兼顾诉讼法上的举证风险，在可能影响相对人权益实现的部分案型中肯定相对人的选择权。理论上，此种方案

---

① Claus-Wilhelm Canaris, Handelsrecht, 24. Aufl., München: Beck, 2006, S.243.

②③ Staudinger/Schilken, §177, Rn.26.

为最佳的选择。但这种解释方案在我国实证法上面临教义学上的障碍。我国《民法典》第171条第3款规定善意相对人向无权代理人主张权利的前提是"行为人实施的行为未被追认"。而在构成表见代理的情形下,代理权表象已经取代了无权代理的事实,在利益状态上对相对人而言为有权代理,在这一刻,法律关系即在相对人和被代理人之间产生。即使此后,被代理人对代理人实施行为进行追认,对相对人而言也不会由此使表见代理转换为有权代理。因为表见代理已经成立,此时追认的意义在于使代理人的身份从无权代理人转化为有权代理人。根据规定,在代理人行为未被追认的情形下,相对人才能选择向代理人主张权利。如果要证成相对人的选择权,就需要跨越"行为人实施的行为未被追认"这个前置要件。从立法目的来看,该法律条文是为了保护善意相对人的权益,但在特定情形一概适用该条这个前提要件,不利于相对人的保护。依据法律内在目的性考量,应消极设有限制而未设置限制,构成隐藏的法律漏洞,此时应采取目的性限缩的方法,将"行为人实施的行为未被追认"这一前提要件的适用范围排除被代理人陷入给付不能等特殊情形。在解决这一问题后,还面临另一个问题,即关于选择权的法律结构和行使方式。在表见代理情形下,相对人和被代理人之间已然产生法律关系,此时如何使得这种法律关系消灭?对此,如果相对人选择向代理人主张权利,可以类推适用《民法典》第171条第2款关于善意相对人撤销的规定,通过行使撤销权,使得基于权利表象产生的相对人与被代理人之间法律行为关系不生效力。

2. 保护工具的选择:强保护和弱保护之间的选择

在容忍代理和表象代理情形,相对人除了在合同对象上即人的范围上具有选择权,在合同责任和缔约过失责任之间同样享有选择权。相对人可以基于自身意愿和利益考量,放弃表见代理赋予的积极信赖保护,而选择消极信赖保护。

（二）两人关系的情形：对商事事务处理要约、商人确认书沉默与背信型沉默

相较于三人关系的案型，在商事事务处理要约、商人确认书沉默和背信型沉默类型的两人关系中，相对人只有一种选择的可能性，即在强保护和弱保护之间进行选择。

1. 对商事事务处理要约和商人确认书沉默：相对人选择权的否定

对商事事务处理要约保持沉默所形成的积极信赖保护，要约人能否放弃，而选择消极信赖保护，对此学说存有争议。有学者肯定要约人的选择权，理由是《德国民法典》第362条仅仅是保护要约人的利益，因此其有权选择放弃立法上的此种保护。批评意见指出，该条是同时保护双方当事人交易安全的工具，肯定要约人的选择权将导致新的法律上的不确定性，有悖于保护交易安全的立法目的。①为了促进交易稳定、维护交易安全，选择权否定说更值得采纳。在商人确认书的情形，也应当基于相同的理由否定商人确认书发送人的选择权。②

2. 背信型沉默：相对人选择权的肯定

基于诚实信用原则，对合同存在形式瑕疵具有恶意欺诈之人，不得主张合同因形式瑕疵无效而拒绝履行合同。但另一方当事人有权在合同有效和合同无效之间进行选择。③合同关系是当事人之间紧密的信赖关系，既然在合同订立之初，一方当事人已经存在违背诚信的行为，难保日后当事人不会再为背信行为。如果一概认定另一方当事人只能受合同拘束，对其保护不利。此时，赋予相对人选择权，让相对人自行

① Karsten Schmidt, Handelsrecht: Unternehmensrecht I, 6. Aufl., Köln: Carl Heymann, 2014, S.689.

② Karsten Schmidt, Handelsrecht: Unternehmensrecht I, 6. Aufl., Köln: Carl Heymann, 2014, S.714.

③ [德]迪特尔·梅迪库斯：《德国民法总论》，邵建东译，法律出版社2006年版，第471页；杨代雄：《法律行为制度中的积极信赖保护——兼谈我国民法典总则制定中的几个问题》，《中外法学》2015年第5期。

决定是否维持合同关系,是更为妥当的方案。如果相对人不愿意与背信之人继续保持合同关系,则可以选择主张法律行为因形式瑕疵而无效,从合同拘束中解脱出来,此时背信一方承担消极信赖损害赔偿。如果相对人选择维持合同效力,则背信一方受合同拘束,负有合同履行义务。

第二节 法律行为拘束力解消规则的统合

在法律行为交往中,因参与人的沉默所产生法律行为或者法律行为式的拘束效力,可以通过撤销、解除和合同废止等工具得以解消,并产生返还清算和损害赔偿的法律后果。

一、解消的事由

因沉默产生的法律行为或者法律行为式的拘束效力可以基于何种事由得以解消,需要根据沉默的类型予以区分判断。

(一)沉默意思表示的可撤销性

意思表示撤销是解消中的一种类型。撤销权本质上是表意人的选择权,根据表意人是否行使撤销权,形成信赖保护的双重体系:一是表意人行使撤销权,相对人受消极信赖保护;二是表意不行使撤销权,相对人受积极信赖保护。①撤销的对象,以法律行为成立与否区分两种情形,在法律行为成立之前,撤销权的作用对象是意思表示;在法律行为成立之后,撤销权的作用对象是法律行为。②在意思表示型沉默的情形,沉默大多数在承诺这个环节发挥作用,而承诺的法律效果是合同的成立,因此沉默意思表示的撤销对象是合同这一法律行为。

关于撤销事由类型的设置,本质上是对信赖合同有效成立的相对

---

① Staudinger/Singer, Vorbemerkung zu §§ 116 ff., Rn.22.

② 王琦:《德国法上意思表示和法律行为理论的新发展》,《清华法学》2016 年第 6 期。

人和希望溯及既往消除瑕疵意思表示的表意人之间利益平衡。①对于意思表示型沉默，沉默者能否因受欺诈、胁迫或者发生错误，而主张适用意思表示瑕疵规则。通说认为，关于欺诈、胁迫的规定同样适用于沉默意思表示，因为没有理由使沉默者的处境比作出明示意思表示之人更差，②沉默者不应当处于比说话人更不利的境地。至于作为承诺表示的沉默在何种范围可以因意思表示错误而撤销，这个问题判断的基本出发点是，因错误撤销的一般法定模型原则上对沉默意思表示同样适用，③即撤销规则一体适用明示、默示和沉默意思表示。④具体来说，因内容错误、决断错误和事实认识错误均允许撤销，⑤但对于沉默本身所具有法律意义的错误不得撤销。⑥

有疑问的是，法律拟制表示效力是否具有可撤销性？有观点认为，与沉默意思表示不同，拟制之意思表示是法律直接赋予效果，关于意思表示解释、错误撤销等规则一般不得适用。⑦对此，不应赞同，关于法律行为的规则可以部分地适用于拟制之意思表示。如果沉默者对要约的内容存在理解错误或者其沉默是要约人恶意欺诈、胁迫所造成的，则关于意思表示瑕疵撤销的规定可以类推适用。理由与上述沉默意思表示相同，沉默者不应当比对要约作出明确承诺之人处于更加不利的地位。⑧

---

① [德]本德·吕特斯、[德]阿斯特丽德·施塔德勒：《德国民法总论》(第18版)，于馨淼、张姝译，法律出版社2017年版，第377页。

② 杨代雄：《意思表示理论中的沉默与拟制》，《比较法研究》2016年第6期。

③⑤ Kramer, Schweigen als Annahme eines Antrags, Jura 1984, S.236.

④ Münchkomm/Armbruester, § 199, Rn.13.

⑥ [德]本德·吕特斯、[德]阿斯特丽德·施塔德勒：《德国民法总论》(第18版)，于馨淼、张姝译，法律出版社2017年版，第375页。

⑦ Jörg Neuner, Allgemeiner Teil des Bürgerlichen Rechts, 13. Aufl., 2023, § 31, Rn. 23.我国学者亦采同样的见解，参见陈甦主编：《民法总则评注》(下册)，法律出版社2017年版，第1007页；周江洪、陆青、章程主编：《民法判例百选》，法律出版社2020年版，第73页。

⑧ [德]卡尔-海因茨·费策、[德]伊娃·伊内斯·奥博格菲尔：《德国民法总则案例研习》(第10版)，王剑一译，中国法制出版社2020年版，第40页。

但由于沉默的法定后果不以沉默者的意志为转移，因此沉默者不得以其不知沉默所具有的法律意义为由主张撤销，否则将规避立法上的特殊评价。[①]例如，在试用买卖中，买受人认可或者承认的法律性质是准法律行为，这是法律拟制的认可或者承认，买受人可以主张类推适用意思表示内容错误规则而撤销，但不得以对沉默法律意义的错误认识为由而主张撤销。

（二）沉默积极信赖保护的可撤销性

基于权利表见责任产生的拘束力具有与法律行为相同的法律效果，其积极信赖利益保护效果是否具有可撤销性，涉及沉默者的意思表示瑕疵能否对抗相对人善意的问题。虽然在权利表见型沉默中，不要求沉默者具有意思表示，但不排除在具体个案中沉默者事实上具有相应的意思表示。在沉默者因错误、欺诈或胁迫等原因而保持沉默的情形，如果肯定沉默者的撤销权，则导致相对人原本已经受到保护的积极信赖利益，沦为保护力度较低的消极信赖保护。在法律行为领域，当意思表示发生错误、欺诈或者胁迫，表意人固然可以通过撤销的工具，将责任限制在赔偿相对人的消极利益范围。但积极信赖责任并不取决于这种意思表示，因此只能在个案中根据信赖的事实类型和交易保护需求的强度，具体认定如何准用或者类推适用意思表示的瑕疵规则。[②]

1\. 容忍代理和表象代理的可撤销性

容忍代理和表象代理不是法律行为，而是权利表见责任的事实构成，对此是否具有可撤销性存有争议。否定说认为，不能通过撤销来消

① [德]本德·吕特斯、[德]阿斯特丽德·施塔德勒：《德国民法总论》（第18版），于馨淼、张姝译，法律出版社2017年版，第375页；[德]卡尔-海因茨·费策、[德]伊娃·伊内斯·奥博格菲尔：《德国民法总则案例研习》（第10版），王剑一译，中国法制出版社2020年版，第30页。

② Karl Larenz, Allgemeiner Teil des deutschen Bürgerlichen Rechts, München: Beck, 7. Aufl., 1989, S.635.

除表见代理，主要有三个理由：一是权利表见的创设既不具有法律行为性质也不具有类似的法律行为性质，而是纯粹的事实行为，根本无法构成意思表示瑕疵；二是创设的权利表见不得溯及既往地消除，最多只能向将来消除，也就是说只能消除现有的权利表象；三是允许撤销与权利表见责任不符，信赖保护思想将由此落空。对此，反对意见认为表见代理在法律效果上应当与有效授权的代理处于相同的地位。如果不允许撤销，将导致评价上的矛盾，因为对纯粹表见代理权的信赖之人将比依法律行为授予代理权之行为相对人更受优待，获得更为周全的保护。代理权表象的创设不应当比可推断的代理权授予具有更严格的拘束力。基于上述基本评价，因意思表示错误撤销规定也应当准用或者类推适用于非基于意思表示合意产生合同拘束力的情形。①在认可容忍代理具有可撤销性的前提下，面临一个法教义学上的问题。沉默者的容忍行为类似于内部代理权授予的外部通知，由于通知行为并不是意思表示，似乎无撤销可能性。这样一种逻辑上的论证结果，导致代理中的相对人在内部授权外部告知的情形所处的地位优于外部授权，因为在第一种情形不具有可撤销性，第二情形存在撤销的可能性。对此，拉伦茨正确地指出，外部通知虽然不像外部授权那样是意思表示，但是具有和意思表示相同效力的准法律行为，容忍行为可类推适用内部授权的通知规则。②梅迪库斯亦认为，沉默者对这一容忍行为发生错误，应当允许撤销，因为纯粹的容忍不可能比外部授权的行为更值得信赖。③但并非所有的错误类型均可撤销，对容忍作为权利外观的法律意义产生错误认识，不能成为撤销容忍代理权的理由，但对交易标的或者交易

① Münchkomm/Armbruester, §167, Rn.53.

② Karl Larenz, Allgemeiner Teil des deutschen Bürgerlichen Rechts, München: Beck, 7. Aufl., 1989, S.636, 639.

③ [德]迪特尔·梅迪库斯：《德国民法总论》，邵建东译，法律出版社2006年版，第719页。

内容认识错误,可以类推意思表示错误规定予以撤销。至于沉默者因欺诈或者胁迫而保持沉默的,均可以撤销。①对于表象代理,也可类推适用意思表示错误规则予以撤销,但表象代理可撤销的情形相较于容忍代理更少。②对于容忍代理和表象代理的可撤销性问题,我国有学者采取区分说,主张容忍代理具有可撤销性,表象代理不具有可撤销性。理由是在容忍代理情形,容忍行为构成准授权通知,可以准用意思表示瑕疵的规定,但表象代理因为代理权表象非基于表示行为产生,因此无准用意思表示瑕疵规定的余地。③这种观点值得商榷。在有意识容忍代理的情形认可撤销之可能,在无意识过失容忍却排除撤销权的适用,这一结果相当于主观可归责性越大的情形越能享有撤销权,主观可归责性越小的情形反而排除撤销之可能,如此区分处理将产生评价矛盾。因此,对容忍代理和表象代理的可撤销性问题不宜作这种"一刀切"区分,表象代理根据具体个案情况仍有类推适用错误等撤销规则的法律空间。

在承认容忍代理和表象代理具有可撤销性之后,相伴生的问题是,撤销行为是否影响表见代理责任。对此,我国学说存在三种不同观点:第一种观点认为,被代理人在代理权授予时存在意思表示错误,对授权行为可能因为内容错误而被撤销,但对代理行为则很少会发生内容错误,更多是动机错误,所以撤销可能性比较小。④第二种观点认为,代理

---

① [德]卡尔-海因茨·费策、[德]伊娃·伊内斯·奥博格菲尔:《德国民法总则案例研习》(第10版),王剑一译,中国法制出版社2020年版,第342页。

② Münchkomm/Armbruester, § 167, Rn.74.

③ 杨代雄:《法律行为制度中的积极信赖保护——兼谈我国民法典总则制定中的几个问题》,《中外法学》2015年第5期。

④ 许德风:《意思与信赖之间的代理授权行为》,《清华法学》2020年第3期。许德风教授持法律行为论的立场,认为法律行为发生效力有自我决定意思和自我负责意思,授权行为部分可以归属于自我决定意思,代理行为部分可以归属于自我负责意思,即愿意受代理行为的约束。

权授予行为发生错误，可以撤销包括代理权授予行为和代理行为在内的整个法律行为，即被代理人通过撤销代理权通知可以消除表见代理责任，只承担消极信赖责任。[①]第三种观点认为，撤销行为导致代理权消灭，但代理行为实施时所引发的代理权表象作为客观的社会事实不能被消除，由此撤销之后并不影响相对人的信赖，被代理人仍然承担积极信赖责任。[②]事实上，“撤销行为是否影响表见代理责任”这个问题的关键是，撤销权是否及于代理人的代理行为。后两种学说都肯定撤销权波及代理行为，只是第三种观点认为，代理权表象仍然继续存在。意定代理制度是被代理人扩大意思自治的工具，虽然代理人对其意思表示内容具有一定的作用空间，但最终也是置于被代理人的决定范围之内。被代理人发生授权瑕疵，一般而言其意图撤销的不仅是代理授权通知，也包括基于代理权错误通知而实施的代理行为。如若仅撤销“授权行为”，不及于代理行为，则被代理人仍然受制于基于表见代理后果的拘束，则其行使撤销权就没多大意义。这里牵涉被代理人的意思自治和相对人的信赖利益，何者处于优先保护的问题。或许有人会提出，在代理情形相对人信赖的对象是代理人具有代理权，而不是被代理人授权行为是否准确。这与两人直接交易情形中，相对人信赖表意人之意思表示健全有所不同，代理情形为三人关系，交易行为不是直接发生在两人之间，而是经由代理人“周转”，对外观事实的信赖要求更高，不可等同处置。而且被代理人授权意思是否准确，直接影响代理人是否具有代理权，由此相对人需要判断代理人是否有代理权，进而审查被代理人的授权行为是否有效存在。因此，被代理人撤销授权通知，事实上

---

① 王浩：《论代理的本质——以代理权授予时的意思瑕疵问题为契机》，《中外法学》2018 年第 3 期；王浩：《“有理由相信行为人有代理权”之重构》，《华东政法大学学报》2020 年第 4 期。

② 杨代雄：《法律行为制度中的积极信赖保护——兼谈我国民法典总则制定中的几个问题》，《中外法学》2015 年第 5 期。

波及表见代理责任，解释工具可以是撤销权一并及于代理行为。具体到容忍代理情形，被代理人有意识对他人的代理行为表示容忍，与前述情况类似，应当准予类推适用。在表象代理情形，被代理人无意识地过失容忍，虽然与前面所述类型有别，但权衡被代理人和相对人之间的利益状态，也应当允许被代理人类推适用错误规则，得以撤销代理行为，仅承担消极信赖责任。

2. 商人确认书和商事事务处理要约沉默的可撤销性

在商人确认书和商事事务处理的场景中，沉默者发生错误有多种情形，既可能是对商人确认书或者商事事务处理要约保持沉默意义本身的认识错误，或者对商人确认书或者商事事务处理要约的内容发生错误，也可能是对作为沉默之基础的事实发生错误。其一，关于沉默之意义的认识错误。沉默者不知对商人确认书保持沉默的后果而保持沉默的，是否可以主张撤销？卡纳里斯、梅迪库斯、辛格、克劳泽等学者均持撤销权否定说。主要理由在于，因为典型化的交易习惯存在较高的信赖事实，沉默者不能通过主张其不知沉默作为同意的意义而撤销意思表示，将自己责任限制于消极信赖利益赔偿。①而且立法和司法赋予沉默的特定意义已经取代了沉默者的自身意思，②如果允许沉默者据此撤销，则商人确认书制度意义荡然无存，法律保护合同相对人信赖利益的目的将被破坏。③其二，关于对商人确认书的内容发生错误。在此情况，有学者主张，基于保护善意的商人确认书发出人以及避免举证困难等目的考量，同时考虑到商人确认书受领人作为商事主体应负有更

①④　Fischinger, Grundfälle zur Bedeutung des Schweigens im Rechtsverkehr, JuS 2015, S.394.

②　[德]迪特尔·梅迪库斯:《德国民法总论》，邵建东译，法律出版社2006年版，第205、336页。

③　[德]本德·吕特斯、[德]阿斯特丽德·施塔德勒:《德国民法总论》(第18版)，于馨淼、张姝译，法律出版社2017年版，第391页。

高注意义务，因此对商人确认书的内容发生错误排除沉默者的撤销权。[④]该说主张完全排除撤销权适用。另有学者主张部分排除撤销权，将撤销权的排除限定在因过失而发生错误的情形。[①]对此，应当认为如果商人确认书受领人非因过失误解确认书的内容，并基于这种误解有意识地未提出异议，可以主张类推适用错误撤销规定。[②]虽然此时沉默不构成意思表示，而是基于权利表见责任产生积极信赖保护效果，但沉默者不应当处于比自己明确表示同意的情形更加不利的地位。[③]但沉默者因过失发生内容错误，则排除撤销权的适用空间，因为双方主体从事商事活动，负有更高的注意义务，在此情形排除撤销权，不妨碍交易安全。其三，关于作为沉默之基础的事实错误。商人确认书受领人不知确认书已经到达而未作表态，此时受领人是否享有撤销权？对商人确认书的沉默不是意思表示，沉默者不需要具有表示意识，是否知悉确认书已经到达的事实，对法律评价来说无关紧要。基于交易保护原则，不知悉商人确认书已经到达的风险，应由作为商事交易参与者的受领人承担。[④]其四，沉默人因欺诈或者胁迫而对商人确认书保持沉默，撤销权不受限制。上述规则对商事事务处理要约的案型同样适用。

---

① [德]赫尔穆特·科勒:《德国民法总论》，刘洋译，北京大学出版社 2022 年版，第 185 页。

② [德]本德·吕特斯、[德]阿斯特丽德·施塔德勒:《德国民法总论》(第 18 版)，于馨淼、张姝译，法律出版社 2017 年版，第 375 页；[德]赫尔穆特·科勒:《德国民法总论》，刘洋译，北京大学出版社 2022 年版，第 185 页；[德]托比亚斯·勒特:《德国商法案例研习》(第 3 版)，李金镂译，北京大学出版社 2021 年版，第 114 页。

③ [德]卡尔-海因茨·费策、[德]伊娃·伊内斯·奥博格菲尔:《德国民法总则案例研习》(第 10 版)，王剑一译，中国法制出版社 2020 年版，第 48 页；[德]赫尔穆特·科勒:《德国民法总论》，刘洋译，北京大学出版社 2022 年版，第 185 页；[德]托比亚斯·勒特:《德国商法案例研习》(第 3 版)，李金镂译，北京大学出版社 2021 年版，第 114 页。

④ [德]赫尔穆特·科勒:《德国民法总论》，刘洋译，北京大学出版社 2022 年版，第 185 页；[德]托比亚斯·勒特:《德国商法案例研习》(第 3 版)，李金镂译，北京大学出版社 2021 年版，第 114 页。

3. 小结

在容忍代理、表见代理和商人确认书、商事事务处理要约等适用积极信赖保护的情形，因错误、欺诈和胁迫的撤销问题原则上按照一般错误撤销规则的法定模型来处置，但基于交易安全保护的特殊需求，需要对法定模型的部分适用规则加以限制。这些限制应当是基于交易保护的需要，而不是纯粹概念上的论证。[①]我国《民法典》规定因重大误解而作出的法律行为可以撤销，在民商合一的立法背景下，重大误解撤销规则在商事交易领域也一体适用。但民商交往和商事交往的价值理念有所不同，相较而言前者更加注重保护意思自治，后者更加侧重交易安全保护。因此，因重大误解的撤销在商事领域应受到合理的限制，在法学方法上可以通过目的性限缩工具对《民法典》第147条的适用范围作适当的限制。[②]

(三) 义务违反型沉默的撤销、解除与废止

沉默者以沉默方式违反说明义务而使得对方因此订立不利合同，合同相对人在不同场景享有多种选择权。例如出卖人以沉默方式对买卖标的物之瑕疵故意隐瞒，双方订立合同后，买受人发现买受物存在瑕疵，此时买受人享有三项选择权：一是因沉默构成恶意欺诈的，有权请求因欺诈而撤销合同；二是因物存在瑕疵，基于瑕疵担保责任而请求解除合同；三是因沉默者违反说明义务而订立不利合同，有权请求废止合同。对第三种情形，学说上争议较大。特别是过失违反说明义务的情形，买受人能否基于缔约过失主张废止合同。这涉及基于缔约过失废止合同与意思表示错误以及恶意欺诈之间规范关联的问题。

1. 德国法考察：基于缔约过失废止合同的制度演进

(1) 问题之源起和评价矛盾之形成。德国联邦最高法院在1962

① Kramer, Schweigen als Annahme eines Antrags, Jura 1984, S.236.

② 陈彦晶：《重大误解规则商事适用的限制》，《华东政法大学学报》2019年第1期。

年电锯买卖案中，首次采用合同的恢复原状作为损害赔偿方法来处理缔约中违反说明义务的赔偿问题。法院认为，以缔约过失责任来处理订立不利内容的合同不需要附加特别的要件，就可以和欺诈撤销并存，两者是相互独立的制度。以缔约过失责任处理不利内容的合同，其法律效果使已经订立的合同发生解消的效力。这一处理方案与恶意欺诈规则产生了评价矛盾：首先，欺诈撤销是以故意为要件，但缔约过失责任只要过失即可成立。其次，欺诈撤销权行使期间受到1年除斥期间的限制，但损害赔偿请求权的诉讼时效依据德国民法旧法第195条的规定长达30年，新法缩短为3年。如果无限制赋予当事人可以通过主张缔约过失而废止合同，则架空欺诈的恶意要件和除斥期间的时间限制。为此，学界提出强烈批评。例如梅迪库斯认为因欺诈而撤销合同是以故意为要件，如果适用缔约过失责任则将“故意”门槛降至“过失”，破坏欺诈撤销的故意要求；将缔约过失制度扩张至有效合同，将为法官提供对合同内容进行等价性检验之可能，由此透过缔约过失制度处理不利合同导致以他治取代自治，将彻底改变契约的概念。①

(2) 判例和学说的补救方案。电锯买卖案判决后，德国判例和学说试图通过不同的法律技术消除上述的评价矛盾。德国联邦最高法院在1997年判决中修正了原先的意见，认为两个制度差异主要在于主张缔约过失废止合同的前提是权利人要证明财产损害，而主张欺诈撤销无需以财产损害为前提。两个制度保护的法益不同，损害赔偿制度主要在于保护当事人财产的完整性，欺诈撤销权主要是保障当事人的意

① Dieter Medicus, Bürgerliches Recht, 21. Aufl., Carl Heymanns Verlag, 2007, S.87—89；值得注意的是，卡纳里斯对这一问题的立场发生转变，一开始赞同梅迪库斯的观点，但后来认为以缔约过失处理不利合同是一个成功法官造法的典范，因为这种模式进一步保障了当事人事实上的缔约自由，从而对实质的契约自由保护提供了合理的补充和完善。具体参见[德]卡纳里斯：《债务合同法的变化即债务合同法的具体化“趋势”》，张双根译，《中外法学》2001年第1期。

思决定自由。但对有无财产损害的认定，德国联邦最高法院采取较为宽松的标准，只要有违反说明义务而缔结不利合同的事实，即认定有财产损害。德国学说也通过在要件上区分废止不利合同与欺诈撤销，来避免一般性的毁约权。例如洛伦茨认为，欺诈撤销与缔约过失真正的区别在于不同强度因果关系的要件要求。欺诈撤销是针对法伦理上所不容许的故意欺诈行为，在构成要件和法律效果上进行特别设计的一般性保护，只要欺诈对意思建构有所影响即可成立；但损害赔偿本身是个别化的保护，是否产生损害的问题，在因果关系认定上应采取更加严格的认定标准。在缔约过失废止合同的情形，此处的过失行为不能只是单纯对缔约意思产生影响，而必须要达到没有此行为就不会缔结合同的程度。卡纳里斯则提出另一种解决方案，认为缔约过失保护的不是单纯的不利合同，而是"不符合前提要件的合同"。并非所有违反说明义务均可成立缔约过失，只有因违反说明义务对双方当事人可能理解认知的缔约"前提要件"造成误导时，才构成缔约过失责任，这也是缔约过失废止合同的重要构成要件。①

2. 我国规制模式：基于缔约过失的废止合同和基于重大误解的撤销并存

因沉默者过失违反说明义务而使对方当事人订立不利合同，对方当事人享有何种权利，我国立法未予以特殊规定，仍应回溯到一般意义层面过失违反说明义务的问题处理上。我国学说亦发现过失违反说明义务在规范适用上存在评价矛盾，并提出不同解决方案。有学者主张在法律行为制度框架内实现对受误导人的救济，提出通过对故意要件的扩大解释来缓和主观要件要求，认为传统双重故意构成没有必要，只要行为具有第一层故意，即具有欺骗相对人、欲使相对人

① 叶新民：《德国民法上违反契约时说明义务之损害赔偿责任》，《台北大学法学论丛》第86期；周伯峰：《论对"不受期待之契约"的法律上处理——以缔约上过失为中心》，《政大法学评论》第155期。

陷入错误的故意即可。欺诈制度处于错误制度的延长线上，是在错误制度的基础上，增加对相对人行为恶性程度的考量，为错误制度不予保护的动机错误提供救济渠道。[①]对此，批评意见指出，过失欺诈存在规范上的障碍和术语使用习惯上的阻力，忽视了错误理论的可适用性，欠缺说服力。由此否定通过缔约过失废止合同的可能性，主张运用错误制度通过撤销来消除合同拘束力，再进而运用缔约过失制度填补损害赔偿，通过这种前后衔接、功能互补的制度组合协力实现对受欺诈一方的权利救济。[②]

对此，首先应当解决的是过失违反说明义务能否适用我国《民法典》第500条缔约过失责任。从利益格局来看，将违反说明义务的主观要件限定于故意，过于注重保护行为人的利益，不利于信息交换、资讯获取，相对人易处于被动状态。从体系解释来看，《民法典》第500条设置了兜底条款“其他违背诚实信用原则的行为”，并未将兜底情形的主观要件限定为故意。过失违反说明义务类型是“其他违背诚实信用原则的行为”之一种，立法并未排除过失违反说明义务适用缔约过失制度的空间。

其次，过失沉默欺诈能否适用意思表示欺诈规则。这涉及欺诈与错误规则的异同问题。欺诈和错误制度均是为保护表意人的意思决定自由而设置。但欺诈是相对人或者第三人故意欺诈，从而引发表意人发生错误并基于此作出错误的意思表示，而错误既可能是表意人自身原因也可能是相对人原因而导致意思表示错误。由于引发错误的原因来源和程度不同，立法对两种制度课以不同的构成要件和法律后果。欺诈要求表意人具有双重错误，表意人行使撤销权后无需承担信赖利

① 刘勇：《缔约过失与欺诈的制度竞合——以欺诈的“故意”要件为中心》，《法学研究》2015年第5期。

② 尚连杰：《缔约过失与欺诈的关系再造——以错误理解的功能介入为辅线》，《法学家》2017年第4期。

益赔偿责任。而在错误情形，只要求单层错误，表意人需承担信赖利益赔偿责任。相较于后者，前者对相对人保护力度不足，故对行为人提出更高的主观要件要求，即具有主观故意。如果“弱化”欺诈的故意要件，将之扩大适用于过失情形，则一律排除表意人的赔偿责任，有失公允。因为即使在过失欺诈情形，表意人意思最终还是处于自己控制范围并依其自身意愿主动发出的，这种风险仍应由表意人承担。另外，如果承认过失欺诈，将导致与错误制度存在交叉，而对两者配置不同后果，将引发评价矛盾。根据最高人民法院《关于适用〈中华人民共和国民法典〉总则编若干问题的解释》第21条规定“负有告知义务的人故意隐瞒真实情况，致使当事人基于错误认识作出意思表示的可以认定为欺诈”，对不作为欺诈的故意要件予以明确规定。因此，过失违反说明义务不适用意思表示欺诈规则。

再次，过失违反说明义务应否适用重大误解规则。在此，应当明确我国重大误解规则与德国错误规则有所不同。德国错误仅指表意人因自身原因而引发的错误，我国重大误解既包括因表意人自身原因引发的错误，也包含因相对人原因导致表意人产生错误的情况。因此，如果在行为人违反说明义务，导致对方产生错误认识，并由此作出错误表示，则可以适用重大误解规则。

从以上分析来看，过失违反说明义务可同时适用缔约过失规则和重大误解规则。前者在于保护当事人财产的完整性，后者在于保障当事人意思决定自由。适用前者要求具有损害的后果，而后者无需此种要件。从这个层面来看，前者责任构成要件要严于后者，因此在后果配置上也应当体现这种差异性。适用重大误解规则，撤销权行使期间为自知道或者应当知道撤销事由之日起90天内(《民法典》第152条)；对于缔约过失的废止请求权，则适用一般诉讼时效规则，即自权利人知道或者应当知道权利受到损害以及义务人之日起3年内(《民法典》第188条)。

二、解消的法律效果

在法律行为交往中,因参与人的沉默所产生法律行为或者法律行为式的拘束效力因撤销、解除后,引发返还清算和损害赔偿的法律效果。对于沉默的情形并无特殊规定,适用撤销和解除效果的一般规定。

(一) 返还清算体系趋同

1. 德国法合同撤销与解除后的返还体系

(1) 合同撤销和合同解除返还体系异同。合同撤销后不是转换为返还性债务关系,而是使原有意定基础的债务关系归于消灭,所为给付的返还只能通过新的法定债务关系来实现,即根据不当得利法进行清算。《德国民法典》规定,不当得利取得人返还义务首先是"因他人给付或以其他方式使他人蒙受损失"而自己取得的利益,当返还所得利益因为客观不能或者受益人的主观不能而无法实现时,受益人有偿还价额的义务。同时《德国民法典》第 818 条第 3 款规定,如果该利益不复存在,则无价额偿还的义务。该条将善意受益人返还义务限制于现存利益范围,因为善意受益人信赖其所受利益具有法律上的原因,法律为此保护善意受益人的财产状态不因发生不当得利而受到不利的影响,体现不当得利制度的优待。而解除的法律效果与撤销不同,其并不是使原有债务关系溯及既往地完全消灭,而是转变为返还性债务关系。在返还的范围上,与撤销情形相类似的是,根据《德国民法典》第 346 条及以下关于解除的规则,合同解除时的返还首先是所受领给付的返还,如果所受领标的依性质或已损毁消灭等事由无法返还时,债务人必须偿还价额。但与撤销情形不同的是,根据《德国民法典》第 346 条第 3 款,债务人被免除价额偿还义务后,还应当返还剩余的利益。当债务人被排除赔偿价额义务时,仍适用上述规定。①

① 张抒涵:《德国法上合同撤销与合同解除的返还效果》,《中德私法研究》2013 年第 9 卷。

（2）返还发生障碍时的规则重构。可见，在原给付返还出现障碍时，关于善意受益人的返还责任，不当得利法和解除法采取不同的处理模式。在不当得利情形，若所受之利益不存在时，善意受益人免除返还和偿还价额的责任，而在解除法中不存在这样的优待。对此，德国法通过解释构造，力图消除两者之间差异。2002年《德国债法现代化法》立法说明书中明确指出“如果可能，要对解除的返还清算与不当得利法的返还清算适用相同的原则”。根据德国司法长期坚持的差额理论认为，双务合同的双方请求权在返还清算中也要被平衡。当一方根据《德国民法典》第818条第3款规定主张所得利益丧失时，如果所灭失标的之客观价值低于他向对方所给付的价款，其仅能请求对差额的返还，反之其无权请求对方返还价款。①如此，仅返还现存利益规则的适用范围被极大限缩。随着差额理论的发展，使得合同撤销和解除后，两者在返还义务范围趋于一致。综合来看，在原有给付仍然存在且返还无障碍的情形，两种返还关系均是债之返还，返还均及于原给付及其所得利益。在原给付返还出现障碍的情形，解除返还义务被价额偿还义务替代，撤销返还义务因差额理论的修正，使得两种返还义务再度相似。②

2. 我国法的解决方案

我国《民法典》第157条规定“民事法律行为无效、被撤销或者确定不发生效力后，行为人因该行为取得的财产，应当予以返还；不能返还或者没有必要返还的，应当折价补偿”。《民法典》第986条规定，善意得利人可以对返还权利人主张得利丧失的抗辩。对此，基于法律价值一贯性和体系统一性的考量，在返还不能的情形应作同一处理。具体而言，不当得利的善意受益人和善意的解除权人在不可归责于自己事

① 德国法院采取的差额说遭到卡纳里斯的批评，其提出“对待给付不当得利请求权”理论予以修正。对此，详见赵文杰：《论不当得利与法定解除中的价值偿还》，《中外法学》2015年第5期。

② 张抒涵：《德国法上合同撤销与合同解除的返还效果》，《中德私法研究》2013年第9卷。

由导致返还不能时，有权主张得利丧失抗辩。在可归责于自己事由导致返还不能时，均不得主张得利丧失抗辩，仍应偿还价额。①

（二）损害赔偿体系趋同

撤销与解除后果在法律构造上有所不同，撤销之后法律关系本体自始消灭，而合同解除后则转化为新的债务关系。因此，无论是德国还是我国通说均认为，合同撤销之后不得主张履行利益的损害赔偿。对此，德国有学者提出质疑，认为既然解除权得与履行利益赔偿并存，那么否定恶意欺诈之撤销权可与履行利益并存，则构成法律漏洞。合同因欺诈被撤销后，可类推适用《德国民法典》第325条规定，使得权利人仍有权主张合同履行利益的损害赔偿。对此，反对意见指出，撤销和解除不具有法律上的同一性，两者不应作等同评价，并无类推适用的基础。两种观点各具有部分的合理性。在一般情形，撤销和解除并没有法律上相同的评价要点，但对于特殊情形如因违反说明义务而订立不利合同案型，则应当作特殊处理。以前面提及的买卖瑕疵之物的案型为例，如前所述，买受人在此情形享有撤销、废止合同和解除三项选择权。第一种情形，因为侵害了买受人之意思自由，所以买受人享有撤销权；第二种情形，出卖人违反先合同义务，买受人得以废止合同，摆脱不利合同的束缚；第三种情形，出卖人违反合同的义务，买受人可以解除合同。在后两种情形中，买受人均有权主张基于合同的履行利益赔偿，对于第一种情形按照目前通说仅能请求消极利益损害赔偿。这样处理方案不甚妥当，因为基于相同的事实产生不同的请求权，根据请求权规范竞合理论，请求权相互影响，出于对买受人的保护，应当在此例外情形肯定买受人因被恶意欺诈撤销合同后，仍有权主张合同上的履行利益赔偿。②

---

① 赵文杰：《论不当得利与法定解除中的价值偿还》，《中外法学》2015年第5期。

② 尚连杰：《信赖利益赔偿以履行利益为限吗?》，《政治与法律》2017年第11期。

第三节　法律行为内容的调整

沉默的法律行为拘束力因撤销、解除和废止等方式解消，此时法律行为拘束力不复存在。但在一些情形维持法律行为拘束力对于当事人而言更加有利，当事人也愿意继续受法律行为的拘束，但需要对因意思表示瑕疵带来的后果进行调整，此时是否应当赋予当事人法律行为内容的调整权？对此，原《民法通则》第 59 条和《合同法》第 54 条均规定了重大误解的可变更效力，原《民法总则》删除了相关规定，《民法典》承继《民法总则》，并未恢复变更权的规定。长期以来，变更权遭受学说的诟病，主要原因有二：其一，允许表意人单独变更，无异于承认依单方意思能够约束相对人，有违契约原则。①其二，变更权赋予法院极大权力，可以借由变更权任意介入甚至干涉当事人之间合同约定，当事人的缔约自由有遭受任意侵害之虞。②立法者有意的删除，是否消除了此前学说争议，彻底否定司法实践中变更权的适用空间？

何为重大误解的可变更效力，学说上对此存在不同的法律构造。有学者将“变更”解释为“撤销＋另行形成意思表示”。依此解释，变更权行使将发生两项法律效果：一是导致既有法律行为因撤销而不生效力；二是实施一项新的法律行为。如此赋予表意人以形成权性质的变更权，对相对人甚为不利。③为此，有学者提出其他解决方案，认为重大误解的可变更效力本质上是真意解释。④变更权在我国法上具有体系正当性，应当根据不同利益的差异，配置不同的诉求类型，赋予当事人基于自身利益考量，选择适用撤销权或者变更权。⑤从我国裁判实践经

①③　朱庆育：《民法总论》（第 2 版），北京大学出版社 2016 年版，第 326 页。

②　朱广新：《民事法律行为制度的反思与完善》，《政治与法律》2015 年第 10 期。

④　张传奇：《论重大误解的可变更效力——意思表示解释》，《中外法学》2014 年第 6 期。

⑤　聂卫锋：《〈民法总则〉变更权之殇——兼论中国法律发展的自主性问题》，《法学家》2018 年第 6 期。

验也可知，法律行为可变更的救济方式有时更符合当事人的意思和交易的习惯，也有助于矛盾纠纷及时化解。《民法典》删除法律行为可变更救济方式的做法缺乏周全的考虑。对此，可以从解释论角度寻求补救之道，运用意思表示解释规则，限制撤销权行使的可能和范围，对可分的法律行为通过部分撤销的工具，限定撤销的范围，从而缓解完全撤销法律效果的单一性和绝对性。①德国民法对意思表示瑕疵虽未配置变更权规则，但同样遭遇运用撤销权导致权利救济不足的问题。比如表意人发生意思表示错误，撤销相对人愿意承认表意人依其所主张的意思内容，这种情形对表意人而言并未有任何不利，因为表意人最终达成的意思与其未发生错误而正确作出意思表示的内容相一致。在此情况仍允许表意人撤销，有悖诚实信用原则。对此，拉伦茨提出了合理的解决方案，赋予撤销相对人即时同意承认被撤销表示的权利，从而避免法律行为无效后果。②这个解决方案虽然通过迂回的手段予以救济，但在我国实证法尚未恢复变更权的规定之前，亦不失为一种良策。

第四节　统合模式下的效果构造

法律体系化是一个提取公因式的过程。合同撤销、解除和废止在功能上具有很大的共性。提炼共通规范，最大限度作统一化处理，可填补法律漏洞，避免适用冲突。德国债法改革按照立法者原初设想，希望完全脱离传统的以义务违反类型区分为核心的构成要件导向型模式，建立纯粹的法律效果导向型规制模式。为此，立法者创造了两组违反义务法律效果的规范群：损害赔偿规定和解除规定。但在替代给付的

① 武腾：《显示公平规定的解释论构造——基于相关裁判经验的实证考察》，《法学》2018 年第 1 期。

② [德]卡尔·拉伦茨：《德国民法通论》(下册)，王晓晔、邵建东、程建英、徐国建、谢怀栻译，法律出版社 2007 年版，第 527 页。

损害赔偿等方面，仍然无法回避义务违反类型的区分。就此而言，构成要件导向型体系在法律效果导向型模式的框架内继续存在，形成了一个“混合体系”。[①]法律行为交往中沉默在部分领域可以对特定案件类型实行统一法律后果规制，推进法律效果的体系化构造。对此，借鉴德国新债法“混合模式”，设置一般条款统一规制沉默的法律效果，对于特定类型、特殊问题设置特殊条款，形成“一般条款+特殊规定”相结合的规制模式。一是使法律拘束归于消灭（解消）：撤销（意思表示瑕疵）、解除（物之瑕疵或权利瑕疵）、废止合同（缔约过失）。二是调整合同内容：变更（意思表示瑕疵）、调整（物之瑕疵或权利瑕疵）、调整（缔约过失）。

① ［德］迪尔克·罗歇尔德斯：《德国债法总论》（第7版），沈小军、张金海译，中国人民大学出版社2014年版，第163页。

第八章　基本结论与结语

第一节　基本结论

在法律行为交往中,沉默既是表意人消极行为自由的一种表现,同时沉默亦可成为构筑外观事实、引发他人信赖的基础。当前,学说缺乏对法律行为交往中沉默问题的一般理论研究,仅从某一角度或者某一类型进行局部分析,未对各个类型加以区分并展开整体性阐释,难以为司法裁判提供全面有效的指引。本书结合我国《民法典》总分体例结构和法律行为制度的规范框架,运用体系思维和类型方法,探寻法律行为交往中沉默的内在体系和一般判断基准,提炼沉默法律意义的评价框架序列,对沉默的四种类型及其法律效果展开教义学分析,以期对沉默的规则体系构建提供理论之源和实践之泉。

第一,明晰法律行为交往中沉默的基本属性,沉默规则作为例外规范,是对原则规范的背离,具有例外品格、限定主义和递补特性三个属性。沉默作为公示手段和表达工具，在意思表示、信赖保护等领域发挥重要的外观事实作用，在“意思与表示”双重结构中产生体系联动效应。在外在表示行为体系中，沉默既没有语言的表达，也没有外部的动作，仅具有弱表示功能甚至无表示功能。在内在主观意思体系中，由于在外在表示上有别于明示行为和默示行为，沉默所具有外在的表示价值程度不高，需要在内在意思构成上予以补足。表示意识是沉默意思表示的必要构成要素，缺乏表示意识则无沉默意思表示。

第二，全景展示法律行为交往中沉默的本土化运作现状，通过法律规范、学说理论、司法实践多重维度展现法律行为交往中沉默规则的整体面向。在规范层面，沉默具有意思表示的效力、终结某种未定法律状态的效力、信赖事实的效力以及构成义务的违反四种不同法律意义。在学理层面，现有研究主要集中于沉默意思表示的特定领域，在意思表示法中关于沉默的研究聚焦于作为承诺方式这一案型。在实践层面，法律适用呈现两重“限定”特征：一是沉默的适用领域主要限定在义务违反型沉默，特别是以沉默方式为欺诈的案型；二是严格按照法律规定的认定沉默具有意思表示效力的法定和约定两种类型，很少根据“符合当事人之间交易习惯”这一类型来认定沉默具有表示效力，更遑论基于诚实信用原则和信赖保护原则来证成沉默的法律效力。

第三，构建法律行为交往中沉默的理论分析框架和内在体系。首先，关于沉默构成法律责任的基础存在三个理论分析框架，不同理论框架对沉默的法律性质、教义学归类和法律效果产生影响。一是弗卢梅的“法律行为理论和具有法律上相关性的行为理论”。该理论区分了法律行为与具有法律上相关性的行为两种类型。法律行为属于基于法律秩序的认可而自主有效形成行为规则的设权行为。具有法律上相关性的行为不属于设权行为，它是基于法律上的评价就特定行为规定一定法律效果。弗卢梅主张将信赖责任限制于消极利益赔偿责任，在其他情形则通过法律行为制度解决，完全否定信赖责任的独立地位。二是卡纳里斯的“法律行为理论和信赖责任理论”。这是在弗卢梅二元理论框架基础上的改造与重构，一方面以“法律行为理论”对弗卢梅“法律行为理论”进行修正，另一方面对集合于弗卢梅“具有法律上相关性的行为理论”中不同类型形式进行体系化提炼，形成独立于法律行为责任的信赖责任理论。信赖责任包括积极信赖责任和消极信赖责任，积极信赖责任分为权利表见责任和基于伦理必要性的信赖责任两种类型。三是比德林斯基的“组合式法律行为理论”。该理论运用动态体系论方法，重新诠释了法律行为，以意思表示为出发点，通过“替代类比”方法将宣示性表示的相关案型纳入法律行为“领地”，以“法律行为与类似的信赖事实构成”来定义法律行为的基础事实构成，在法律行为理论内部形成包括意思自治、信赖保护、严守契约在内的“可分层”基本原则。其次，关于法律行为交往中沉默的内在体系。意思自治、诚实信用和信赖保护原则共同构成法律行为交往中的基本原则。诚实信用原则在沉默的特定类型中发挥主导性作用，不应杂糅到信赖保护原则中，需要单独抽离出来与其他两个基本原则并置。我国在立法过程中曾设置了信赖保护原则，但最终立法文本并未将之纳入基本原则序列，可以通过整体类推的方法，从表见代理和善意取得制度的法律规范中抽取出一般性的法律评价，形成信赖保护原则。意思自治、诚实信用和信赖保护诸原则之间并无一定阶层秩序，沉默类型的权利义务配置是各项原则相互补充、相互限制的协作结果。

第四，建构法律行为交往中沉默的解释模型与判断基准。首先，关于“法律行为保护—积极信赖保护—积极诚信保护—消极诚信保护”框架模型。意思自治原则在沉默领域主要涉及消极的私法自治，对相对人形成法律行为保护，信赖保护原则涉及积极信赖保护，诚实信用原则涉及诚信保护。三项原则之间相互作用投射到外在体系上就形成上述四层分析评价框架。对照法律行为交往中沉默的四种类型，将意思表示型沉默置于法律行为保护框架，权利表见型沉默纳入积极信赖保护框架，背信型沉默置于积极诚信保护框架，义务违反型沉默纳入消极诚信保护框架内予以分析和评判。这个评价体系具有内在的层次性和逻辑性，是一个有先后次序、循序递进的分析框架。设置这样的分析框架，主要原因在于沉默四种类型的背后体现了对私法自治不同层次的制约与平衡。以法律行为作为基准，权利表见责任作为法律行为理论的补充，基于自相矛盾行为的信赖责任又作为权利表见责任的补充，缔约过失责任是对前面三种情形的进一步补充。后三种类型形成完整的信赖保护和诚信保护体系。在具体判断时，先将某类型置于其所归属的分析体系内，再根据各个体系内的判断标准进一步作法律上的评价。在无法通过前一个分析框架的要件评价时，紧接着运用下一个分析框架予以评判。其次，关于法律行为交往中沉默的一般判断基准体系。一般判断基准包括沉默行为所呈现的外观事实、沉默者具有可归责性和相对人善意信赖三项要素。沉默行为所呈现的外观事实是一个客观的存在，对于这个客观存在的形成原因以及产生持续影响的认定，需要引入沉默者与相对人的主观要素以及两者之间的作用力进行权衡。外观事实与可归责性这两项要素处于同方向的协动关系，信赖事实基础越强，则沉默者可归责性就越大。外观事实和可归责性这两项要素和相对人善意信赖要素之间存在反作用力，外观事实基础越强，则对相对人的信赖要求就越低；可归责性越强，则对信赖要素的要求也会有所降低。

第五，构建法律行为交往中沉默的类型谱系。沉默在民商事交往的不同领域，具有差异化的意义，需要以类型化的方式加以研究。具有法律上意义的沉默有四种类型。一是意思表示型沉默。沉默意思表示的法律意义早在罗马法时期就已经备受争议，在中世纪的教会法赋予了沉默更积极的同意意义。18 世纪对于商事交往中沉默的处理存在特殊的规则需求，《德国商法典》明确规定对商事事务处理要约保持沉默的视为同意。《德国民法典》对于法律交往中沉默的意义未设一般性规定。《德国民法典》颁布后，学说和判例对沉默原则上不产生合同拘束力这一立场提出质疑，基于诚实信用和信赖保护的考量，逐步扩大沉默视为同意规则的适用领域。从教义学上看，通常而言沉默不具有表示价值，它既不表示同意，也不表示拒绝。但在例外情形下，沉默具有表示价值和表示效力。对此，可以分为两种情形：一是约定的沉默，当事人之间将沉默约定为具有表示价值的行为，此时沉默具有与明示行为同等的表示价值。二是拟制的沉默。法律在特定情形，以拟制意思表示的方式对沉默的法律后果作出规定。根据法律规定，沉默引发本应由某一项相应的意思表示所引起的法律后果。这些法定情形既不要求行为人具备表示意识，也不需要具有可归责性。

二是权利表见型沉默。这种类型分为两种形态：一是沉默作为开启权利表象的基础，包括有意识开启权利表象和无意识开启权利表象两种类型。前者以容忍代理为著例，容忍代理是被代理人知道他人以其代理人名义为法律行为，而对该行为听之任之。后者以表象代理为代表，表象代理是被代理人不知他人以自己名义为法律行为，但稍加注意可以知悉并阻止该行为。二是沉默作为交易上典型行为的基础。商事交往中的沉默被评价为同意，主要是依据商事交易中行为的典型意义的解释结果，这属于一种商事惯例。商事惯例的作用在于使行为的典型化和标准化意义能在所有相关商事交易中得以适用，不仅可以促进交易效率，而且也利于交易安全保护。这方面著例有对商事事务处理要约的沉默和对商人确认书的沉默。

三是背信型沉默。沉默除了可以构成意思表示或者某种表述的表象之外，还可以作为其他信赖事实的基础。对此，主要有两种类型：第一是基于诚实信用原则产生表示效力的沉默。对于迟到承诺案型，除了我国《民法典》第 487 条规定的迟延承诺，其他情形属于缔约过失制度的规制范围，违反者按照缔约过失制度处理，不应径直类推适用《民法典》第 487 条这一立法特例。对于变更要约内容案型，区分两种情形，非实质变更不影响合同成立，要约人沉默不具有任何意义；实质性变更的构成新要约，沉默也不具有表示之效力。对于交叉要约案型，采取沉默成立合同说，即前要约人保持沉默视为对后要约的承诺，这种处理模式与我国法要约具有可撤销性规则体系更契合。对于“不受拘束的要约”案型，沉默仅在有限范围内具有意义，即在要约可撤销时间节点保留至承诺作出之后到达之前时，要约人的沉默才具有同意之意义。对于纯获利益要约案型，应当区分对待，对于纯获法律上利益的要约，受要约人的沉默原则上可以评价为对要约的承诺；但对于非纯获法律上利益的要约能否类推适用，则需要在个案中具体判断，不能一概而论。第二是沉默构成自相矛盾行为。这方面有两个著例，其一在特定情形不能主张形式瑕疵。当事人在缔结法律行为时明知法律行为欠缺法定形式要件而不告知相对人，导致相对人信赖法律行为已经成立并进行信赖投资，则其不得以形式瑕疵为由主张该法律行为无效。在此情形，形式要求的法律规则与诚实信用原则处于对抗状态，诚实信用原则具有优先地位。其二得权制度。得权制度与权利失效(失权)制度相对应。得权制度是基于信赖保护与诚实信用原则，在满足时间经过等一定要件的前提下获得某项权利的制度。

四是义务违反型沉默。在缔约过程中，参与人沉默不语、默不作声，有时可能构成异议义务和说明义务的违反。在违反异议义务的情形，若依诚实信用原则行为人须明确地提出异议，但其未明确表达拒绝之意思，原则上仅承担缔约过失责任。这与第三类型中基于诚实信用原则沉默具有表示效力这一子类型相区分，两者区分的基准在于，在法律上是否已经设置了与拟适用的案型相应或者类似的规范支撑点。一般而言不存在一般性的说明义务，当事人在缔约过程中可以保持沉默。但在特殊情况下，当事人负有积极的说明义务，其沉默构成以不作为的方式违反先合同义务。

第六,统合法律行为交往中沉默的法律效果。首先,关于法律行为和法律行为式的拘束效力。作为意思表示和作为意思表示的表象及其他的信赖基础的沉默,沉默者应当受到法律行为或者法律行为式的拘束。违反说明义务的沉默者在订立不利合同的案件类型中受法律行为的拘束,在其他案件类型中承担类合同责任即缔约过失责任。消极信赖利益赔偿范围是否以履行利益为限,需要结合当事人的损害类型与可归责性等因素进行综合判断。其次,关于法律行为拘束力解消规则的统合。在法律行为交往中沉默的领域,法律行为解消事由有三种:一是撤销。沉默在何种范围可以因意思表示瑕疵而得以撤销,应当根据沉默类型予以不同回答。二是解除。在缔约过程中,一方当事人以沉默方式违反先合同义务时,可能同时存在缔约过失责任和瑕疵担保责任两种救济路径,此时相对人可主张解除合同。三是合同废止。因一方当事人在缔约过程中违反说明义务,导致另一方当事人订立对其不利内容的合同,另一方当事人可以主张废止合同。但无限制赋予当事人可以主张缔约过失而解消合同的权利,将导致恶意欺诈规则被架空,因为缔约过失责任不需要恶意这个主观要件。对此,通过设置不同构成要件和法律效果来消除这种评价矛盾。再次,关于解消的法律效果。一是在返还体系方面。对于返还发生障碍时,合同撤销后根据不当得利规则,当事人有权主张得利丧失抗辩,而合同解除并无此规则。对此,应按照法律体系价值一贯性的要求,在返还不能的情形作同一处理。二是在损害赔偿方面。在恶意欺诈、过失误导和物之瑕疵三者交集的场域中,可能同时引发意思瑕疵、履行障碍。在此种情形,肯定合同撤销与履行利益赔偿的并存具有正当性。

第二节　结语

法典化是法律体系化的过程,应具有外在体系的一致性和内在评价的无矛盾性。我国《民法典》对法律行为交往中沉默规则缺乏体系性考量，规范密度不足，需要进一步优化相关规则，妥善协调好意思自治和诚实信用、信赖保护原则之间的关系，更加注重沉默内部的体系联动、分析框架的功能运用，精细化辨识沉默的类型构造以及类型之间的流动关系，科学配置相应的规范模式，为司法裁判提供更加有效的制度供给与规则指引。

第一，信赖保护原则不仅是沉默领域，也是一般法律行为交往领域的重要原则，在民商事交易活动中得到普遍承认，在立法中应当予以明确规定。《民法典》并未赋予信赖保护一般法律原则的地位，信赖保护思想只是隐藏于各项具体制度中。虽然可以借助法学方法论提炼出一般意义上的信赖保护原则，但如此迂回的方式不利于民商事规范发展，也不能为司法实务裁判提供清晰的价值指引。因此在《民法典》总则编部分可以新增信赖保护原则，将其纳入与意思自治、诚实信用原则并置的基本原则体系之中。

第二，扩大意思表示型沉默、权利表见型沉默和背信型沉默的适用范围，增加基于诚实信用原则和信赖保护原则产生具有表示效力之沉默等类型。《民法典》承继原《民法总则》第 140 条的规定，对沉默意思表示采取严格限定主义的立场，只有存在法律规定、当事人约定和符合当事人之间交易习惯才可认定为意思表示。这个规制模式，过于保护沉默者的意思自由，忽视相对人和第三人的信赖保护。通过法学方法论可以解决部分问题，但许多问题在一段时期内无法形成共识的情形下，容易引发法律适用的混乱。建议适当扩大沉默意思表示的适用范围，增补“依诚实信用原则可将当事人的沉默视为意思表示”的规定。同时适应国际发展趋势，满足交易实践需要，增加合同订立方式，例如通过商人确认书的形式订立合同这一类型。

第三，作为容忍代理和表象代理的上位制度，表见代理规定较为粗陋，须规定同时满足存在代理权表象、被代理人可归责性和相对人善意的构成要件。《民法典》承继原《民法总则》规范模式，仅要求“相对人有理由相信行为人有代理权”即可构成表见代理。表见代理制度是被代理人和第三人之间利益衡量和价值权衡的结果。现有规定过于侧重保护相对人的利益，被代理人处于随时可能被代理并卷入承担履行责任的风险之中。表见代理作为权利表见制度体系中的重要类型，应当接受权利表见规则的一般评价，在表见代理立法中增设被代理人具有归责性的要件。在沉默领域的容忍代理和表象代理的适用，同样需要经过这些构成要件的检验。

第四，实现法律行为交往中沉默的法效融合，构建精准融贯的请求权基础体系。对法律行为交往中沉默的部分领域实行统一的法律后果规制，即对部分领域设置一般条款，对特定类型和特殊问题设置特殊条款，形成“一般条款+特殊规定”相结合的规制模式。通过立法来完善相关法律效果，避免规范之间产生龃龉、互掐现象。例如，在解除和撤销之后返还不能的情形应作同一处理，在立法上体现不当得利之善意受益人和善意解除人在不可归责于自己事由导致返还不能时，有权行使得利丧失抗辩之共通思想。

参考文献

一、著作类

1. [德]维尔纳·弗卢梅:《法律行为论》,迟颖译,法律出版社2013年版。
2. [德]卡尔·拉伦茨:《法学方法论》(第6版),黄家镇译,商务印书馆2020年版。
3. [德]卡尔·拉伦茨:《德国民法通论》,王晓晔、邵建东、程建英、徐国建、谢怀栻译,法律出版社2003年版。
4. [德]卡尔·拉伦茨:《法律行为解释之方法——兼谈意思表示理论》,范雪飞、吴训祥译,法律出版社2019年版。
5. [德]克劳斯-威廉·卡纳里斯:《德国商法》,杨继译,法律出版社2006年版。
6. [德]克劳斯-威廉·卡纳里斯:《法律漏洞的确定——法官在法律外续造法之前提与界限的方法论研究》,杨旭译,北京大学出版社2023年版。
7. [德]汉斯·布洛克斯、[德]沃尔夫·迪特里希·瓦尔克:《德国民法总论》,张艳译,中国人民大学出版社2014年版。

8. [德]迪特尔·梅迪库斯:《德国民法总论》,邵建东译,法律出版社 2006 年版。
9. [德]赫尔穆特·科勒:《德国民法总论》,刘洋译,北京大学出版社 2022 年版。
10. [德]本德·吕特斯、[德]阿斯特丽德·施塔德勒:《德国民法总论》(第 18 版),于馨淼、张姝译,法律出版社 2017 年版。
11. [德]迪尔克·罗歇尔德斯:《德国债法总论》(第 7 版),沈小军、张金海译,中国人民大学出版社 2014 年版。
12. [德]海因·克茨:《德国合同法》(第 2 版),叶玮昱、张焕然译,中国人民大学出版社 2022 年版。
13. [德]斯蒂芬·格伦德曼、[德]卡尔·里森胡贝尔主编:《20 世纪私法学大师》,周万里译,商务印书馆 2021 年版。
14. [德]鲁道夫·冯·耶林:《论缔约过失》,沈建峰译,商务印书馆 2016 年版。
15. [德]莱茵哈德·齐默曼、[英]西蒙·惠特克主编:《欧洲合同法中的诚信原则》,丁广宇、杨才然、叶桂峰译,法律出版社 2005 年版。
16. [德]托比亚斯·勒特:《德国商法案例研习》(第 3 版),李金镂译,北京大学出版社 2021 年版。
17. [德]卡尔-海因茨·费策、[德]伊娃·伊内斯·奥博格菲尔:《德国民法总则案例研习》(第 10 版),王剑一译,中国法制出版社 2020 年版。
18. [德]托马斯·M.J.默勒斯:《法学方法论》(第 4 版),杜志浩译,北京大学出版社 2022 年版。
19. [德]阿图尔·考夫曼:《法律获取的程序》,雷磊译,中国政法大学出版社 2015 年版。
20. [德]乌韦·穆尔曼:《德国刑法基础课》(第 7 版),周子实译,北京大学出版社 2023 年版。
21. [奥]弗朗茨·比德林斯基:《私法的体系与原则》,曾见、刘志阳、喻露、赵文杰、雷巍巍、庄加园、宁潜晶译,中国人民大学出版社 2023 年版。
22. [奥]伽布里菈·库齐奥、海尔穆特·库齐奥:《奥地利民法概论——与德国法相比较》,张玉东译,北京大学出版社 2019 年版。
23. [奥]恩斯特·A.克莱默:《法律方法论》,周万里译,法律出版社 2019 年版。
24. [美]梅尔文·A.艾森伯格:《合同法基础原理》,孙良国、王怡聪译,北京大学出版社 2023 年版。
25. [美]彼得·L.伯格、[美]托马斯·卢克曼:《现实的社会建构——知识社会学论纲》,吴肃然译,北京大学出版社 2019 年版。
26. 王泽鉴:《民法总则》,北京大学出版社 2009 年版。
27. 王泽鉴:《债法原理》(第 2 版),北京大学出版社 2013 年版。
28. 王泽鉴:《民法学说与判例研究》(合订版),北京大学出版社 2015 年版。
29. 佟柔主编:《民法原理》,法律出版社 1983 年版。
30. 梁慧星:《民法总论》,法律出版社 2011 年版。
31. 梁慧星:《民法总则讲义》(修订版),法律出版社 2021 年版。
32. 王利明:《民法总则研究》,中国人民大学出版社 2012 年版。
33. 王利明:《民法总则新论》,法律出版社 2023 年版。
34. 王利明:《合同法》(第 2 版),中国人民大学出版社 2021 年版。
35. 王利明:《合同法研究》(第 1 卷),中国人民大学出版社 2002 年版。
36. 《民法学》编写组:《民法学》(第 2 版),高等教育出版社 2022 年版。
37. 杨代雄:《民法总论专题》,清华大学出版社 2012 年版。
38. 杨代雄:《民法总论》,北京大学出版社 2022 年版。
39. 杨代雄:《法律行为论》,北京大学出版社 2021 年版。
40. 杨代雄主编:《袖珍民法典评注》,中国民主法制出版社 2022 年版。
41. 杨代雄:《古典私权一般理论及其对民法体系构造的影响》,北京大学出版社 2009 年版。
42. 朱庆育:《民法总论》(第 2 版),北京大学出版社 2016 年版。
43. 龙卫球:《民法总论》,中国法制出版社 2002 年版。
44. 李永军:《民法总论》,法律出版社 2006 年版。
45. 朱广新:《合同法总论》(第 2 版),中国人民大学出版社 2012 年版。
46. 陈华彬:《民法总则》(第 2 版),中国政法大学出版社 2023 年版。

47. 李宇:《民法总则要义》,法律出版社 2018 年版。
48. 崔建远、韩世远、申卫星、王洪亮、程啸、耿林编著:《民法总论》(第 3 版),清华大学出版社 2019 年版。
49. 崔建远、申卫星、王洪亮、程啸编著:《物权法》,清华大学出版社 2008 年版。
50. 崔建远主编:《合同法》(第 7 版),法律出版社 2021 年版。
51. 韩世远:《合同法总论》(第 3 版),法律出版社 2011 年版。
52. 黄薇主编:《中华人民共和国民法典总则编释义》,法律出版社 2020 年版。
53. 黄薇主编:《中华人民共和国民法典合同编释义》,法律出版社 2020 年版。
54. 最高人民法院民法典贯彻实施工作领导小组主编:《中华人民共和国民法典总则编理解与适用》,人民法院出版社 2020 年版。
55. 最高人民法院民法典贯彻实施工作领导小组主编:《中华人民共和国民法典合同编理解与适用》,人民法院出版社 2020 年版。
56. 谢鸿飞、朱广新主编:《民法典评注合同编典型合同与准合同》,中国法制出版社 2020 年版。
57. 陈甦主编:《民法总则评注》,法律出版社 2017 年版。
58. 周江洪、陆青、章程主编:《民法判例百选》,法律出版社 2020 年版。
59. 邵建东、方小敏主编:《德国民法总则编典型判例 17 则评析》,南京大学出版社 2005 年版。
60. 舒国滢主编:《法理学导论》(第 3 版),北京大学出版社 2020 年版。
61. 雷磊:《法理学》,中国政法大学出版社 2019 年版。

二、论文类

1. [德]莱茵哈德·辛格:《"发现者"卡纳里斯的法律方法论》,周万里译,《法律方法》第 24 卷。
2. [德]克劳斯-威廉·卡纳里斯:《动态体系与法律行为交往中的信赖保护》,刘凯丽译,《南大法学》2023 年第 5 期。
3. [德]克劳斯-威廉·卡纳里斯:《债务合同法的变化即债务合同法的具体化"趋势"》,张双根译,《中外法学》2001 年第 1 期。

4. [德]耶尔格·诺伊尔:《何为意思表示?》,纪海龙译,《华东政法大学学报》2014 年第 5 期。

5. [德]汉斯-约阿希姆·穆谢拉克:《论“意思”与“表示”的关系——关于意思表示构成要件的探讨》,王剑一译,《中德私法研究》2014 年第 10 卷。

6. [德]彼得·A.文德尔:《意思表示瑕疵之法律规范》,黄松茂译,《中国应用法学》2019 年第 1 期。

7. [德]扬·冯·海因、[德]莉迪亚·贝伊:《要约通知与单纯沉默》,王蒙译,《华东政法大学学报》2016 年第 2 期。

8. [德]格哈德·瓦格纳:《20 世纪不当得利法理论的发展与不当得利法领域的法律文献》,马丁译,《中德私法研究》2012 年第 8 卷。

9. [德]马库斯·乌尔丁格:《规范的可类推性——对例外规定和确权规范的方法论研究》,孙文译,《中德私法研究》2020 年第 18 卷。

10. [德]德特勒夫·莱嫩:《法学方法论的基础知识》,黄卉编译,《中国应用法学》2021 年第 3 期。

11. [德]罗尔夫·施蒂尔纳:《方法论之争对于法律发展的意义》,孙文译,《中德法学论坛》2018 年第 15 辑。

12. [德]罗尔夫·施蒂尔纳:《现代民法与法教义学的意义》,陈大创译,《北航法律评论》2015 年第 1 辑。

13. [德]海尔穆特·库齐奥:《动态系统论导论》,张玉东译,《甘肃政法学院学报》2013 年第 4 期。

14. [日]山本敬三:《民法中的动态系统论——有关法律评价及方法的绪论性考察》,解亘译,《民商法论丛》第 23 卷。

15. 杨代雄:《意思表示理论中的沉默与拟制》,《比较法研究》2016 年第 6 期。

16. 杨代雄:《容忍代理抑或默示授权——〈民法通则〉第 66 条第 1 款第 3 句析》,《政治与法律》2012 年第 4 期。

17. 杨代雄:《结构·民事法律行为·代理——〈中华人民共和国民法总则(草案)存在的几个问题〉》,《东方法学》2016 年第 5 期。

18. 杨代雄:《意思表示中的意思与意义》,《中外法学》2017 年第 1 期。

19. 杨代雄:《法律行为制度中的积极信赖保护——兼谈我国民法典总则制定中的几个问题》,《中外法学》2015 年第 5 期。
20. 杨代雄:《民法典第 147 条(重大误解)评注》,《师大法学》2019 年第 2 辑。
21. 许德风:《意思与信赖之间的代理授权行为》,《清华法学》2020 年第 3 期。
22. 朱虎:《表见代理中的被代理人可归责性》,《法学研究》2017 年第 2 期。
23. 王浩:《论代理的本质——以代理权授予时的意思瑕疵问题为契机》,《中外法学》2018 年第 3 期。
24. 王浩:《"有理由相信行为人有代理权"之重构》,《华东政法大学学报》2020 年第 4 期。
25. 王琦:《德国法上意思表示和法律行为理论的新发展》,《清华法学》2016 年第 6 期。
26. 吴训祥:《与法律行为相关的几个新译名及改译理由》,《燕大法学教室》第 4 期。
27. 张传奇:《论重大误解的可变更效力——意思表示解释》,《中外法学》2014 年第 6 期。
28. 张抒涵:《德国法上合同撤销与合同解除的返还效果》,《中德私法研究》2013 年第 9 卷。
29. 刘勇:《缔约过失与欺诈的制度竞合——以欺诈的"故意"要件为中心》,《法学研究》2015 年第 5 期。
30. 陈彦晶:《重大误解规则商事适用的限制》,《华东政法大学学报》2019 年第 1 期。
31. 王天凡:《重大误解中的过错要素——意思自治与信赖保护之平衡》,《中外法学》2023 年第 2 期。
32. 张家勇:《论统一民事责任制度的建构——基于责任融合的"后果模式"》,《中国社会科学》2015 年第 8 期。
33. 张家勇:《两种类型,一种构造?——〈民法通则〉第 66 条第 1 款第 3 句的解释》,《中外法学》2012 年第 2 期。
34. 石一峰:《沉默在民商事交往中的意义》,《法学家》2017 年第 6 期。

35. 杜景林:《民商事往来中沉默的法律责任》,《法学》2014 年第 2 期。
36. 崔建远:《论外观主义的运用边界》,《清华法学》2019 年第 5 期。
37. 崔建远:《行为、沉默之于合同变更》,《中外法学》2014 年第 3 期。
38. 金可可:《〈民法总则〉与法律行为成立之一般形式拘束力》,《中外法学》2017 年第 3 期。
39. 薛军:《合同涉他效力的逻辑基础和模式选择——兼评〈民法典合同编(草案)〉(二审稿)相关规定》,《法商研究》2019 年第 3 期。
40. 庄加园:《动产善意取得的理论基础再审视——基于权利表见学说的建构尝试》,《中外法学》2016 年第 5 期。
41. 李宇:《基础回填:民法总则中的意思表示与法律行为一般规则》,《华东政法大学学报》2017 年第 3 期。
42. 叶金强:《私法效果的弹性化机制》,《法学研究》2006 年第 1 期。
43. 叶金强:《合同法上承诺传递迟延的制度安排》,《法学》2012 年第 1 期。
44. 梁慧星:《〈中华人民共和国民法总则(草案)〉:解读、评论和修改建议》,《华东政法大学学报》2016 年第 5 期。
45. 于飞:《民法基本原则:理论反思与法典表达》,《法学研究》2016 年第 3 期。
46. 于飞:《认真地对待〈民法总则〉第一章“基本规定”》,《中国高校社会科学》2017 年第 5 期。
47. 于飞:《民法典的开放性及其妥当实现》,《中国法律评论》2015 年第 4 期。
48. 王夏昊:《法律原则的适用方式》,《学习与探索》2007 年第 2 期。
49. 方新军:《内在体系外显与民法典体系融贯性的实现》,《中外法学》2017 年第 3 期。
50. 纪海龙:《走下神坛的“意思”——论意思表示与风险归责》,《中外法学》2016 年第 3 期。
51. 纪海龙:《现代商法的特征与中国民法典的编纂》,《中德私法研究》2017 年第 15 卷。
52. 张谷:《民法典合同编若干问题漫谈》,《法治研究》2019 年第 1 期。
53. 张淳:《浅议对告知义务不履行与沉默欺诈》,《南京大学法律评论》2001 年秋季号。
54. 牟宪魁:《说明义务违反与沉默的民事诈欺构成》,《法律科学》2007年第4期。
55. 李潇洋:《不作为欺诈的等价性判断》,《政法论丛》2023年第3期。
56. 冉克平:《民法典视野下“本人沉默视为同意”规则的再造》,《当代法学》2019年第4期。
57. 邵建东、唐莹编译:《“沉默”是否就意味着“同意”?——德国联邦最高法院“对商人确认书保持沉默”案评析》,《清华法学》第6辑。
58. 叶新民:《德国民法上违反契约时说明义务之损害赔偿责任》,《台北大学法学论丛》第86期。
59. 周伯峰:《论对“不受期待之契约”的法律上处理——以缔约上过失为中心》,《政大法学评论》第155期。
60. 武腾:《显示公平规定的解释论构造——基于相关裁判经验的实证考察》,《法学》2018年第1期。
61. 夏昊晗:《诚信原则在“借违法无效之名毁约”案型中的运用》,《法学》2019年第6期。
62. 孙维飞:《〈合同法〉第42条(缔约过失责任)评注》,《法学家》2018年第1期。
63. 王蒙:《论保证合同的书面形式》,《清华法学》2021年第5期。
64. 申卫星:《论无行为能力人纯获法律利益法律行为的效力》,《法律科学》2022年第2期。
65. 赵文杰:《论不当得利与法定解除中的价值偿还》,《中外法学》2015年第5期。
66. 尚连杰:《合同撤销与履行利益赔偿》,《法商研究》2017年第5期。
67. 尚连杰:《先合同说明义务违反视角下的缔约过失与瑕疵担保关系论——德国法的启示与中国法的构造》,《政治与法律》2014年第11期。
68. 尚连杰:《信赖利益赔偿以履行利益为限吗?》,《政治与法律》2017年第11期。

69. 迟颖:《法学家哥伦布的新大陆》,《中德私法研究》2011 年第 7 卷。
70. 易军:《原则/例外关系的民法阐释》,《中国社会科学》2019 年第 9 期。
71. 张静:《从特殊中发现一般——反思中国经验的阐述问题》,《学术月刊》2022 年第 3 期。
72. 胡苗苗:《德国民法权利外观责任构成要件研究——对我国〈合同法〉第 49 条的重新解释》,中国政法大学 2014 年硕士学位论文。

三、外文类

1. Staudinger Kommentar zum BGB, Sellier-de Gruyter Verlag, Berlin, 2005.
2. Münchener Kommentar zum BGB, 5. Auf., C.H. Beck Verlag, München, 2007.
3. Münchener Kommentar zum HGB, 3. Aufl. München: Beck, 2014.
4. Erman BGB: Handkommentar, 13. Auf., Dr. Otto Schmidt KG Verlag, Köln, 2011.
5. Palandt BGB: Kurzkommentar, 71. Auf., C. H. Beck Verlag, München, 2012.
6. Historisch-kritischer Kommentar zum BGB, Mohr Siebeck Verlag, Tübingen, 2007.
7. Brox/Walker, Allgemeiner Teil des BGB, 36. Aufl., Franz Vahlen Verlag, München, 2012.
8. Medicus, Allgemeiner Teil des BGB, 10. Aufl., C. F. Müller Verlag, München, 2010.
9. Dieter Medicus, Bürgerliches Recht, 21. Aufl., Carl Heymanns Verlag, 2007.
10. Karl Larenz, Allgemeiner Teil des deutschen Bürgerlichen Rechts, München: Beck, 7. Aufl., 1989.
11. Larenz/Wolf, Allgemeiner Teil des Bürgerlichen Rechts, 9. Aufl., C. H. Beck Verlag, München, 2004.

12. Reinhard Bork, Allgemeiner Teil des BGB, 4. Aufl., Mohr Siebeck, Tübingen, 2015.
13. Jörg Neuner, Allgemeiner Teil des Bürgerlichen Rechts, 13. Aufl., 2023.
14. Boemke/Bernhard Ulrici, BGB AllgemeinerTeil, Springer, 2009.
15. Christoph Hirsch, BGB Allgemeiner Teil, 8. Aufl., Baden-Baden: Nomos, 2015.
16. Wolfgang Brehm, Allgemeiner Teil des BGB. 6. Aufl., Boorberg, 2008.
17. Thomas Zerres, Bürgliches Recht, 7. Aufl., 2013.
18. Detlef Leenen, BGB Allgemeiner Teil: Rechtsgeschäftslehre, De Gruyter, 2011.
19. Detlef Leenen, Typus und Rechtsfindung, Berlin, 1971.
20. Ulf Werba, Die Willenserklärung ohne Willen, Duncker Humblot, 2005.
21. Dirk Looschelders, Schuldrecht Allgemeiner Teil, 6. Aufl., 2008.
22. Claus-Wilhelm Canaris, Die Vertrauenshaftung in deutschen Privatrecht, Beck, 1971.
23. Claus-Wilhelm Canaris, Handelsrecht, 24. Aufl., München: Beck, 2006.
24. Claus-Wilhelm Canaris, Schweigen im Rechtsverkehr als Verpflichtungsgr-und, in: FS Wilburg, 1975.
25. Karsten Schmidt, Handelsrecht: Unternehmensrecht I, 6. Aufl., Köln: Carl Heymann, 2014.
26. Hartmut Oetker, Handelsrecht, 5. Aufl., Heidelberg: Springer-Verlag, 2007.
27. Krause, Schweigen im Rechtsverkehr, Marburg, 1933.
28. Götz, Schweigen im Rechtsverkehr, Max Gehlen, 1968.
29. Kramer, Schweigen als Annahme eines Antrags, Jura 1984, 236.
30. Fabricius, Stillschweigen als Willenserklärung, JuS 1966, 50.
31. Bickel, Rechtsgeschäftliche Erklärungen durch Schweigen, NJW 1972, 607.

32. Petersen，Schweigen im Rechtsverkehr，Jura 2003，687.
33. Ebert，Schweigen im Vertrags- und Deliktsrecht，JuS 1999，754.
34. Pilipowski，Schweigen als Genehmigung，BB 1964，1069.
35. Merkt，Die dogmatische Zuordnung der Duldungsvollmacht zwischen Rechtsgeschäft und Rechtsscheintatbestand，AcP 204(2004)，638.
36. Karsten Schmidt，Die Praxis zum sog. kaufmännischen Bestätigungsschreiben：ein Zankapfel der Vertragsrechtsdogmatik，FS Honsell，2002，99.
37. Andreas Wacke，Keine Antwort ist auch eine Antwort. Qui tacet，consentire videtur，ubi loqui potuti ac debuit，JA 1982，184.
38. Schwerdtner，Schweigen im Rechtsverkehr，Jura 1988，443.
39. Fischinger，Grundfälle zur Bedeutung des Schweigens im Rechtsverkehr，JuS 2015，394.
40. Gasis，Erklärungsunterlassung mit Rechtsgeschäftlicher Wirkung，Festschrift fur Pan. J. Zepos，Ⅱ. Band，1973.

后　记

带着欣喜、忐忑和不舍的复杂心情，开始写下本书的后记。本书是根据我的博士论文修订而成，也是我的第一本专著，对我个人而言具有不同寻常的意义。在获得母校资助出版后，开始着手论文的修改，经过数月的艰辛跋涉终于完稿。

本书的主题“法律行为交往中的沉默”，在某种程度上可以说是一般法律行为理论的“微缩版”，是在沉默这个相对狭小的领域内，展开一般法律行为理论对于沉默类型的适用可能、存在限度和偏离规则的讨论。写作的理论源泉主要来自弗卢梅、卡纳里斯和比德林斯基特别是卡纳里斯的信赖责任理论以及对法律行为交往中沉默类型的教义学构造，许多内容的讨论都是在其提供的分析框架基础上的进一步展开。本书采取了与弗卢梅、卡纳里斯不一样的表示意识要素区分说，明示和默示意思表示无须以表示意识为要件，沉默意思表示是表示意识最后坚守的“阵地”。将诚信保护从信赖保护中抽离出来，构建“法律行为保护—积极信赖保护—积极诚信保护—消极诚信保护”理论分析框架，这里所指针是保护的效力来源即法律原则，意思自治、信赖保护和诚实信用原则“三足鼎立”，各有各自发挥主导性地位的“主场领域”，并基于此提出了“法律行为理论—积极信赖保护—积极诚信保护—消极诚信保护”规范模型的“正向顺序的层次论”和“逆向顺序的补充论”关系。对法律行为交往沉默的类型进行教义学重构，形成了由“意思表示型沉默—权利表见型沉默—背信型沉默—义务违反型沉默”四个类型组成的沉默类型序列。

写作的起点看起来充满诗情画意，但过程是极为艰难而又痛苦的。在临近截稿时，每天都是晚睡早起。现在回想起来，这是一段痛并快乐的时光。至今在脑海中还留下几段印象深刻的场景。一个场景是，在古镇老街上的一间咖啡馆里写作。咖啡馆陈列着的大多是二手老旧的桌椅和一些仿旧的摆设品。写作过程中，耳畔回旋着轻柔慢缓的民谣乐，夹杂了小摊小贩忽远忽近的叫卖声，还不时地飘来咸咸的海风，此时看远处帆影点点，创作思路有如泉涌。另一个印象深刻的场景是，某章节即将定稿的前一天傍晚，在书桌前敲完最后一句话后，抬头望着窗外的天空，夕阳西下、晚霞绚烂，突然一股暖流涌上心头，特别感动。

本书的写作得益于一众师友的指导和帮助。首先，感谢博士生导师杨代雄教授。抱着完成一篇具有体系性的民法教义学论文的想法，在杨老师的建议和指导下敲定了论文方向。无论从论文选题、材料搜集，还是文章架构、论证细节，杨老师都给予了无微不至的关心和指导。对我论文拖沓的进度，也给予了极大的包容。论文写作期间，阅读杨老师近几年所有的作品，篇篇充满了教义学的深度和学术的厚度。每阅毕一篇，无不感叹论证的精妙、治学的严谨，让我辈敬佩不已，时时感慨做学术当如此。

其次，感谢硕士生导师金可可教授。2009 年为了能够实现高中时未竟的梦想，我“三跨”从华政金融学专业报考北大民商法专业，但结果是令人沮丧的。2010 年我又重新回到华政，开始跟随金老师，如痴如醉阅读德文文献，穷尽所有掌握的文献作读书笔记，参加读书会，开启了德国民法研习的奇妙之旅。2012 年赴德国科隆大学法学院交流学习，让我领略到德国民法的精妙细微、博大精深。这些学习经历至今仍让我受益无穷。在金老师的悉心指导下，完成硕士论文，部分内容在《华东政法大学学报》《法律适用》上发表，并被人大复印资料全文转载。

再次，感谢彭诚信教授、张驰教授。他们在我论文答辩时给予了许多深具启发、富有建设性的指导意见。这些意见对本书进一步修改和完善起到很大的作用。特别是彭诚信老师对我论文的肯定，给予了我莫大鼓舞，一直激励我在学术之路上不断前行。还要感谢各位友人给我论文写作提供的支持和帮助。感谢胡坚明师兄，早在数年前得知我论文选题时，就推荐我很多文献资料，这些文献给我写作提供了很大的助益。梁神宝提供了大量的瑞士法上的文献，但由于时间精力限制，没能加以充分运用，甚为遗憾。叶增胜给我提供了大量德国法关于说明义务的文献资料，对我论文相关部分写作提供很大助益。陈丽婧在准备博士论文的百忙之中，帮我复印了许多关于德国法律行为交往中沉默的期刊文献，甚为宝贵。还有众多友人给我论文写作带来很大帮助，在此一并感谢。

最后，感谢我的家人。他们尽其所能给我创造良好的生活和学习条件，他们的淳朴和善良一直默默地指引我前行，在我写作期间给予了最大的精神鼓励，让我倍感温暖。

本书的出版只是一个新的起点。路漫漫其修远兮，吾将上下而求索。

图书在版编目(CIP)数据

论法律行为交往中的沉默:以私法领域法律责任的基础构成为中心/叶锋著. —上海:上海人民出版社,2024
ISBN 978-7-208-18791-7

Ⅰ.①论… Ⅱ.①叶… Ⅲ.①私法-研究-中国
Ⅳ.①D923.04

中国国家版本馆 CIP 数据核字(2024)第 044647 号

责任编辑 夏红梅
封面设计 夏 芳

论法律行为交往中的沉默
——以私法领域法律责任的基础构成为中心
叶 锋 著

出 版 上海人民出版社
(201101 上海市闵行区号景路 159 弄 C 座)
发 行 上海人民出版社发行中心
印 刷 上海新华印刷有限公司
开 本 890×1240 1/32
印 张 8.5
插 页 2
字 数 210,000
版 次 2024 年 3 月第 1 版
印 次 2024 年 3 月第 1 次印刷
ISBN 978-7-208-18791-7/D·4279
定 价 48.00 元